台灣省保安司令部軍法處看守所在押人用箋

那堪回首憶前因隔歲形骸判兩人不愧於
家恥辱耐寒將竹比精神閑門聊可安清淡
處境奚辭歷苦辛讀書能醫俗無箇事
小廬睡足寄吟身 己卯七月未望一日

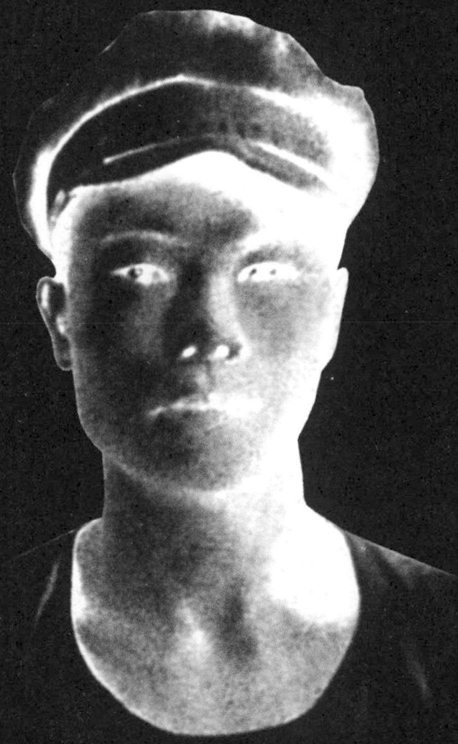

台灣省保安司令部軍法處看守所在押人用箋

總統命令公佈條例

各機關部隊學校人員皆須連保

發現匪諜任何人均應告密檢舉

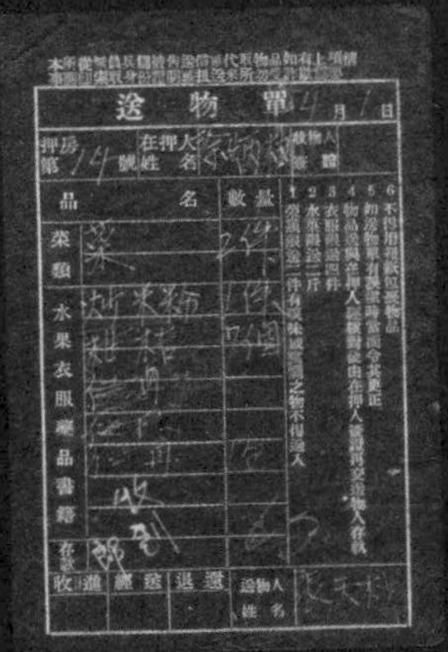

送物單 4月1日

押房第14號 在押人姓名 送物人簽蓋

品名 數量

菜類 水果 衣服 藥品 書籍 存查

收進 總送 退還 送物人姓名

# 青島東路三號

## 我的百年之憶及台灣的荒謬年代

顏世鴻／著

國防部軍法局
中正路
(現中正路
忠孝東路一段)

「青島東路三號」軍法處外觀。這張外觀素描是陳孟和為了找尋同案難友劉天福，於一九四八年十二月第一次被捕、從東本願寺釋放後，到軍法處外快速畫下。（繪圖／陳孟和）

## 顏世鴻 1927年次

案名：台灣省工作委員會學生工作委員會案
1950年9月16日判決，11人槍決

坐牢：13年7個月又2天
1950年6月21日於台大宿舍被捕，9月16日判刑12年
1951年5月17日被送到綠島新生訓導處
1962年7月28日離開綠島，轉送小琉球留訓
1964年1月21日離開小琉球

2003年10月攝於台南住家書房（攝影／潘小俠）

顏世鴻台南安平家中三樓書房，藏有許多套書、膠片唱片。
2012年月曆，正好是綠島人權園區的風景照。（攝影／曹欽榮）

顏世鴻台南安平家中3樓書房座位面向入口上方，掛著一張難友陳孟和在綠島所畫的三峰岩油畫。這張畫是顏世鴻要離開綠島時，陳孟和送給顏世鴻的，畫的邊框表面呈現手工製作紅泥土皺紋的質感。（攝影／曹欽榮）

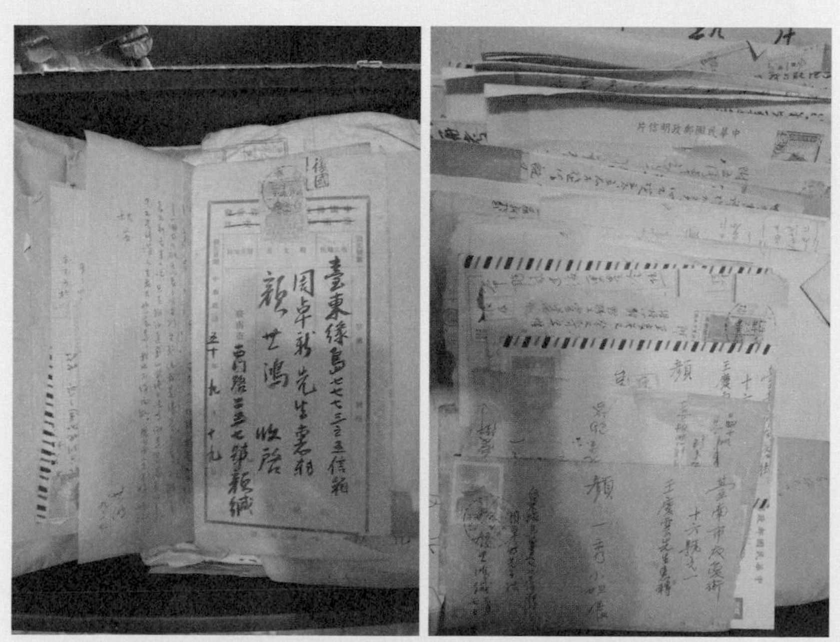


顏世鴻留下數百封從綠島、小琉球發出的信件，以及家人寄到綠島、小琉球的信件。（攝影／曹欽榮）

1997年6月，顏世鴻與妻子、子女合影。（提供／顏世鴻）

1950年10月19日，顏世鴻四妹將其姐妹合影的照片，寄給在軍人監獄的顏世鴻。（提供／顏世鴻）

1970年，顏世鴻攝於溪頭。（提供／顏世鴻）

十歲，還當私人公司開發企業的會計師，每星期
時。比一九九九年十月退休當時，剩下來的時間較
多自少[illegible]好不多。自一九三八年四月升小學四年寫日記而已
[illegible]錄。

湧現一個意念，已渡過「百歲年華」，人生有數，
內一直厭煩，疾惡戰爭與貪瀆，而且逢八十年在
許多陰謀詭計的戰亂中——如追任理想的社
主義根本無知——渡了童年、少年、青年、壯年和老年
感到自廿世紀一戰、二戰及其他無數的戰爭，累
死亡超過一億，近來平民死亡甚至超過軍人。
死亡是歷史，千萬人的死亡不過是數字。1987年
自香港歸來，說好他寫「大庚島的故事」，我提供十
的「大事記」，突然他於1988年1月8日客逝於香
還稿遲不如他，我只好在煩忙的日子中，寫下了二
現。

[illegible]俄戰爭之前，祖父曾存劉永福下義勇，乙未年，十八
適百年，「百年之憶」是由此而來。原來粗劣的文字無意
朝鮮戰爭是否可免。1993年戴國煇先生勸我「歷史[illegible]
心中還是十分躊躇，實為對歷史的冒瀆。草稿寫完
[illegible]，託她校改。她家庭職業大負忙尚未動手。當[illegible]
[illegible]為出版的動機。

十年。多數人或遺忘或根本不知道死亡三百萬人的
[illegible]文字，讓後人知道慘況。沒有正式學過
[illegible]有興趣，只是一個外行人[illegible]筆走。
[illegible]林小姐及表妹嚴蜀二女陳淑敏小姐的幫忙。

# 青島東路三號

## 我的百年之憶及台灣的荒謬年代

顏世鴻／著

1944年1月，全家福。攝於今日寫真館，全家福前排右起：一芬、母親、世經（排行第五）、一芳。二排右起：一秀、父親、一清、世鴻。（提供／顏世鴻）

顏世鴻的父親顏興第二次被關，1938年11月出獄後，隔年農曆7月14日（1939年8月28日），攝於佛頭港吳定吉先生家後面。此時顏興因為絕食，大約瘦了20公斤以上，照片右上方是顏興入獄前所拍的。顏世鴻認為照相館在當時，仍敢將父親詩放在照片上，實在是不錯。（提供／顏世鴻）

那堪回首憶前因隔歲形骸判兩人不愧於心
蒙恥辱耐寒將竹比精神閉門聊可安清淡
處境奚辭歷苦辛讀盡醫經無箇事
小廬睡足寄吟身 己卯七月未望一日

在泉州的光華眼科專門醫院（1931—1937年）。（提供／顏世鴻）

1929年7月8日，光華眼科專門醫學院員生合影於高雄哈瑪星。第一排右起：莊福（光頭站立者）、張錫祺（手抱女兒張秀蓮）、馬場崎債子（張錫祺妻）、張錫鈞，第二排中顏興，其餘是張錫祺的眼科學徒。光華診所是高雄第一間眼科西醫門診的診所。（提供／顏世鴻）

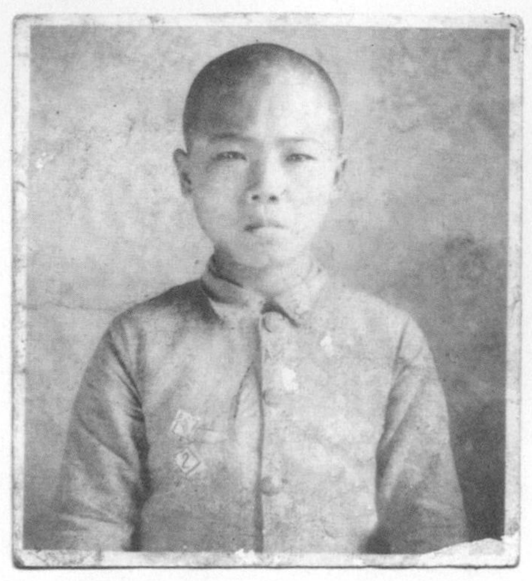

顏世鴻就讀台南立人國小六年級。國小畢業時，為了考試而拍的照片。（提供／顏世鴻）

顏世鴻37歲自小琉球出獄（1964年1月），1964年6月，就讀台北醫學院前的照片。（提供／顏世鴻）

1937年2月11日，顏世鴻攝於廈門的思明北路。（提供／顏世鴻）

台大醫科先修班一年級第二班同學合影（1946年10月10日）。林丕煌（第一排左），是顏世鴻（第一排右）的同學及好友。（提供／顏世鴻）

1950年1月16日，（左起）顏世鴻、謝維銓、林丕煌合影於圓山。（提供／顏世鴻）

1949年5月24日，歡送畢業生會設宴於台大舊學生宿舍網球場，後方二樓斜屋頂建築就是東館。（提供／顏世鴻）

1949年8月發生以基隆中學教職員為首的基隆市工委會案，並引爆相關省工委會案。
基隆中學高中第一屆畢業照（1948年6月28日）。前排左起：鄭溪北、李旺輝、方弢、鍾浩東校長、（姓名不詳）、張國雄、（姓名不詳）、藍明谷。中排右2為王春長。（提供／王春長）

呂赫若（1914—1951年），原名呂石堆，以聲樂家和小說家聞名，代表作有《牛車》等，被譽為「台灣第一才子」。（取自／《呂赫若日記》，2004年12月，國家文學館籌備處）

顏世鴻的師友許強、葉盛吉被槍決，衝擊當時年輕的顏世鴻。
台大教授許強被捕前夕於台大校園留影。（提供／許須美）

就讀台南一中時的葉盛吉，是二級滑翔士。顏世鴻翻譯葉盛吉的獄中遺書請參見本書第拾章。（提供／葉光毅）

本所從無員兵爲被告送信或代取物品如有上項情事應即索取身份證明或扭送來所勿受詐欺爲要

# 送物單

4 月 1 日

| 押房第 14 號 | 在押人姓名 | 涂炳榔 | 收物人簽證 | |
|---|---|---|---|---|

| 品名 | | 數量 |
|---|---|---|
| 菜類 | 菜 | 2件 |
| 水果衣服藥品書籍 | 炒米粉 | 1條 |
| | [illegible] | 7個 |
| | [illegible] | |
| | [illegible] | |
| | [illegible] | 1包 |
| 存款 | | |

1 菜類限送二件有嗅味或腐爛之物不得送入
2 水菓限送二斤
3 衣服限送四件
4 物品送與在押人經核對後由在押人簽證再交送物人存執
5 如送物單有誤塡時當面令其更正
6 不得用報紙包裹物品

| 收進 | 經送 | 退還 | 送物人姓名 | 張天杖 |
|---|---|---|---|---|

軍法處送物單。（提供／涂炳榔）

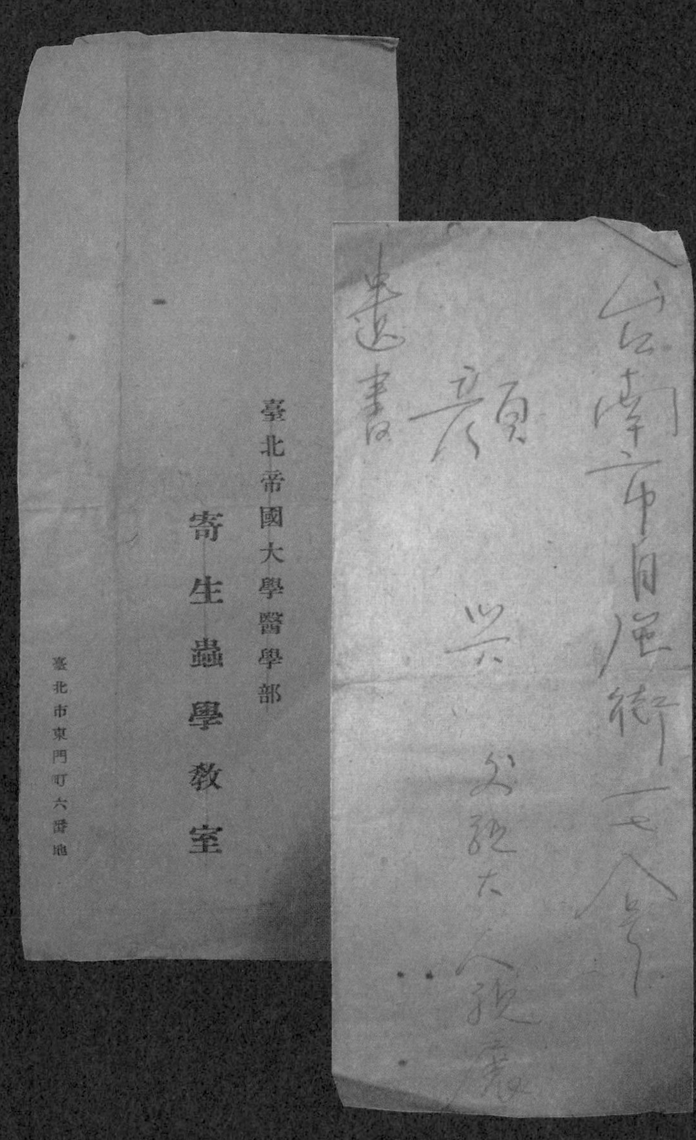


顏世鴻仍保存著1950年於看守所獄中所寫的「遺書」，
圖為「遺書」信封正反面。（翻攝／曹欽榮）

一月 1953 1.7. TO 火燒島.

1月1日 晴 星四 新年. 在台北監獄. 平安無事. 終日過在舍房
1日 昭 29日(月) 與母. 春枝. 昭雪在北監最後的接見
新年礼物. 送昭雪 新大衣. 領巾(毛織)各一件. (￥1100)

1月2日 晴 星五 (年假) 春枝 11日 27日 送 ￥90.00.

1月3日 晴 星六 送回衣类. 新 錦紗ワンピース 1, 白スモック 1, 1日 over 1. 棉 one piece 1. シュミーズ 1. Baby 1

1月4日 晴 星日 軍法處 調查名簿. 調閱準備. 整理物品包行

1月5日 晴 星一 AM.8.00 発北監 10.00 発軍法処 11.00 去新台北駅.(代用客車從)
台湾 PM.12.00 到高雄. 在高雄港灣局倉庫一泊

1月6日 晴 星二 AM.8.00 起床 12.10 取飯一次 PM.3.00 坐宜蘭号出帆 発高雄港
在船宿一泊. 暈船嘔吐二次. 身体軟弱

1月7日 晴 星三 AM.10.00 到綠島沖出渡船上島 新生隊 接[illegible]
綠島 PM.1.00 到新生之家. 発制服一套(黃淡色)晚飯[illegible]

1月8日 晴 星四 AM.起床 8.00 到流鰻溝 洗臉 洗衣. 提出履歷表 [illegible]

1月9日 晴 星五 発信 No.1 與母 述 1.旅路平安 2.生活環境狀況 3.要求 pen [illegible]

1月10日 晴 星六 洗旅裝 改制服 初次勞働服勞 挑水2次

1月11日 晴 星日 初次麵食日 朝 豆乳油条 午 饅頭 歡迎晚会 1.[illegible] 2.[illegible] 3.[illegible]
9日 提出自傳 新舊生交歡会

1月12日 陰 星一 改制服 加菜日 [illegible]

1月13日 雨 星二 提出履歷表 練習合唱 環遊[illegible]

1月14日 陰 星三 整理旅包 衣类1包 衛生紙[illegible]

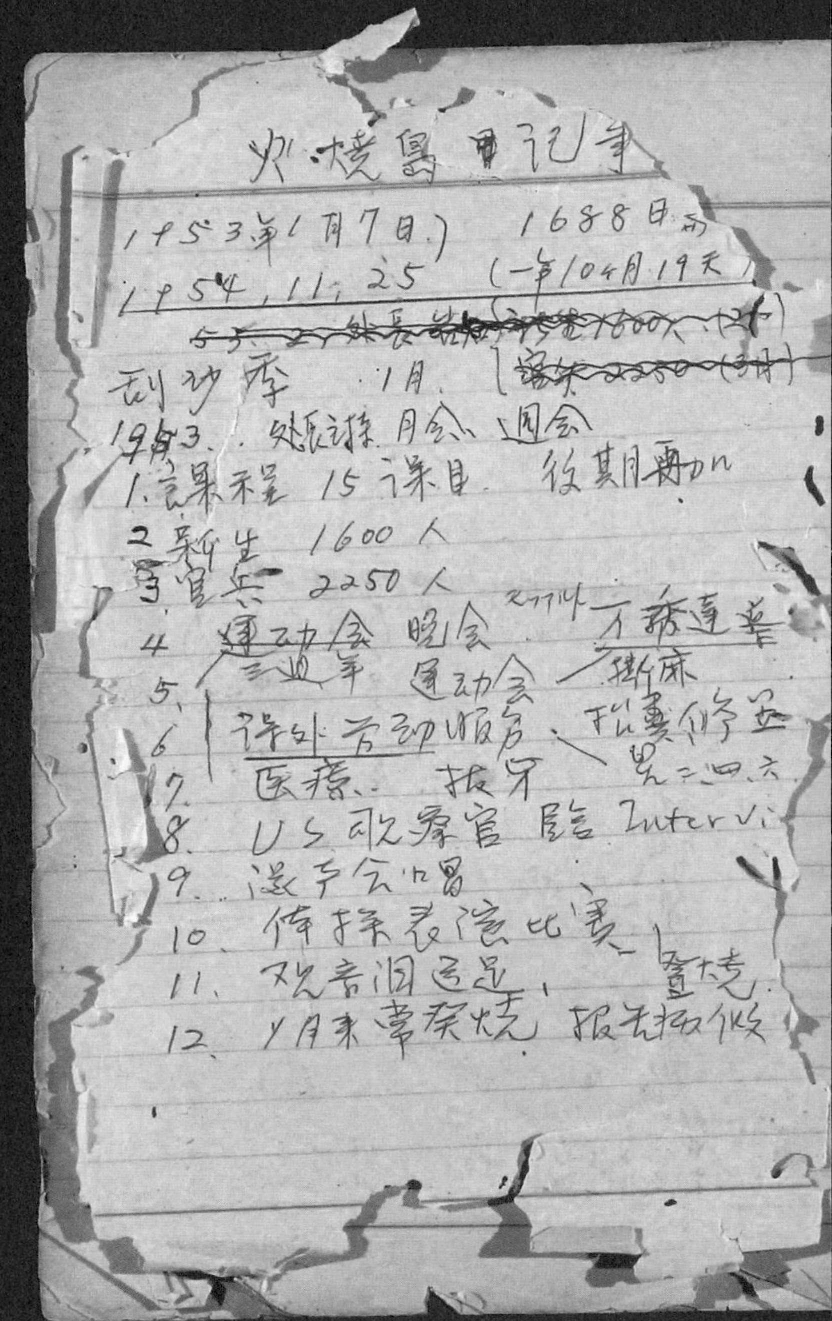
火燒島日記事
1953年(1月7日)　1688日
1954.11.25　(一年10個月19天)
1953.　月会、週会
1.課程 15課目　後期再加
2 新生 1600人
3 官兵 2250人
4 運動会 晚会
5. 三週年 運動会
6 課外勞動服務
7 医療 拔牙
8 US 政察官 臨 Intervi
9.
10. 体操表演比賽
11. 观音洞远足
12.

女性政治受難者陳勤於火燒島的日記，簡要記錄1953年1月1日到1955年7月21日女生分隊及個人記事。日記上記載女生分隊於1954年11月25日自綠島送回台灣本島生教所（台北土城）。（提供／陳勤）

陳孟和參與新生訓導處《綠島誌》公差，因此有機會乘船繞行綠島一圈，
自海上望向綠島。（攝影／陳孟和，約攝於1950年代中期）

青島東路三號

「新生」（前方戴帽者）向綠島居民買魚。（攝影／歐陽文）

# 目錄

【序】我的舅舅顏世鴻（文／米果）——34
【導讀】青年春天的生命，驟然進入炎夏，也急速入秋（文／曹欽榮）——40

自序——49
前言、二〇〇六年，霜降之后——53
壹、二〇〇五年，重回火燒島——65
貳、一八九五年，馬關條約之後的家世——79
參、一九三七年，父親歸台後二度被捕——85
肆、一九四五年，學徒兵生活及終戰——111
伍、一九四七年，戰後復學——139
陸、一九五〇年六月，凌晨二時被捕——161
柒、一九五〇年六月，延平北路北所問案——189
捌、一九五〇年九月，青島東路三號軍法處判刑——209
玖、一九五〇年十月，血濺馬場町——233
拾、一九五〇年十月，葉盛吉在軍法處的遺書——251

拾壹、一九五〇年十一月，追憶死難者——281
拾貳、一九五〇年十二月，重回青島東路——293
拾參、一九五一年，火燒島記憶——315
拾肆、一九七一年，霜降，追憶馬場町——341
拾伍、二〇〇六年，回顧一生——349

附錄一
（一）不確定的年代——362
（二）日記·憶家族——370
（三）雜感——390

附錄二
（一）韓戰1：一觸即發，中美蘇各自盤算——400
（二）韓戰2：麥克阿瑟及杜魯門的誤判——423
（三）韓戰3：內戰？殖民地解放？關於自由的省思——433
顏世鴻相關年表——448
編後記——454

序

# 我的舅舅顏世鴻

文／米果（本名陳淑敏，作家）

我出生那年，舅舅出獄，回到台灣本島。

我在中秋節前一天出生，那時，舅舅已經前去台北，被迫放棄入獄前就讀的台大醫科，重新考入台北醫學院……類似這樣的時間與生命重疊的微妙印記，成長過程中，一直懵懂未知，直到多年以後，才有了鮮明的對照。

我的舅舅，顏世鴻醫師，理想的社會主義者，熱愛閱讀寫作的文藝青年，與死亡恐懼那般接近，青春最好的十三年七個月，埋葬在海的那一邊，火燒島，小琉球。

我的母親與世鴻舅舅是姑表兄妹，舅舅的母親，我喊她姑婆。姑婆曾經是日治時期高雄旗後公學校第二屆女學生，跟作家楊逵的妻子葉陶是同窗。早年跟隨夫婿在高雄旗後與廈門泉州深滬之間奔波，學會一些眼科基本醫術，我小時候感染夏日流行性結膜炎，兩眼通紅像小猴子，都是找姑婆「洗眼睛」。姑婆遞來漏斗狀的金屬容器，要我自己拿著，貼著眼下，她拿起小噴管往我眼裡沖藥水，藥水流進漏斗；我心臟不好，洗完眼睛就蹲在診所天井的花園嘔吐。天井花園經常灑落亮眼的陽光，我一邊嘔吐，一邊聽姑婆跟母親低聲交談，談舅舅的事情，窸窸窣窣，像盛夏午睡時，耳朵貼著榻榻米竊聽蒼蠅低空掠過的拍翅聲。

舅舅遲婚，婚禮喜宴在台南運河邊的臨海大飯店，母親說，新娘子五官細緻，像觀音菩薩，我是被大人抱著去喝喜酒的，當然沒有記憶。之後找舅舅看病，也沒見過舅媽，但聽過她講電話的聲音，語調委婉，用詞優美，是個溫和的人。

舅舅白天在救濟院上班，晚上在家看診，早先幾年住在城內西門路「大舞台」保齡球館對面，一幢日式平房，我記得要在門口脫鞋，赤腳踩在地板上，深沉的腳步聲，咚咚咚……後來搬到安平路，面對運河，前方是診間，樓梯堆滿書，像一座宮崎駿動畫裡的圖書館。

診間經常有古典曲盤的樂音，我大約是懼怕打針，對舅舅也多一分敬畏，但舅舅幽默風趣，知道我肚子痛，他也撩起上衣，拍拍肚皮，說他肚子也痛，不必擔心。我們家幾個小孩的病痛，都是找舅舅想辦法，若是其他科別，舅舅會幫忙寫小紙條，介紹給熟識的醫生。哥哥有一次被野狗咬到，還自己騎腳踏車去安平找舅舅打破傷風針。

我在小學三年級前後染上嚴重的腸胃炎，吐得很慘，等不到舅舅夜間在家看診，搭計程車直奔他上班的救濟院，那天母親撐著陽傘，一手提著菜藍，一手拉著步履闌珊的我，在偌大的救濟院區找舅舅。救濟院是日本時代留下來的大窗戶老建築，我看見窗內，舅舅穿著短袖白襯衫的側影，頭頂似乎還有青綠色吊扇不斷轉動，他桌上的病歷紙張跟著翻飛。

舅舅明明是個風趣幽默的好人，為何被關？我偷偷問姑婆，姑婆說，「九怪」。

直到二〇〇五年八月，我開始嘗試瞭解母親家族的歷史，前去安平找舅舅，舅舅也不多說，遞給我兩本自費印刷的回憶錄《霜降》、《上海上海》。我終於知道，姑婆口中的「九怪」，用字俏皮，但背後的情緒，何其沉重。倘若是我，面對人生與家族的磨難，該如何是好？往後的人生必然帶著仇恨吧！但是在舅舅的身上，我看到另一種超脫仇恨之外的謹慎，那身影尤其讓我覺得不可思議。

我在二〇〇六年以舅舅的故事為基底，寫了穿梭時空磁場的長篇小說《朝顏時光》參加皇冠百萬小說獎，當時擔任評審的李昂老師敘述她看到這樣的題材以時空連結的寫作手法，非常驚訝。當時我並未告知舅舅，其實內心頗為忐忑，沒想到舅舅讀過小說，竟然認為時間旅行的手法很有趣，「唉呀，我讀著小說，很怕妳沒辦法收尾，這樣很好，很好！」

簡直是鬆了一口氣！

舅舅竟然以文學的視野來看待當初自己在台大校園被捕的往事，究竟是什麼樣的沉澱與爽然呢？

這幾年，我和舅舅成為手寫書信往來的「筆友」，寫信、貼郵票，若是尋常的交談，就投入綠色郵筒，想要快點分享的，就投入紅色郵筒。我們變成這種型態的朋友，有著古老而美好的交情。舅舅雖然年過八十，對閱讀與寫作仍然充滿文藝青年的熱情，我甚至在他的文字裡，看到質樸的童心。二〇一一年端午前後，舅舅才剛手術出院，腳踝裹了紗布，躺在床上，竟然一手拿著棋譜，一手下圍棋，還說書房有好多日本推理小說，要我盡量搬，沒關係。

舅舅曾經在他的文章裡面如此感嘆，譬如他們這個世代的人，欠缺一種書寫自己遭遇的「母語文字」，他也曾自嘲在獄中寫下六百字遺書，宛如「五花肉式的國語」。然我每每讀著舅舅的文字，覺得他敘事的文字充滿獨特的「歲月口氣」，亦有多舛人生沉澱入味的智慧謹慎，用字遣詞，兼具台語、日文、北京語的優雅和力道，是相當迷人的書寫文體。尤其回憶在獄中被審訊過程，一邊聽著鄰近人家屋裡流竄而來的《命運交響曲》，一邊揣想自己的命運如何如何，那必然是澎湃鏗鏘的啊，寫入文字，卻又那樣淡然，可我閱讀之際，想起那樣的處境，竟是潸然淚下。

監禁於火燒島與小琉球的十三年七個月期間，思想與文字都受到監控，舅舅反覆在腦裡強記那些「沒有日記的大事記」，一九六四年一月廿一日由小琉球歸家，整整用了兩天的時間，寫下腦裡背下的大事記，這是多麼驚人的毅力與堅持啊！

可我也要感慨，如我這樣在台灣成長的世代，對戰前戰後的歷史亦欠缺足夠的視野，畢竟戒嚴時期的教科書只是歷史的一小塊碎片，又多是執政當局篩選過後的樣版。往後這幾年，我在口述歷史反而看到那些教科書小碎片之外更為寬廣的版圖，更何況是類似舅舅這樣自己書寫的受難歷程，其實就是另一種型態的穿梭時空磁場。

在民主人權的進化過程中，許多人犧牲了生命與自由，或被剝奪了青春最好的數十年，當我們空泛地談起轉型正義的口號時，認識曾經發生過的歷史，避免犯下同樣的錯誤，這或許才是對犧牲者所能表達的最誠摯敬意了！

導讀

# 青年春天的生命，驟然進入炎夏，也急速入秋

文／曹欽榮

（台灣游藝設計公司負責人，現任NGO鄭南榕基金會．紀念館義務職執行長。曾參與台北二二八紀念館創館規劃設計，自二〇〇一年參與綠島人權園區規劃、展示設計、文史採訪工作）

## 夏

十多年來，春夏秋冬不同季節，無數次從海上搭船逆流航向火燒之島，從空中飛越眺望台灣東岸、黑水溝的山與海，總會想起曾經在島上的政治犯說：獄中是讀不到《基督山恩仇記》的；而綠島的孩子是否也因此沒有機會閱讀這本人和島嶼愛戀的世界名著呢？青島東路三號，當年無數青年被送往火燒島的出發地點，如今已是首都五星級飯店所在，下獄受苦、豪華饗宴，台灣的恩仇記所在？

為了深刻了解「她／他們在火燒島上發了什麼事？」伴隨白色恐怖受難者進出綠島無數次，每一次的記憶之旅，每個人寫在他們臉上的心情各有不同，歷史的苦難是否如蕭瑟的秋冬已經遠去，春夏的生命活力將臨？看到身旁許多休閒裝扮，前去島嶼旅行的青年，令人驚覺這曾經是恐怖之地，如今已成了觀光島。《基督山恩仇記》裡提到：「**自信和希望是青年人的特權**」，在當下是青年人的特權，在監禁政治犯的恐怖時代是災禍。島嶼的空氣自然天賜，是幾千位青年政治犯活下去的希望和特權。當我們想像和島上幾千位原始居民數量相當的政治犯，如何度過離島長年的監禁生活，各種問題接踵而至，一個接一個，政治犯怎麼會有辦法在島上製作小提琴，這是人類困境中創造的奇蹟嗎？

從火燒島政治犯刑滿再被送往小琉球管訓的人之中，顏世鴻醫師就是其中一位，他的名字一直銘記在我的心中。

## 秋

二〇〇三年九月，我到台南拜訪白色恐怖受難者葉盛吉的兒子成大都計系教授葉光毅，同時認識了顏世鴻醫師。我在葉教授協助下，看到他繼父的自首證，而後到成大早期宿舍採訪他的母親郭淑姿女士，也見到他任教成大的繼父曾先生；曾先生不願意多談那個時代發生了什麼事。與他們幾位初見面的景象至今仍然清晰留在腦海，直覺眼前環繞葉盛吉二十七歲人生，一位談話優雅的女性長者，兩位醫師、兩位教授。在他們各自的人生故事之外，我充滿著說不出的好奇。之後，讀了早於一九九五年出版的《雙鄉記》（葉盛吉傳：一位台灣知識份子之青春．徬徨．探索．實踐與悲劇），作者楊威理是葉盛吉戰前仙台二高同學，楊於書末引用了不少顏世鴻《霜降》的書寫。葉盛吉二高畢業短暫就讀東京帝國大學醫學部，戰後回鄉轉到台大醫學院就讀，一九四八年九月，二十五歲加入台灣的共產黨地下組織，他介紹台南同鄉學弟「有趣的傢伙」顏世鴻加入地下組織。一九四五年八月戰爭結束，時代大轉換，台灣於一九四七年發生二二八事件。一九四九年夏天之後，白色恐怖風聲鶴唳，青年熾烈理想，無處去，熱血革命未成，戰後短短五年，青年春天的生命，驟然進入炎夏，也急速入秋，熱帶台灣將度過漫長寒冬。

# 冬

今天的年輕人無法理解、想像的「匪諜」就在你身邊的時代，如何造成人人自危的冬天？顏醫師《青島東路三號》的前身《霜降》隱喻著秋天最後的節氣，入冬以後大寒，無節無氣，生命不再成長吧！回頭看那段戰後短短五年，五〇年代初發生了什麼事？

二〇〇八年五月國史館出版系列「戰後台灣政治案件〇〇案史料彙編」，呈現白色恐怖檔案的特殊性，系列彙編的《戰後台灣政治案件學生工作委員會案史料彙編》有前國史館館長張炎憲的總序、許進發的編序，回答了中國共產黨台灣省工作委員會地下組織、學委會案的概況，讀者可透過兩篇序文進一步探索。

顏醫師受難所涉及的「學委會案」，是一九五〇年代初期白色恐怖案件中，當時台籍知識份子為主的兩個主要案件：「臺北市工作委員會」、「學生工作委員會」，兩案連續於兩日間槍決十四人、十一人，被槍決者平均年齡：前案約三十二歲；後案約二十五歲。從一九四九年十二月槍決澎湖案六人之後，兩案發生之前不到一年間槍決已近百人，案件超過上百件，廣泛涉及省工委相關案件、國府肅清的任何「敵人」。

一般所稱「台共」是指戰前日治時代的台灣共產黨，戰後的中共省工委，多少運用了戰前反殖民的台共、農組等等在台灣反日的人脈關係，但是年齡多在三十歲以下的新一代，繼二二八之後反國民黨的「組織性」集結。戰後國共鬥爭短暫存在台灣的共產黨地下組織，概況如下：

中共華東局於一九四六年三月成立台灣省工作委員會，以台籍人士書記蔡孝乾為首的地下組織，陸續派員進入台灣，指揮地下組織活動，從事發展各地共黨組織、秘密政治宣傳、蒐集軍事政治情報、策反軍政人員、建立地下武裝、開展高山族及外省同胞工作等等。一九四七年二二八事件前黨員人數不足百人，事件後迅速發展，到一九四九年夏天，國府循線陸續逮捕成員，發現黨員已超過千人。省工委會下轄各地區工作委員會及各類支部之外，另外轄下具有全島性的三個工作委員會：「山地工作委員會」、「郵電職工工作委員會」、「學生工作委員會」。其中發展學生組織及運動的學委會，於一九四七年八月成立，到一九五〇年四月二十七日蔡孝乾第二次於嘉義竹崎被捕後（第一次在一九五〇年一月二十九日於台北被捕，後乘機脫逃），五、六月間，學委會成員被大規模逮捕，組織解體。另有論者指稱：一九五四年初台大法學院支部葉城松案爆發，於一九五六年九月二十六日槍決五人，學委會組織告終。

根據許進發的整理，學委會案涉案人共計四十五人，加入中國共產黨者三十一人，其中二十九人在訊問筆錄回答由於何種想法而參加共產黨？參加理由可區分為七類。官方記載筆錄回答不盡可信，但仍有可供參考當時時空背景之處：其一、二二八事件影響下造成社會普遍不滿氛圍的背景，主客觀促成反「國民黨」政府的個別、集體行動；其二、在人際關係牽引下，加入地下組織的個人，以各種形式蔓延擴大，彼此之間對於組織能夠發揮多大力量，並不知情。二〇一〇年過世的陳英泰前輩曾經指出，上級要求他儘快吸收黨員，他觀察組織吸收成員準則不一，並沒有十足信心而暫緩。在嚴厲的政治鬥爭環境下，一九五〇年六月二十五日韓戰爆發前，或明或暗的中共即將「解放台灣」的訊息不斷，韓戰之後，無節氣的寒冬吹入台灣。

# 春

「歷史發展的過程，孕育了台灣人民傳統的反抗意識」，這是一段出自當年統治機構政黨對台灣歷史的定性、特殊性說法，此一說法是否成為統治當局領導者、以及機構訂定戒嚴相關政策、執行「寧可錯殺一百，不放過一人」的政策？當下的台灣需要哪些「轉型正義」的機制和文化的動力？恐怖政策下的倖存者書寫，產生了重大意義；突破禁忌、說出真相是轉型正義的第一步。

顏醫師終生厭惡戰爭、貪污，期待一個更美好的社會，他晚年辛勤書寫超過百萬字，這本書卻是顏醫師的第一次公開出版。個人的歷史記憶要成為公共記憶，是何等的緩慢！對台灣、對中國而言，自由與民主共享的理想社會是否能超越民族、國家的藩籬，追求人們普遍具有人權意識的幸福願景。顏醫師的書寫再度讓我反思《雙鄉記》的獻詞：「獻給　在民主化運動中仆倒的人們」！透過當代社會論辯、探討台灣戰後的歷史，是這一代人的責任和理想，更是台灣未來民主生活的現實挑戰。但願讀者閱讀顏醫師的書寫，能夠擴展個人歷史記憶，帶給我們公共關懷的熱情，讓自由、民主的價值在眾人的努力下，成為我們日常生活的價值和自信。

二〇一二年五月十九日，台灣解嚴第二十五年

青島東路三號

青島東路三號

# 自序

四年多前，已過了八十歲，每個星期五上午四個小時，還在當私立台南仁愛之家的約聘醫師。比起一九九九年十月退休時，閒下來的時間比較多了，除了讀一些書刊以外，自少趣好不多。自一九三八年四月升小學四年級寫寫日記而已，中文都未受正式的訓練。

某日，心中突如其來湧起一個意念，已度過「古稀」、「傘壽」，心內有數，殘日無多。自少年時，心內一直厭煩，極惡戰爭與貪瀆，而且這八十年在貧窮、戰亂、流亂及許多離譜的我執中——如自認理想的社會主義者，其實對社會主義根本無知——度過了童年、少年、青年、壯年及老年的日子。自己也體驗到自二十世紀裡的一次大戰、二次大戰，及其他無數的戰爭、惡鬥；在這過程中，軍民的死亡超過一億人；近來的戰事，平民死亡甚至超過軍人。

有人曾說：「一個人的死亡是歷史，千萬人的死亡不過是數字。」一九八七年夏天，畏友[1]戴振翮兄自香港歸台，說好他要寫「火燒島的故事」，由我提供十三年七個月默記在心內的「大事記」日記，但他突然於一九八八年一月八日客逝於香港。自知文筆、腹笥（學問）、邏輯遠不如他，我只好在繁忙的日子中，寫下了二戰以後，自己所遭遇的私見，並將書稿名為《霜降》，本書即由《霜降》改寫而成。

先父生於一九〇三年，日俄戰爭（一九〇四至一九〇五年）以前；祖父曾為劉永福下義勇，乙未年（一八九五年），十八歲時在蕭壠一戰。前前後後逾百年，書名中「百年之憶」是由此而來。本來粗劣的文字無意拋頭露面，心內僅執意於朝鮮戰爭是否可免。一九九三年戴國煇先生勉勵我：「歷史的應歸還歷史」，但是我的心中還是十分躊躇，擔心輕易寫下，變為對歷史的冒瀆。草稿寫完，剛好女兒廷如由美歸台，託她校改，她家庭職業繁忙尚未動手；曹欽榮兄好意，說可以代勞，卻成為出版的動機。

台灣在和平中度過了六十年，多數人或遺忘或根本不知道死亡三百萬人的朝鮮戰爭，所以想留一些文字，讓後人知道慘況。我沒有正式學過國語、論理學，雖對歷史有興趣，卻

1—編按：「畏友」是指在道義上、德行上、學問上互相規勸砥礪，令人敬重的朋友。作者用了很多「河洛文言」，為方便讀者閱讀，編輯一律加註。文中凡（）引號內文字，皆為編輯所加。非作者的註解，一律用「編按」。

只是一個外行人，還望斧正。並感謝曹欽榮先生、鄭任汶先生、林芳微小姐及表妹滎燭二女陳淑敏小姐的幫忙。

顏世鴻

二〇一二年五月八日

# 前言、

# 二〇〇六年，霜降之后

這是第三次重寫《霜降》。初寫《霜降》是一九八八年七月三十日，因為戴振翮兄於那一年一月八日逝世於香港。由於朝鮮戰爭的祕密檔案出世，一九九七年十月二日以「一九五〇年，台北」之名二度重寫《霜降》。二〇〇六年十月廿一日，剛過滿七十九歲不久，想機會不多。再插上百餘年不斷的戰爭、東歐變局，想說一些私見。其實心情、體況不好，躊躇再三，但草稿的大半已經寫了，大約三個多月可以寫完。殘日不多，而且心意懶散，此時不寫，機會一去不再。如果沒有意外，大約在丁亥年假（二〇〇七年）可以趕完。

貧窮、兵災流落、大戰、內戰、縲絏（牢獄）、忙碌一過，蒼老的日子到了。真是「入目入心日日寒」的三萬個日子。改瓊・拜亞（Joan Baez）的歌詞：「愛的歡欣但片時」

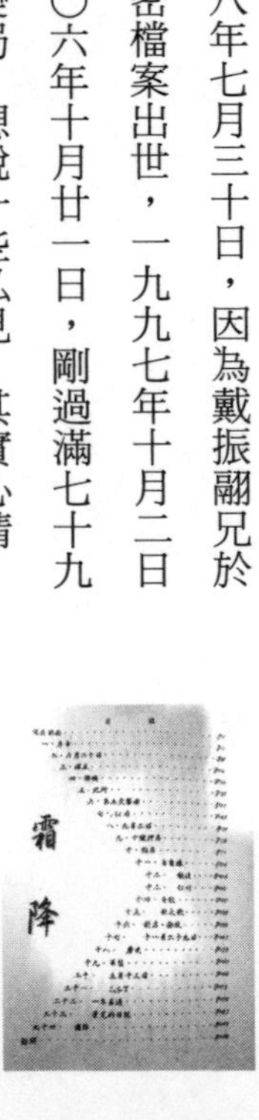

1997年重寫之《霜降》，自印分贈難友、各界。圖為《霜降》目錄。（翻攝／曹欽榮）

（The joys of love are but a moment long），可換做「生的歡悅但片時，生的苦澀逾此生」。

自幼年，家父常看我的臉，老是說：「**天庭不高，少年歹運**。」有位盲卜者，一九四四年秋夜如截鐵那般說了：「**雙重官符、庚寅有事**。」[2]父親業餘嗜好太多，八字、易經、面相、手相、拆字，甚至聽聲，都學過。父親自己算過我的八字，這次不過是有意再肯定一下「算命」的看法，父親臉色一片烏雲，我卻不信這一套，只當一陣馬耳東風。

數個月前，看了左岸文化出版的《世界危機》，邱吉爾在一九二〇年代寫的第一次世界大戰回憶錄；六十一年前，我由將被遣送回國的日本人買了九本一套名為《世界大戰》的日文譯本[3]，是一九三七年一月到十月分別出版，就是中日戰爭之前及之後，內容應是一九一四年到一九一八年一次大戰的經過。而後又拿出了黃文範譯的索善尼津[4]的《一九一四年八月》及聯經出版的《八月砲火》。而後又拿出可能是自己搜集最多的韓戰的各種書。「韓戰」對於我們一群人及台灣影響最大，雖然，事實上戰爭故事年年有。

第一次世界大戰的軍民死亡，比一九一八年的流行性感冒的死亡者少。流感死亡的估計，目前自二千萬到四千萬都有。當時的行政效率及資訊流通比現代相差太多。

2—編按：即1950年起，有雙重牢獄之災。

3—非凡閣出版。

4—編按：Aleksandr I. Solzhenitsyn，1918—2008年，或譯稱為索忍尼辛。俄羅斯文豪，曾獲諾貝爾文學獎，其文學作品揭露史達林政權下勞改營的暴行。

二戰的死亡也沒有確數。軍民合計可能一億人以上，而且平民的死亡可能超出軍人。但當時正進入醫藥革命時代，如自一九三七年算起到一九四五年，世界人口自不到二十億人，增加到將近廿五億人。

戰爭的空間已經不限於戰地。二戰後期，如美國李梅[5]的理論已大大有名，在他計劃下，一九四五年三月九日夜到三月十日，東京遭到三百餘架B29轟炸，死亡十萬多人，大部分是平民、婦女老幼。廣島、長崎在原子彈爆炸下，直接間接死亡約廿五萬人。越戰時期，越南一地軍民死亡估計自三百萬到六百萬人；韓戰時，韓國的軍民死亡，一說是三百萬人。如以目前人口規模，南北韓合約七千一百萬，越南人口稍多，有八千二百五十萬人。韓戰打三年，而越戰的損害是北越開始被轟炸以後快速增加的。

以這一標準來看，乙未年（一八九五年）[6]的台灣人口規模不到三百萬人，到一九〇一年，六年多約死八萬人，不算是頂多。而台灣在二戰死於海外約三萬人，死於轟炸、掃射等戰爭原因的平民二萬人，死於瘧疾的推估約三萬人。所以二戰死亡的數目也大約八萬人，也不是頂多。

台灣要餓死不容易，不過確實有人餓死。例如有人在白色恐怖的逃亡中，死於饑餓，可能自己本身也帶些病。

如以韓國濟州島的受害規模來估算，約等於鹿窟案，一個剿島與一個剿庄。韓國人好處也多，不過有時候會出現對於同胞的絕情；韓戰初期，南北韓都做了這種工作，連美國大兵也插上一腳。

俄國文豪托爾斯泰的《戰爭與和平》中，在法軍要撤出莫斯科，書中寫的一段：「**『來了……來了……』，畢瑞向自己說道，一種不由自己的顫慄，從背脊上涼下去。在下士改變了的面孔裡，他的說話中，在鼓聲激動，震耳欲聾的噪音內，畢瑞認識到那種奧祕無情的力量了。它能驅使人違背了自己的意志，去殺戮同類。**」[7]，戰爭中不但是領導人無情或絕情，就是一般軍官與士兵都由一種緊迫的情形下，由人變成一種「非人」。但是，世界每年、每時都有或大或小的戰爭。

這百餘年來，「準備戰爭」、「投入戰爭」，及「戰後的處理」用去人類生產力的可觀部分。窮人出錢、出力，甚至出命，卻是有人賺戰爭錢。二戰以後，亞洲、非洲的殖民地

5—編按：Curtis LeMay，1906—1990年，美國空軍四星上將，曾任美國空軍參謀長。在第二次大戰時策劃對日本戰略轟炸，使用燒夷彈轟炸，造成東京傷亡人民數遠超過原子彈。

6—1895年，台灣被清朝政府割讓給日本。

7—遠景版，黃文範譯，《戰爭與和平》，第四冊，第1632頁。

差不多都獨立了，不過有一些獨立國家的情況使人失望，這是眾目共睹的現實。戰爭使得經濟拖倒了蘇聯，這災情到現在還沒有回復。

本書不過是把《霜降》的時間、空間、人物稍為放寬，算是第二次改寫，心內躊躇再三。年老了！時間對年輕人是「期望」，在老年人卻是「期限」了。而且近來記憶力差了。

《霜降》初寫時，沒有清稿，等於用了那一年整個秋天，從立秋之前，拖到霜降以後。原因是畏友戴振翮兄在香港過世。他讀台大豫（預）科醫學院，早我四屆。一九四五年三月，他想轉入台北帝大文政學部，他父親不准。他卻走上退學的路，去基隆高女教數學。五〇年白色恐怖，他也被牽連，被判十年徒刑。

本來畏友戴振翮兄曾答應要寫「沒有人寫過的火燒島」。他專看國語及北京方言，在綠島教初級及中級國語，桃李滿天下。我卻看雜書，只是用心背十三年七個月「沒有日記的日子的大事記」。一九六四年一月廿一日由小琉球歸家，整整地用了兩天，寫下了這背下的大事記，當然，難免有錯。

戴振翮（1925—1988年），因案被判刑十年，1988年因鼻咽癌過逝，是作者顏世鴻的好友。（照片取自／「綠島人權園區」新生訓導處展示區「青春．歲月」展區）

八十年代正流行：「沒有人寫過的○○○」。一九八七年，蔣經國先生自己說他也算是一個台灣人，開始開放大陸探親。戴兄與太太回台南，太太去參加台南女中的同學會，我與戴兄在飯店用午餐。我慫恿他寫「沒有人寫過的火燒島」，他輕聲一笑，說可以試試。想不到半年後卻因鼻咽癌去世。

前兩次稿都很潦草，自己只校對一次，錯字甚多。這也是打算三寫的動機之一，而最近又有「白色恐怖時代」的檔案解密，成為最主要的改寫動機。（以前別人總是說：警總檔案已經燒毀了，我是不相信，因為我稍知中國的檔案制度。）

當年遙聽到楊廷椅[8]兄曾說：「**相信有一天，馬場町會建立我們的紀念碑。**」

如他所預言，馬場町已經有了紀念碑；但「統一」仍沒有什麼動靜，他們的願望尚未達成。這牽涉的因素太多又複雜。

*

8—楊廷椅，1926—1950年，新竹香山人，學委（台灣省工委會學生工委會李水井等案），1950年5月被捕，1950年11月29日被槍決於馬場町，時年25歲，自稱「老朱」。

台北市青年公園西側堤防外行水區，已於2000年8月，設立馬場町紀念公園。碑文文字如下：

馬場町河濱公園紀念丘碑文

一九五〇年代為追求社會正義及政治改革之熱血志士，在戒嚴時期被逮捕，並在這馬場町土丘一帶槍決死亡。現為追思死者並紀念這歷史事蹟，特為保存馬場町刑場土丘，追悼千萬個在臺灣犧牲的英魂，並供後來者憑弔及瞻仰。

中華民國八十九年八月廿六日

（攝影／曹欽榮）

我出生於一九二七年孟秋。在世界、中國、日本與台灣，都是一個不平凡的年份。一九九五年四月有一群台灣人特地去下關的春帆樓，向日本人致謝：統治台灣五十年。日據時代的台灣人，在殖民政策下，大多數人有共同的痛與恨，但是仍有親日的仕紳世家。大約一九二六年以後出生的人，上學就被禁用母語。所以到這麼老了，很遺憾缺少一種可以充分敘述自己遭遇的「母語文字」。幼年，家父上課有：《千字文》、《三字經》、《四書》、《詩經》和一點點《唐詩》、《古今文選》，他用的是河洛文言，當時五、六歲的我正貪玩，數年之間，可能被打了數千竹笞。光復後我又不努力讀國語，所以很尷尬，勉強可以用日文。一九五〇年九月底麻豆案[9]起，十月廿一日鐵路案[10]止，行情漲停板[11]，不得已用「五花肉式國語」寫下比現今小學生低年級還不如的國語遺書約六百字。國語是以後讀了王力的「中國語法」，以後在綠島開放《中央日報》，勤讀社論、陳裕清的專論及「學人」版的論文，才成勉強可以見人的貨色。

我們學委案原判死刑五名，無期徒刑六名；經三次公文往來，最後由最高當局核奪，無期徒刑六名也改為死刑。而且湊巧在韓戰期間，一九五〇年十一月廿四日麥克阿瑟下令攻

9—台灣省工委會台南縣麻豆支部謝瑞仁等案，簡稱麻豆案。1950年5月31日破案，9月30日判決，36人被判刑。其中謝瑞仁、蔡國禮、張木火3位死刑，於1950年9月30日槍決於馬場町。無期徒刑10位，其中林書揚、李金木兩位被關34年餘。林書揚被關押長達34年，是台灣被關最久的政治犯。

10—1950年10月21日，4個支部，25人，李生財、張添丁、林德旺、許欽宗、朱永祥5位死刑，其他差不多是徒刑15年。

到鴨綠江，廿五日、廿六日中共發動第二次戰役，美韓軍潰敗之際。當時我一直在想台北案、學委案是北韓之戰的反映，自己參考了檔案，差不多所有的案件都有類似公文呈核往來，我知道是自己的無知及誤會，但我曾經說：「改判」，檔案證明是明確的事實。

楊威理[12]先生寫葉盛吉兄的傳記前，我將《霜降》寄給他，後來傳記由日本岩波書店出版（第一刷一九九三年二月十五日），台灣由陳映真先生譯成《雙鄉記》，由人間出版社出版。在馬場町犧牲的台灣菁英，葉盛吉兄算第一位有了傳記。也因此有人知道《霜降》的存在。顧亭林曾說：「**勿將未定稿的東西任意示人。**」這是有道理的。戴國煇先生曾經勸我：「**歷史的東西，該還給歷史。**」只是心內頗有躊躇逡巡，怕這未成氣候的文字篇章，反成為「對歷史的冒瀆」。不過再想想，以清朝文字獄的嚴苛，尚存《揚州十日記》、《嘉定三屠》。既然有人已經為葉兄留傳，其餘就不必計較了，並不是為了「**人生感意氣，功名誰復論**」，為朋友留傳是我個人小小的習慣。

老人就是時間多，反正不想上進了，就是想也無用，腦力跟不上。閒下來的時間，差不

11—編按：1950年代始，地下組織陸續被破獲，國民黨政府大量逮捕異議分子，即使無關係者都被判予較重刑期，尤其作者在當時曾涉入地下組織，而認為自己會被判死刑。

12—楊威理，1924年生，淡水人。大連三中、二高、東北帝大、台大醫學部。1946年考上大陸留學生，轉北大經濟系。為北京中央編譯局圖書館長。著有《馬克斯的巴黎公論》、《西洋圖書館史》、《ある台湾知識人の悲劇》、《豚上対話てきれごろ》、《蔡元培》等。

多每一年都要寫一些東西。從自己的意識出發，這次「百年之憶」可能是自己最後的獻醜。

青島東路三號

# 壹、二〇〇五年，重回火燒島

二〇〇五年五月十七日，與蔡楚輝兄坐飛機，由台東機場往東南飛十八海浬，到達綠島機場，飛行時間僅八分鐘。回想當年日日眺望的後山[13]，可以是咫尺，也可以是迢遠的天涯。一九六二年從綠島再被放逐到台灣之西時，坐漁船自火燒島去台東。（其實是新港，現在的富岡，還在台東遊民收容所住了一夜。）乘坐飛機的感覺就是一衣帶水。黑潮由此間經過，水色不同，日夜不捨地向北北東流，時速約三浬。黑潮經過綠島有一小小支流，由綠島與東北的鬼島之間流向北方，初春到夏，鰹魚成群。

綠島原住雅美族（現自稱達悟族），五百多年前，他們由巴士海峽的巴當島回紅頭嶼及火燒島。約二百年前，小琉球的漁船漂流此地，綠島人的祖先發現全島一片熱帶森林，回小琉球結伴，漸漸移往火燒島。後來，達悟族人口不多，被迫遷回紅頭嶼。火燒島與小琉球相同的地名不少，白沙屯、烏鬼洞、南寮等等。達悟族先住紅頭嶼，而後追飛魚去巴

台北飛往台東的飛機上，有時候能看到太平洋上的綠島，圖中空中照片左前方（地圖方位：綠島東北角）是目前的綠島人權園區，照片最左是受難者所稱的鬼島（樓門岩）。（攝影／曹欽榮）

當；五百多年前，一部分族人又回到紅頭嶼。

自一九六二年七月廿八日，由綠島被移送小琉球，到一九六四年一月廿一日才能回家，過了一生最心煩痛楚的日子。已經四十三年沒有去火燒島[14]，心內不是未曾思念。一九九九年退休，一直到目前還當約聘醫師。工作不重，但時間仍受制約；如非有重大的旅程、私事，請假要經安排。如無朋友相約，很難得會有「獨行」的動機。而且綠島舊友之間這幾年似乎有些爭議，我自當年就不參與這種爭執。患難之交，而且自己拙於說話，於心不忍。

這次是一位前輩託人來說，多年不見，想見面，寄語（轉告）他要參加唱歌的節目[15]，要我一定走一趟。剛好是星期一和星期二，事前請假兩天，安排換班。首次坐南迴鐵路，坐了那小飛機。年輕時我練過滑翔機兩年，坐過一次日本海軍複葉紅色的練習機。對大飛機有點怕，小飛機卻有親近感。

山不變，海天不變，燈台不變。其他或多或少，變了。營舍不見了，圍牆不見了，八德坡那「忠孝仁愛、信義和平」八個大字不見了，四維峰「禮義義恥」四字不見了。只有以

13—指西部平原之東，台東、花蓮，甚至宜蘭一帶。

14—我火燒島、綠島看似亂用，其實是隨當時心內的感應的。

15—編按：「關不住的聲音—2005綠島人權音樂季」活動，於2005年5月17日在綠島人權紀念碑舉行。音樂會中有政治受難者及家屬參與音樂演出。作者所指前輩是林恩魁醫師。

前五隊南邊，絕壁下那一巨石四個字「四維峰下」仍在；但是經過了五十年，如我般老態畢露了，而且四周的草木茂盛。當年供應兩、三千人用水的流漫溪也不見了，上游卻築起了水壩。

人已老，心已冷。

要回台東前，我們去綠島航空站慢了一拍，歸途無機位，去坐船。船還算快，不到四十分鐘就到富岡漁港，老人還半價優待。這次在綠島吃的甚豐富，但少了一份往日的親切感。歸途，火車由高雄直奔台南，不到四十分鐘；蔡埅輝[16]兄的長男耀鴻兄載我先到我家。雖然身體稍累，但總算還了一樁心願。

去綠島之前，自三月下旬正迷《中國時報》的「數獨」。多年前已在日本月刊《文藝春秋》見識過，五月十一日英文週刊《經濟學人》也出了一題，以後才一時心喜，常常以做「數獨」度時間。不但買了中時的「數獨」書，還買了其他書店出版的「數獨」。

做「數獨」推敲時，不知為何猛然想起已有二百年的德國參謀本部；再想到一九一四年八月一日，那拉緊的戰爭彈簧一鬆，這世界似無力去阻止戰爭發生。這有些像玩「數獨」

綠島人權園區新生訓導處全區模型展示館模型。八德坡即指從右到左「忠孝仁愛、信義和平」八個大字，目前現場已不復見。八字中央四維峰左側是顏世鴻所稱「流漫溪」。（攝影／曹欽榮）

位於八德坡中間的「禮義廉恥」四維峰之東側下方，目前仍矗立著「四維峰下」的石塊。（攝影／曹欽榮）

的遊戲，也似數十年以前我們常常去扭緊鐘錶的彈簧，甚至如操作一些計時炸彈的種種角色。

第一次世界大戰戰死的士兵可能近千萬人（最少的數字估計似有七百五十萬），不少各國年輕的精華死於此役。而二戰死亡的軍民人數約一億人，死亡的平民多於戰鬥人員，當然包括死於集中營或轟炸及饑餓。光蘇聯及中國兩國死亡就有五千萬人，猶太人死於大屠殺一般估計約六百萬人。這種數字很難有正確的估計。例如二二八，多者有人說三萬人，少者有人說一千人，但是從戶籍估計的失蹤人口約有十四萬人以上。白色恐怖的受害人數也是如此。有一說澎湖的山東聯中流亡學生，被投到海中就有千餘人。不似《史記》長平坑趙卒四十萬，定於一說。所以，日本人對於南京大屠殺死亡三十萬人的估計，那麼認真。

我看過日方說台灣死於美國轟炸不到六千人。但光是一九四五年三月一日台南市與五月卅一日台北市的轟炸後死亡就有六千人。這種估計死亡人數問題的難解度，頗似難解的「數獨」問題。

2005年5月17日，顏世鴻（右）參加在綠島人權園區舉行的「2005綠島人權音樂祭」，他是出獄後第一次重返綠島。他與難友楊田郎（中）夫婦於傍晚時分合影於綠島人權紀念碑。（攝影／曹欽榮）

**16**—編按：蔡埑輝，1930年生，涉1951年台灣省工委會台南市工作委員會鄭海樹等人案，1950年8月15日被捕，被判12年，後被延訓，至1964年1月21日出獄。

甲午戰爭與乙未年五月到十月的征台之役相比，日軍動員規模相差不多，但就死亡數目，征台多於甲午。台灣瘴癘之地使得日軍傷病亡十倍於戰死的。不過征台中的剿壓及殺虜情況，並未比以後的中日戰爭慈悲。當然，美國人當年也未對印地安人慈悲過。

《孫子》開門見山，第一句話就是：「**兵者國之大事，死生之地，存亡之道，不可不察也。**」[17]這句話比克勞塞維茨[18]認為戰爭是「政治的延伸」還有深意。人為了避免被征服或被消滅，不得不求自救之道；這又往往成為一種有形無形的競賽，產生了戰鬥和戰備的專職者；甚至近年來產生了企業化的戰爭服務業，這是帝國主義化的另一種發展。台諺有一句：「**賠本生意嘸人做，刣頭生意有人做。**」巨利所在，有人甚至可以冒生命之險。最近讀李梅[19]的《燒夷電擊戰》真是使人不寒而慄，在越戰，他甚至揚言「**要使越南回到舊石器時代**」。一九四五年初，他任塞班島、關島、提尼安島的廿一轟炸機集團司令，率三一三、三一四、七三等三個B29轟炸機部隊，對日本施行戰略性轟炸；光是三月九日夜到三月十日，東京市民十萬人死於轟炸。戰後，他對日本空軍再建有功，而由日皇賞了旭日一等勳章。

二千年前，羅馬大軍圍耶路撒冷城，尚容老人婦幼離城，而後攻陷耶城，約六十萬猶太軍士戰到全滅；但對迦太基（Carthage）則寸草不留，土地撒鹽。所以「以色列」人，雖然經過希特勒殘忍的大屠殺，絕滅尚存於世。戰爭有時候可存一絲仁慈，有時也可以那麼絕情。

台灣光復後上金先生的國文課，就是一本《揚州十日記》。可能記錯，開始就是「四月十四日，督鎮史可法匆匆奔揚州。」我也想到一九三七年十二月的南京，我不大在意死亡的正確數目。兵敗的孤城，在歷史上就是那麼慘，蒙古的西征、南征，屠城就是如此絕情。

我們且回蘆溝橋之戰，離今（二〇〇六）已有六十九年，我的意念仍如一九八八年初寫《霜降》時一樣。雖有不少明理的日本人，但仍有人執意於「第一槍不是日本人放的」，而且是高級知識分子說的。當年連策動囊括東北的石原莞爾[20]，也想制止少壯派去動華北，仍無法制止那些鯨吞派的動作。蘆溝橋的槍聲，不過是藉機的作業之一，還不到奧匈帝國皇太子的遭遇那種規模。日本人在上海雇用流氓去殺自己國家的僧侶，製造「上海事

17—孫子，用宋本十一家注，金谷治譯註，岩波書店。

18—編按：Carl Von Clausewitz，1781—1831年，德國軍事家，與約米尼（Antoine-Henri, baron Jomini，1779—1869年）並列為近代西方兩大軍事家。

19—李梅，戰後乃為美國空軍鷹派。不分軍民論者。

20—編按：石原莞爾，1889—1949年，是大日本帝國陸軍中將，曾發表了「世界最終戰論」。任「關東軍」作戰參謀時和板垣征四郎引發了「滿洲事變」（九一八事變）。在戰後因重病等原因被免除「戰犯」起訴。

變」，手段的粗糙一如侵占東三省，爆破柳條溝的鐵路一樣。

當年蘆溝橋的日本指揮官牟田口廉也上校，正是主戰派的少壯軍官。很巧，他的上官正是河邊正三少將。河邊以後當緬甸方面的軍司令，牟田口中將就是十五軍的軍長，硬要攻入印度，罷免了小畑信良參謀長及三一、一五、三三師的三位師長。以後十五軍因為病、餓及戰爭，死亡眾多，撤退的路被稱為「白骨街道」，三個師的生存者不到一萬人。話又說回來，就算換一位指揮官，中日戰爭在當時似乎已經不能避免。

最近日本仍有報導界提起，那第一槍是北京某大學生放的冷槍。也許反過來說，這在當時，正是日本少壯派期待的。一槍聲會演變成八年戰爭！不但朝鮮及東北的日本軍不待上級命令動起來了，甚至內閣也通過派遣二個師團，名義是保護僑民。所以我認定是有預謀的發動戰爭，也是合於情理的推測。假定當年有一團中國軍隊在

國立台灣歷史博物館常設展，以「日清韓三國地圖」，說明甲午戰爭。（攝影／曹欽榮）

千代田區的皇居附近舉行夜間演習，難道右派青年不會去放一槍嗎？其實一九一四年六月廿八日那放槍打死皇儲斐迪南大公的塞爾維亞青年，是國家及世界的大罪人。不過話要如前面說的，那一槍不發，奧匈帝國也有機會找到出手的理由。雖然，九十多年後的今日，分析認為第一次世界大戰應可以避免。可是事情一旦發生，就是歷史了；但歷史也不過是廣泛被認定的判斷的累積。如日本人熟悉的芥川龍之介[21]的《羅生門》的故事。

話轉到我想說的重點：韓國。韓國有相當結實的二千多年歷史。如以文字記載來看，似比日本還完整。如中國一樣，韓國歷史一直演出分合的過程。甲午之戰也由韓國而起，在此之前是南北統一的李氏王朝。甲午及日露戰爭之後，由《乙酉覺書》，日本取得了韓國司法權，最後演變成一九〇九年被日本併吞。在哈爾濱射殺伊藤博文的安重根就是依《乙酉覺書》被判死刑。韓國人晚了台灣十三年被殖民，落難如台灣人，成為日本的殖民地的二等國民。一九四五年八月九日，蘇聯依《雅爾達協定》，三路攻入東北，也跨過圖們江攻入北韓；以卅八度線為界，與美國分割而治。美國逐漸與蘇聯對立，成為「假定的敵人」。一九四八年八月，美國在漢城成立「大韓民國」，九月九日蘇聯在平壤成立「朝鮮

21—芥川龍之介，1892—1927年，師事夏目漱石。

民主主義人民共和國」，雙方也擁有軍隊。南韓人口倍於北韓，一直到一九四九年八月以前，南韓的兵力超出北韓甚多。南韓越卅八度線北侵的事件，早就在一九五〇年六月廿四日以前發生。

南韓李承晚頻頻發表北伐統一言論，使美國人也很傷腦筋，而北韓金日成也喊統一。不過就客觀情勢來看，一九四九年秋天以前是南韓有優勢的。問題就是中國東北有約一百五十萬朝鮮族，為了兵力平衡及朝鮮族人的意願，還有當時中國的形勢已經可以讓朝鮮族人構成的一六四師、一六六師回到北韓。一九四九年一六六師在七月底回到北韓，編為朝鮮人民軍六師（師長方虎山），八月一六四師回北韓成立人民軍第五師（師長李德山）。所以正規兵力由三個師增加為五個師，與南韓相比，兵力大致已經平衡了。

雖然，一九四九年年底艾奇遜[22]發表不干涉韓國、台灣，並主導《中美關係白皮書》。一九五〇年六月二十日以前，不少美國高官、國會議員，包括杜勒斯，到遠東，到過卅八度線，看過望遠鏡，聽過簡報。一直到一九九一年以前，美、日、韓的官方說辭：「北韓突擊南韓，發動戰爭，在此之前他們完全不知道」，這種說法等於罵那些人是白痴、飯桶。

當時卅八度線的狀況，已經是像一九一四年八月一日以前的歐洲。《白皮書》也可能是美國玩的「誘蛇出洞」。朝鮮、沖繩島、台灣是美國對蘇的前哨，無可替代、不能缺少的戰略空間布局。他們正期待金日成在中共渡海戰爭之前，發動南侵。依金鍾泌[23]的回憶錄說法，南韓一九五〇年六月廿四日夜冒雨派出近千名的軍官搜索部隊，越過二公里的非武裝地帶，進入北韓偵察。於是六月廿五日北韓的南侵就開始。

一九五〇年一月，北韓要求歸還朝鮮族，一六五師及其他部隊成立第十二師及二團的部隊；最終，四月十八日到元山。在這階段南韓有十五萬以上部隊，數目上仍多於北韓。而歸還北韓的朝鮮族部隊約三萬五千人。對此沈志華[24]有一段較符合實情的分析：

「**由一連串的狀況看，中國軍中朝鮮人戰士的歸北韓，並非中國指導者在那時間贊同以軍事手段同意或支持朝鮮半島的統一。四九年朝鮮人師團的歸國，是毛澤東懸念北朝鮮會受南韓攻擊，站在國際主義的立場表示對北韓革命政權的同情與支持。**」從解密的檔案來看，毛澤東與史達林的會談並無關於南進的「協議」。[25]



22—編按：Dean Gooderham Acheson，1893—1971年，時任美國國務卿，任內主導編寫《中美關係白皮書》。

23—編按：南韓前總理。

24—沈志華，《毛澤東，斯大林與韓戰》，215—216頁。參考朱建榮，《毛澤東の朝鮮戰爭》第30頁，岩波現代文庫126。

25—朱建榮，《朝鮮戰爭》37—40頁，2004年7月第1版。

南韓在一九五〇年五月二十日選舉，李承晚失敗了；也許戰爭是唯一的救濟手段，金日成發動這戰爭，便成為李承晚的「政治性命」的救命恩人，讓他做土皇帝一直到一九六〇年四月。

美國於一九五〇年出現麥卡錫主義（McCarthyism）把美國本身鬧得天翻地裂，一直到一九五三年，對台灣來說這也是改變命運的一年。

一九五〇年六月廿五日，以前馬場町槍決的都是外省籍，本省籍政治犯在內湖等地感訓。七月二日就有廖瑞發[26]、李中志[27]被槍決。我們是九月二日到達青島東路軍法處看守所，九月三十日就開始麻豆案的判決了。十月一日洪國式案劉全禮等九位被槍決[28]，含四條起訴的江德興[29]博士。十月二日宜蘭盧盛泉[30]、馮錦煇[31]兩位被槍決。自此真正的白色恐怖上場。前面說過連我這龍套一個，也落俗例寫了遺書，用甚幼稚的國語寫了約六百字，藏在袍袱內。當時曾耳聞「蔣家復活祭」，在那肅殺氣氛下一種輕輕的挑逗性、稍含調皮的話，其實也含著許多無奈與憤怒、諦觀。共產黨人被捕，即失去黨籍。我自己在「非情世界」，如落入索善尼津的《第一層地獄》之中，日日默默自己算命。十一月一

26—廖瑞發，1910—1950年，台北縣人，曾為台北市委書記。因「台灣青年會案」，於1950年7月2日被槍決。

27—李中志，1916—1950年，台北縣人，涉1950年「台灣青年會案」，於1950年7月2日被槍決。

28—編按：「洪國式組織劉全禮案」，被判死刑有：劉全禮、郭秉衡、張禮大、王平、鄒曙、華震、劉天民、江德興、胡玉麟等9人，於1950年10月1日被槍決於馬場町。

29—編按：江德興，1917年生，新竹人，被捕前為健元醫院院長。

30—編按：盧盛泉，1922年生，宜蘭人，涉1950年「蘭陽地區工委會盧盛泉等案」，1950年10月2日被槍決於馬場町。

31—編按：馮錦煇，1928年生，宜蘭人，涉1950年「蘭陽地區工委會盧盛泉等案」，1950年10月2日被槍決於馬場町。

日，我們被送往新店安坑新建的「看守所」。我們留下十三位，十一位去了馬場町（被槍決），留下黃采薇[32]小姐及一位周姓楠梓人，被判無罪交保。[33]

下一個我自己的結論：美國參與韓戰與越戰，客觀來說失多於得。韓國與越南的老百姓死亡慘多。如越南軍民估計死亡有最低三百萬人，最高六百萬人。韓戰三年戰鬥，軍民死亡和外國人死亡也約有三百萬。美國一直到近年，對各地親美的獨裁者，不但放任甚至厚待，使不少人今天仍心懷反感。單舉一例，如東帝汶先在葡萄牙的統治下過四百年，又無端被印尼統治三十年，近年成為另一「殺戮戰場」，美國政府近年才開口。事實上如無偏見，今天是美國獨霸的局面，二〇〇七年的國防預算，美國一國就多於僅次於他的十三個國家的累計。二十年內客觀地看，如美國自己是公平的，應該無人蓄意向它挑戰；但這個世界仍被許多偏見所左右，不光是宗教與民族，或已經退潮或褪色的意識形態。

32—編按：黃采薇，1933年1月29日生，台南人，1950年5月31日被捕，時為台南女中高三學生。與作者同案，後被判刑5年，曾關押在綠島新生訓導處女生分隊。被關在綠島期間，又因綠島再叛亂案，被送回台北軍法處，再被判原刑期服滿後，再交付感化，直到1958年出獄。

33—編按：作者顏世鴻所涉案名為「1950年台灣省工委會學生工委會李水井等案」，有：李水井、楊廷椅、陳水木、黃師廉、陳金目、賴裕傳、吳瑞爐、王超倫、鄭文峰、葉盛吉、鄭澤雄等11名，於1950年11月29日被槍決於馬場町；張坤修、謝培元、黃玉坤、洪天復、葉雪淳、葉傳樺、王乃信等7名被判15年；顏世鴻、陳清度、張碧江、葉金柱、林榮輝、紀經俊等6名被判12年；黃華昌、陳子元、陳瑞庚、陳世權、陳金火、陳金河、林慧哲、李炎輝、江源茂、曾文華、呂錫寬、王春長、孫進丁、邱媽寅等14名被判10年；黃正道被判8年；陳毓川、李森、孫天來、黃采薇、林賜安等5名被判5年；周春仁無罪。

# 貳、

# 一八九五年，馬關條約之後的家世

自先父出生於一九〇三年冬，一直到二〇〇五年五月十七日我由綠島之旅[34]歸來，其間大約一百年；書名中的「百年之憶」，此為主要的思路及用意。想起來父親坐牢不過三個月，可能還少幾天，不如我的十三年七個月又二天。不過父親的心牢，可能一直到生命將盡之時。

祖父顏達，曾祖父潘淵泉。可能於一八八〇年左右，曾祖父帶著祖父和他弟弟來到台南。傳說是由新加坡來的。顏家曾祖顏赤牛已去世，一子顏廣也已亡故，曾祖母廖妹還存世；祖父才繼顏家，極可能曾祖父也入贅，這是我這幾年才想出來的故事最有可能的一個版本。祖父是打金匠（金工師傅）。父親於一九二六年在張錫祺處與近十位年輕人學習眼科，而後父親與張錫祺先生堂妹——我的母親張翠翠結婚。她的父親張樵者，先清秀才，清廢考舉，就失去上去的機會，擔任當時英國貿易商「怡記行」店東及掌櫃。母親三歲

顏世鴻的祖父顏達，刊於《台南文化》的照片。（翻攝／曹欽榮）

時，五舅出生不久就逝世，也就是一九〇五年。先說明白，祖父顏達、祖母李來、外祖父張樵者（字汝東）、外祖母林銀，四位都是鴉片癮者。我在外祖母的風燈[35]下過了小學一年級。

一八九五年，祖父虛歲十八歲，參加劉永福將軍之下的義勇（如此推算，祖父出生於一八六八年）；當時已經是打金匠，不會為了區區的幾兩銀子加入。但祖父只在現在的佳里，當時叫蕭壠與日本軍打了一戰，潰敗；之後劉永福自安平乘船回唐山，台南紳仕們及牧師去招日軍入府城，維持治安。自此祖父只好做一個心懷怨恨的「順民」。他可能於一九〇〇年結婚，大伯父顏邦於一九〇一年出生。父親名興，一九〇三年十二月六日出生。以「興」、「邦」命名，可以窺見祖父的心理座標。遺憾的就是以後他成為阿芙蓉（鴉片）的俘虜，而又逢一九一〇年夏天，清水寺的大水，不但族譜、神主牌流失，還有人家寄放的金子也都流失了。

父親剛唸第一公學校一年級第一個學期時，虛歲九歲。依二姑的口述：自此父親被典賣三次，兩位姑媽都淪為養女。一九一五年，噍吧哖事件發生時，父親在關廟當人家的小佣

34—編按：指參加「2005綠島人權音樂祭」活動。

35—編按：風燈是替鴉片點火用的器具。

人。挑水過門檻跌倒，水溢滿廳而被打，當夜逃回台南。剛剛發生噍吧哖事件，風聲四起，聽到竹欉搖動的聲音，心內一怕，一路半跑，一直到遇到一台回台南的牛車，心才定下來；但翌早仍被祖父帶回到關廟。父親被典賣時九歲，二姑當時五歲。

另有一憾，祖父、祖母、伯父，還有一位叔父不到週歲都因結核病而亡。當時台灣的嬰兒死亡率[36]，最高曾到千分之三百；以目前千分之四為準，實在是地獄與天堂之差，也不為過。所以父親的心牢是：抗日、失學、鴉片、結核和貧窮所帶來的家庭離散，使他自幼已經被打落在人間的底層。

一八九四年甲午之戰，清廷敗，一八九五年五月十七日《馬關條約》割台澎、遼東半島，賠款二億兩，約相當於清廷五年的稅收。台民不服，至於奉清正朔的「台灣民主國」，有些慘然無知的味道。五月廿五日，台灣民主國成立；六月六日，民主國總統唐景崧就退了。劉永福卻據守台南，戰到十月，才由安平內渡。十月下旬，台南落城，前後五個月。自此役到一八九六年，估計台灣人死約六到八萬人，日軍戰死者甚少，連戰傷、病死約近一萬人。

顏世鴻的父親顏興（1903—1961）。（提供／顏世鴻）

36—嬰兒死亡率是指：千名出生者自出生到滿週歲死亡的數目。

母親的三位舅舅都死於此役。大舅林有、二舅林長，死於一八九五年乃木師團自枋寮登陸的戰役。三舅林茂屬林少貓之下，一八九七年受傷回家；未癒，又和朋友襲擊鳳山警察署，失敗後他們都遭活埋。外婆只好由別房抱來一位男孩繼承，令名林有長，就是我大舅公、二舅公的名字相疊。

人類自古以來渴望和平，但渴望和平也可以成為統治階層可乘的弱點。因為和平要有維護和平的武力，在這種詭異的前提下，被統治者要提供人力、勞務、財富，甚至一切可用的財物，以應付統治階層的武裝需要。兩次世界大戰，社會主義者起初都反對戰爭，最後還是不智地被捲入戰爭。第一次世界大戰，俄羅斯的士兵、百姓已不堪再戰，甚至引起日、美由西伯利亞介入戰爭，理由是怕德國占領俄羅斯。還有一九一八年流行的流行性感冒，魯登道夫說：「德國是被流行感冒打敗的。」

一戰後簽訂《凡爾賽和約》，勝利者的自私和德國經濟的失序，已經埋下二戰的種子。在俄羅斯、布爾雪維克的一場實驗，帶來一些人的期望及另一些人的恐懼，終局仍是毀於人性的貪瀆及自私。社會主義所求的社會正義及社會公平，反而出現於北歐及西歐的一些

國立台灣歷史博物館常設展，展出日治「近代統治」單元，其中「南無警察大菩薩」海報，警察大人象徵殖民統治深入日常生活。（攝影／曹欽榮）

國家及其措施。一九七七年以後的中國大陸到目前為止，良窳兩面都可見。但願高級智識分子不要如奧爾提伽[37]所言，另做一群「無知的智者」，他們應該表示對歷史的關懷。

二戰之後，人類在冷戰及俄國崩裂後經歷了不少奇異的格局。殖民地的民眾，已經學會各種手段及方法來解放自己。目前第三世界的通病是處於饑餓及疾病之中，痛苦又貧窮。缺少的不但是食物，甚至是飲水；還缺乏幫助他們的教育和資訊。

我已說過，上百台灣智識分子於一九八五年四月，去日本下關（即當年的馬關）春帆樓，感謝伊藤博文使伊等能沐浴在日本五十年的統治。他們或出生高貴，或已遺忘、或刻意排斥那段被差別奴役、被侮辱，或被殺戮流浪的歷史。一八九五年至一九〇一年，台灣人死亡者六萬至八萬人，日本兵在征台中戰死五百餘人，傷病死亡合計才近萬人。我聽過老者所說的剿庄，說的人還會顫抖。當然讀各種歷史，時時處處都有剿庄，征台之役比甲午之戰還激烈。日軍戰死在朝鮮與華北少於在台灣，而且自澳底登陸到台南入城前後逾五個月，動員兩個師、一個旅團，只稍少於甲午戰爭。

37—奧爾提伽，1833—1955年，José Ortega Y Gaset。西班牙哲學家，馬德里大學教授，現代文明批評家，著有《大眾的反逆》等。

# 參、

# 一九三七年，父親歸台後二度被捕

父母在世時都很少談到過去，尤其父親是絕少。一九三〇年，父親可能帶火發叔到泉州的東南隅，為歸國華僑開白內障；那個漁港叫「深澳」，我找過許多地圖，沒有這個地名。後來沈存誠先生畫一圖給我，才看到深澳在泉州東南隅。深澳我只住過四個月，一九三〇年秋天到過了一九三一年的農曆年。過年一家坐轎涉海灘進入泉州，住在東門城外，風角車站的對面。深澳到泉州有三種走法：坐船、坐轎走海灘、坐車。當然也可以走路。父親比我們早多住了四個月。

父親是自光復翌年才開始寫日記。他也寫詩，抄兩首權當是他的日記。

〈將遷出城留別滬江諸人士〉

結識諸公八月強，又從客地徙他鄉。

營巢燕若含泥數，問世我為餬口忙。
知己漫云前路眾，高明且喜滿堂良。
千杯酒盡今宵醉，明日依依各一方。

〈初入晉江城〉

廿年夢繞刺桐城，不負初衷信此行。
雉堞毀餘成馬路，雙江依舊石橋橫。

父親自一九二六年與一群年輕人跟張錫祺先生學習眼科，一九二九年九月八日結業，前後三年。父親學歷是小學一個學期。祖父、伯父相繼於一九二一年去世，之後他才去舊城（由旗後騎腳踏車）與一位前清秀才唸了一年的河洛文言。接下來就是這三年學醫。當時還有分甲、乙兩種限地醫[38]，這要小學畢業。他自己讀過日文，可以看，也能由日文譯中文。但聽與說好像不通，如我的英文。當時的中國，在醫院服務三年，可由甄訓取得醫師資格，台灣光復初不少人由此取得醫師、牙醫的資格。光復當初，全中國的西醫九千人：

顏世鴻的二舅張錫祺，中國第一部《眼科學》、《眼底圖譜》也是由張錫祺所撰寫。（取自／《台南文化》，翻攝／曹欽榮）

38—編按：日本統治台灣後，因專業醫療人員不足，為防治鼠疫等傳染病需要，發布《台灣醫生免許規則》，讓習醫的助手可以獲得醫師執照，在官方的監督下，限地行醫。

台灣三千人，上海三千人，其他三千人散在全國；甄訓制度的確需要。一九三七年八月歸台後，父親在慈聖街莊孟侯先生的大東醫院，以醫務助手名義當眼科密醫。一九三九年到一九四四年，六年期間是台南市眼科的時醫[39]。張錫祺先生以後當上海東南醫學院校長，之後搬到合肥。我稱他二舅，是母親的堂兄。張家有六房。中國人第一部《眼科學》與《眼底圖譜》是他寫的，曾參加柏林博覽會得到優等獎。我看過父親的病歷是用拉丁文寫的，還幫他開過刀（小學五、六年級，中學一年級）。莊先生只有一位護士，診斷準確，很重消毒。眼科書籍是日文的，差不多都是金原書店出版。

到了泉州之後，父親拜溫陵弢社的前清舉人蘇大山[40]先生（蓀蒲）學詩，他的對聯比詩好，不過過世時只留下《鳴兩廬詩稿》。泉州出不少狀元，弢社吳魯先生（光緒庚寅科）及他的父親，都是狀元。洪承疇也是狀元，泉州南安人。父親忙，少推敲，「**遂師蘇大山先生。自顧腹本無物，不足以與拮抗，唯移暇於就正之。數年竟無所成。**」而曾經是地下工作者又很難吐露真情。二、三百字，父親可過目不忘，IQ應在一七〇以上。（他外孫IQ一七〇以上有數人）

顏世鴻的三舅，張錫鈴（邦傑）。（取自／《台南文化》，翻攝／曹欽榮）

顏世鴻的五舅，張錫鈞（字大江），以「長江一號」名號聞名。（提供／顏世鴻）

39—編按：「時醫」原來的典故是指命好運佳的醫生，也指密醫。

40—編按：蘇大山，泉州人，號蓀浦，清末廩生。善詩，為泉州著名詩社「弢社」主要成員，參與廈門「菽莊吟社」。熟悉地方文史，亦為藏書家，曾為台北板橋林家「汲古書屋」撰聯。

父親學醫時未滿廿二歲。後來自汕頭避難的江寧靜先生等，都比他年少；結業照九人中，他年紀最大。照片中另有張錫祺先生伉儷及一九二七年出生的秀蓮姐；大舅張錫珪先生的女婿莊福先生（也就是表姐夫，在高雄開業，已去世），最年輕，還留著光頭；在相片下端寫著：一九二九年七月八日。

父親自幼年流浪慣了，常常自諷為「羅漢腳」。身邊只要有錢就到處去，尤其鄭成功故鄉石井安平，他常去。他老了以後偶而會說：「**很遺憾此生大概不能親見長城**。」他似乎不迷信，但是當時占卜、易經、四柱、面相、手相、測字（拆字）、命名，他都摸過。

閩變[41]之後，十九路軍撤出泉州，我們一家經廈門回台。一九三四年二月，三妹出生。四月初去廈門。過了四月一日，我未能入旭瀛書院。

1929年7月8日，光華眼科專門醫學院員生合影於高雄哈瑪星。第一排右起：莊福（光頭站立者）、張錫祺（手抱女兒張秀蓮）、馬場崎債子（張錫祺妻）、張錫鈞，第二排中顏興，其餘是張錫祺的眼科學徒。光華診所是高雄第一間眼科西醫門診診所。（提供／顏世鴻）

此前，我未滿五歲就讀泉州紫江小學；閩變時，已升二年級，也去中山公園開會（也許我最小）。中央軍的飛機來拋炸彈，與一位小女生躲到小石板橋下，看到橋邊樹枝還掛著淌血的肉；也不顧老師，一路跑回家。十九路軍撤離前夜，宿我家前的亭仔腳（騎樓），一夜無聲；翌早無人，敷地的稻草也一枝不留。而後我們經廈門歸台南。我提早入紫江小學，除注音符號中下，其他都不錯。我從來沒有問過父親有關課本的事。當時莊禎祥先生教我日語；一九三四年回泉州，莊先生繼續教我到二年級的課本，大約是以日語為主；那時候我的數學已會背九九乘法。莊先生也是甄訓及格的眼科醫師，是莊清水叔公的長子。光復後，有一次他大雨之後去看魚池，本來有肺結核，咳血而亡，父親痛失一位至友。

一九三六年春，一家人到廈門，大妹也入旭瀛書院。我和外

在泉州的光華眼科專門醫院（1931—1937年）。（提供／顏世鴻）

1937年2月11日，顏世鴻攝於廈門的思明北路。（提供／顏世鴻）

婆只住一年，一家人住在一位駱先生家住的三樓。當時光華眼科前面是兩棟三樓，後面一棟，中庭寬而有一口井，三棟自成一廓，有邊牆，南面有大門是古式的。父親為何來廈門，我一直沒問，當然不知道；母親也未透露。現在只有留給我寫下一些推測想法。看父親雖不談政治，居然早已參加了「台灣抗日同盟」，與熟友說話還頂幽默。

一九三六年春，父親和莊先生出泉州到廈門，泉州的眼科留給姑丈郭漢海先生（他也是台盟一員，也是國研所）和徐先生。姑丈是東京府立四中出身的，以後當了日軍十三軍翻譯官，以日軍的消息供應給五舅張錫鈞。光華眼科在全國有十數所，光上海一地，除本院（南昌路）外，有六所分院。自父親來廈門，五舅就常跑去上海；可能從那時開始就幫王芃生[42]做工作，也許是二舅的派命。九月父親也要去上海，為了紀念弢社的時代，跑去抄龍角石[43]。

話說回頭，父親去深滬，母親曾湊齊將近二千元的會錢；我們去大陸期間，禎祥先生的母親——清水嬸婆做保證人。一九三三年避難歸台時，似乎已經還清了（應該三年半了）。母親一個月寄四十五元回台，匯率不一，有時候值百元。母親在逆境中很會理財，





41—編按：福建事變簡稱閩變，發生於1933年11月，十九路軍（中華民國革命軍的一支）在福建發動反對蔣介石政權的事變，其後成立了「中華共和國人民革命政府」，由於未得到各方支持，次年1月即被蔣介石以優勢兵力擊敗，十九路軍亦在繳械後被解散收編。

42—編按：王芃生，1893—1946年，原名大楨，湖南人。早年為同盟會員，留學日本多年，對日本問題深入研究。後加入國民黨，曾任駐日大使館參事、任國民政府交通部次長、國民黨軍事委員會國際問題研究所中將主任，並當選「候補中委」。1946年病逝於南京。

43—龍角石，石在晉江縣南，張林鄉馬鞍山左數百步，武坡上，宋郡守王梅溪先生遺刻「龍角」二字大四尺餘。吳肅堂先生亦葬於此處。

龍之為德象當陽，見其一角亦呈祥。
睹此巋然石嶄嶄，令我思及梁曾莊。
形勢家言我未省，地以人傳得其梗。
若論鐘毓應開先，人言嘖嘖梅花影。

要點只有一個「儉」字。人在亂世中甚多無奈，在泉州買了不少骨董字畫，一概歸零。父親在泉州買《廿四史》，在廈門再買《廿五史》，歸台光復後又再買藝文版的《廿五史》。如他不早去世，可能會買《清史》或《清史稿》。

當時日本對中國已經虎視眈眈，形勢上好像一場大戰難免。我未滿十歲，一切遲鈍，只有對政治與戰爭特別敏感。而且一九三六年夏天，聽過莊孟倫[44]向不到九歲的我，講了約二個小時的世界大勢，自己心內早已有份危機觀。

一九三七年七月，五舅已去上海，不在廈門。五舅訂的報紙中還有《朝日新聞》，我早就有看中文、日文報紙的習慣。暑假是七月十一日開始，所以那一天可能是七月十日吧，也許我自己記錯了，在報上看到蘆溝橋戰事的報導；我對中、日文的理解似乎差不多，只知道意思，不能算全懂。

當時反日的氣氛本來就高，以後又漸漸升高。我們一家算台灣人，日本籍；連表姐妹都會挖苦我們。廈門大學教授莊先生是東京帝大出身，也算台灣人，長子奮興兄大我一歲；但是客人，表姐妹就不敢挖苦。挖苦就像對我挑釁，張家有些人仍保留台灣籍。戰爭一開始，銀行存款就被凍結；領事館通知，八月廿三日是日本撤僑最後一班船。我們準備去上海，重要的行李寄存在鼓浪嶼周家。五舅一家、外婆、淑貞姐將去上海，三舅一家去漳州。八月廿三日午飯後，在二樓小客廳，父親突然由三舅受命歸台；我正在隔壁病房躲著看《七俠五義》，他們的對話我都聽到了。

以前我就知道父親是參加中國國民黨和台灣革命同盟，光復後看過父親寫的「中國國民黨復黨申請書」，間接證明那時候我的推想是對的。他歸台之後坐了兩次牢，過了很長的不安不樂、不如意的八年。

江寧靜[45]由汕頭躲到台灣，那時是國民黨「清黨」之前；他們也跟二舅學習眼科，以後（一九四一年之前與之後）常主持八仙橋的眼科分院；父親與他的關係不知。五舅接頭的不是江先生卻是吳定方，吳是二舅介紹的。五舅的情報工作，一份呈王芃生，一份給吳定方；而吳定方也傳過日本十二月八日將發動戰爭的情報，許多人才躲過一難。

父親對蘇區[46]的情形似乎熟悉。二妹出生前，我常聽父親說一些蘇區的情形給母親聽，如：公妻是胡說、看病不要錢等。有一天，一名死囚赴刑場由家門前經過，路人喊：「土匪」，窗前的父親看到是熟人，囁了一句：「共產黨」。三舅在漳州險些被槍決，已經到

44—莊孟倫：台南人，廈門美專出身，為保密局高雄站長，亦為中共黨員，1950年被捕、槍決。

45—編按：江寧靜，中共中央辦公廳機要交通局地下交通線的成員，1927年為躲過蔣介石清黨屠殺，從廣東逃到台灣。

46—編按：中國共產黨及其軍隊在第一次革命戰爭時期所建立的根據地。

了刑場，劉戡[47]將軍的電令一到，三舅才被釋放。台灣人的處境竟如此。

父親沒有日本醫師的執照，我知道他毫無心理準備，而且九月就要去上海。泉州也不可能回去。

父親只好準備回台。已經下午一點半，與母親商量後，打包了四件行李、一件棉被，與外婆辭行。淑貞姐可能稍知內容，用了晚飯，只帶當天的收入一百元。這幾年，我偶而推想父親是否與中共也有牽連。一九五六年吧，二舅由王學文[48]先生介紹，經由地下管道正式入黨。父親的性格中有一點生活累積下來的軟性，他可能了解當時左派的思想、蘇區的生活情形，但是有些偏向不參加，這是他的一種想法。不過他為何又那麼容易答應了三舅要歸台呢？他說過他在台灣毫無生活的能力，尤其還要帶著母親和五個孩子。

三舅，張錫鈴（邦傑）半生奔走為了台灣，一家人的生活是由五舅照顧的，甚至他的生活費用可能也是由五舅打點。光復後，父親甚至當了「內政部調查局台南副站長」，當時站長是袁守謙[49]先生；而他的至友莊孟侯[50]先生在二二八之後被捕時，是台南市三民主義青年團的主任，同時也是台灣民主同盟的台南市負責人（這是以後我所知的消息）。

**47**—劉戡，1906—1947年，字麟書，湖南桃源縣人，黃埔一期，抗戰後為29整編軍軍長，1948年3月瓦子街一役自殺。

**48**—王學文先生曾介紹尾崎秀實到新四軍。火燒島有位王博文先生，體型、臉很像王學文先生，很可能兄弟或堂兄弟，而且一樣是留學京都帝大。王博文先生也是國際問題研究所的少將專員。（編按：王學文，1895—1985年，江蘇徐州人。曾在日本京都帝國大學攻讀經濟學，曾任中共中央文化工作委員會書記、全國人大代表、全國政協常委。）

**49**—編按：袁守謙，1904—1992年，湖南長沙人。黃埔軍校第一期畢業，投身軍界，1949年來台後任國防部長、交通部長、國民黨中央常委、總統府資政等職。

**50**—莊孟侯先生於光復後，服務金融界，當過台南市三民主義青年團的主委，而二二八後被捕，之後因肝癌釋放，於1949年9月去世，9月20日告別式。光復前他的客廳是反日派的沙龍，而父親很少在沙龍出入。

二舅張錫祺先生也算是內歛的人。上海南昌路（光華眼科本院），共產黨人經常出入。抗戰前，二舅被龍華警備總司令部逮捕，後因蔣介石的長輩要開白內障而被釋放；一九四五年日本投降前，也被日本憲兵逮捕過，而由岡村寧次[51]的陸大時代同學保出來，沒多久就是八月十五日；他的丈人馬場少將[52]的油畫像，也使憲兵對他客氣一點。

顏家有部族譜，一九一一年左右寫的。父親一家住清水寺附近，遭遇大水患，族譜、神主牌和人家寄放的黃金都流失。父親本來說顏家出於山東臨沂[53]；一九五四年夏天，父親曾到綠島看我，[54]偶然說是在山東賀縣。但我於一九六四年一月廿一日出獄回家，以後買了諸橋的《大漢和大辭典》，查了才知道山東沒有賀縣。[55]

我才又想回來，曾祖父是新加坡的華僑，有可能潘家就是由賀縣去新加坡的。姓潘之前是姓蔡。[56]

父親對朋友談話幽默，做人做事梗直、忠厚；對先人的過失，一直諱而不說。許多事我是從二姑口述聽來的。他連歸台的原因是因為「台灣革命同盟」派的，也絕口不提，因為台盟有許多人進入「國研所」。謝春木是王芃生手下的大將，當駐日代表團的副座，



**51**—編按：岡村寧次，1884—1966年，日本帝國時代陸軍大將，日本中國派遣軍總司令官，也是日軍投降前中國戰區最高負責人；在日本投降後，以白團在日本的總負責人身分持續協助中華民國對抗共產黨。

**52**—編按：馬場正郎，1892—1947年，日本帝國陸軍軍人，最終軍階是陸軍中將。

**53**—現在三妹、四妹住台北市臨沂街57巷，奇緣。

**54**—1954年8月6日飛台東，7日坐船到綠島，8日由綠島渡台東。

**55**—《大漢和大辭典》上：「縣名，明置。廣西省鐘山縣東南。賀江西南岸。漢臨賀縣，屬蒼梧郡，後漢因之。」隋改為賀州。洪武4年改為賀縣，屬平樂府。另遼時置賀州在韓國的國境，應與此賀縣無關。

一九四九年進入大陸。當一九四五年光復時，父親已略知台灣情況複雜，而不如不談。就是他過世前一直不知道，一九三七年八月廿三日，他與三舅間的對話，已進入我的耳內；如我不提，他還會如自傳所說：「被日本人押回台灣。」本來這麼重要的事，要談以前，應該查查隔壁空的一等病房是否有人。

顏家曾祖顏赤牛也有位弟弟，顏榮。這位叔公祖是光復後才過世，八十餘歲；他這房的子孫興旺，安平家附近有「顏氏宗親會」。自一九六四年出獄歸台，我敬遠這種「會」。而且人說的不一定可靠，就像二姑說祖母名為：「李銀」，有次我看了父親的舊式戶口謄本，才知道是「李來」。

外祖父是怡記行店東，外祖母林家在仁武鄉後庄仔是首富。母親三歲時，外祖父逝世，外祖母靠房租、餵豬生活，還有林家的資助；連母親也讀了旗津的公學校。三舅公學校畢業後服務於三井會社；五舅是郵局轉電信局的報務員，廿一歲跟堂兄學習眼科。

一九三五年我入廈門旭瀛書院，住外祖母房間，在她風燈下度了一年，也算與相思草（鴉片）有緣。外祖母是因痢疾，醫師用鴉片而成癮。她曾努力戒掉，但真正戒掉是

**56**—由來中國人重出身，也重絕祀。一百餘年已經這麼複雜。5千年前的事更難了。廣西省現改壯族自治區，23萬7千平方公里，人口約少於5千萬。漢族61.7%，壯族33.8%，還有瑤、苗。我的臉是蒙古型，但很難說不是壯族。追根的工作，就這麼一晃就停下來。

**57**—編按：潘漢年，1906—1977年，江蘇人。曾任中共中央華東局社會部部長和統戰部部長、上海市委副書記和第三書記、上海市副市長。1955年赴北京參加中央會議，談了1944年會見汪精衛一事，即遭毛澤東祕密逮捕，以「內奸」被判處「無期徒刑」。

一九五〇年以後，中共嚴禁鴉片。表姐於一九五〇年已畢業當小兒科醫師；韓戰起，當志願軍軍醫；已經沒有人替外祖母買鴉片。而五舅被潘漢年[57]案株連，一九五五年被捕，判無期徒刑，流放青海二十年。之前，她已經去世，晚年過了無阿芙蓉（鴉片）的日子。[58]

二姑於一九九六年，八十八歲逝世，我很後悔沒有認真地去記錄她的口述歷史。她提到祖父晚年性情大變，使她心內痛楚甚至有恨意，由她談述的表情可以看出。祖父遺像尚在，高顴而鼻樑低、單眼皮，可以說純蒙古型。沒有祖母遺像，但看過兩位姨婆，沒有西拉雅[59]的特徵——長頭、深眼眶，臉部窄長、鼻樑高直、下巴翹起。南部河洛人沒有西拉雅的血裔，可能只有四分之一。

我前面曾推測父親IQ可能有一七〇以上，他的外孫有四位超出一七〇，我遠不如父親。父親生前老是說祖父於卅九歲亡，但由於我對嘸吧哖故事存疑；幾年前的一天，心內知道不敬，還是去看了神主牌後面的記載，這才確定祖父逝世於一九二〇年的農曆六月三十日，而且是伯父顏邦去世後三個月。自此以後，父親除了兩位去做人家養女的妹妹以外，

**58**—台灣的鴉片可能比道光年早。鴉片入中國可能在唐朝，由中東到廣東，《本草綱目》已有記載。台灣普通上癮者可能在雍正、嘉慶年間。台灣當年是瘴癘之地。有錢人家常以此，來預防子弟走險路。（編按：阿芙蓉、相思草都是鴉片的俗稱。）

**59**—這是平埔西拉雅社名「Saulang」之音譯。其實西拉雅也是南蒙古系，由華南及中南半島而來。最近出版的美國國家地理月刊也刊載，台灣可能是波里尼西亞、美克魯尼西亞、米拉尼西拉三支的老祖宗。6千5百年到6千年前分批到台灣各地，而後渡海到菲律賓及印尼。然後遠播，東到夏威夷，南到紐西蘭，西到東非、馬達加斯加島。雅美族的故事不重提。

是孤獨一人。寂寞的心情，潦落的家世，只上學堂三個月餘，未滿十七歲。那時，他的悲戚及無力感是可以想像的。他無家累，每夜騎腳踏車去舊城上漢文課，足足一年。

他偶而向我們談西來庵事件，也就是噍吧哖事件[60]，日本人在玉井庄內，屠殺男人，連嬰兒也殺，傳說其數三千。女的裝在麻袋內，由牛車載到台南，由台南人認養；在麻袋內看不到美醜，各憑福氣。這話有很大的矛盾，牛車伕應該是男人。所以是真是假無法確認。不過，在童年及光復後，父親談過這故事兩次。

父親寫的對聯留在五妃廟，就在當時蘇南成市長的對聯對面的尺餘大理石上。

**姓字留香，埋骨留香，桂子山頭膽廟貌。**

**日月不改，貞心不改，南明史簡紀彤煇。**

日月兩字當指明朝，這幅對聯在他的對聯裡算是中上，只是比他的詩格調高一些。他只留下詩稿，不留對聯很可惜。對聯，他也不甚推敲，立意反而巧思多。

60—編按：又稱余清芳事件或玉井事件，發生於1915年的武力抗日事件，領導人為余清芳、羅俊、江定等人。噍吧哖事件是台灣日治時期諸多武力抗爭之中規模最大、犧牲人數最多的一次。噍吧哖事件前後約2年的時間，有1,957名台灣人被逮捕，其中遭到起訴的有1,413人，被判死刑者866人，有期徒刑者453人；處決95名後，在日本及國際輿論下，其餘死刑犯改判無期徒刑。

讀這幅對聯，心內感到一絲歷史的反諷，蓋棺仍不足論天下英雄。謝四新一首七律忘了一半，後面大約是「丹心已為紅顏改，青史難寬白髮人。永夜角聲悲不眠，那堪思子又思

台南市五妃廟廟堂右邊牆上有顏興所作對聯，並刻有「五妃廟重修紀念」、「庚子中秋顏興敬撰獻」。（攝影／曹欽榮）

親。」一是諷刺吳三桂。謝四新是洪承疇幕客，諷刺吳三桂也等於是譏諷他的主人一樣是貳臣。台灣自李登輝先生時代就有許多人流行說「台奸吳三桂」，但真正理解吳三桂的人，可能百人中無一人。台灣的老百姓對南明、鄭明、吳三桂有一個清楚概念的不多。

我倒不在乎人是否為英雄。當年吳三桂在山海關，父吳襄已為李自成所繫，城外是殺君之兵，北邊是滿清八旗。我看他是不敵多爾袞的心計，並不是一家之命不如陳圓圓，而且他借兵也不一定保證陳圓圓能活下來。歷史的見解，層面不同，正奸難分。有時候無知的人之言論，反可壓制天下。

想再舉一例，宋代對五代八姓十一君[61]的馮道見解分歧就是如此。歐陽修、司馬光認為是「非」，而李卓吾與王安石以為「是」。如以孟子看「**民為重，社稷次之，君為輕**」，我祖父虛歲十八，為抗日成了「叛匪」，卻落到阿芙蓉（鴉片）的敗將，所以每看清代的定庵詩，心中就有一股悲憤，亂竄於心內。

不久前日本某位主管教育的大臣，還提到日據時代（就是一九四五年八月十五日之前），在殖民地（台灣、朝鮮、關東州、南庫頁島、南洋群島、甚至沖繩島，北海道差不

61—有的書上是十二君，為相20餘年。請參考《五代史》五十四，舊《五代史》一百廿六。

多）對教育盡心努力。這任大臣沒有在任何殖民地受過教育。台灣戰前的教育是為了來此地管理的日本人。判任官以上可以加六成薪水。台北帝大除醫學部每年稍有十數位台灣人，其他學部（都是三年制）真的是理農、文政、工學部合起來不到一百人，也可能五十人都不到。連高等學校、台大豫（預）科，台灣人的人數只占一成；小學就分小學校[62]及公學校；十八所州立中學（公立中學），五百六十萬台灣人與四十萬日本人子弟，人數約略相等（只有台北成功中學、台中一中、台南一中三所，主收九成台灣人）。升官同階，甚至資格更老，也是由日本人占先。林茂生[63]先生沒有升台南高等工業學校（現成功大學）校長就是一例。光復前升到高等官一等的，只有杜聰明先生。就我所知，也只有朱昭陽[64]先生與劉明朝[65]先生升到勅任官的高等官二等。台灣親任官可能只有台灣總督、台北帝大總長和台灣軍司令。日本人右派說話時多數不去查看資料。

父親只讀一年漢文，老師對他說了兩件事：第一件是只能教你這一些了；第二件是有錢在大港埔買一兩甲地，目前只能種芋頭，三、四十年後一定值錢。看老先生有遠見，大港埔是現在高雄火車站一帶。光復初年，父親曾帶我去拜望這位老先生。我也讀了三年左右

**62**—台灣的小學校也收數名到10數名台灣人。

**63**—林茂生，1887—1947年，台南人。1916年畢業於東京帝大哲學科，台灣最早文學生。1927年留學哥倫比亞大學，1928年6月得碩士，1929年11月得博士，辭去台南高等工業學校，戰後為台大先修班主任、文學院代理院長，二二八事件時失蹤。

**64**—朱昭陽，1903—2002年，台北人，台北師範與謝春木、王白淵同學。後入日本一高、東京帝大。光復後籌辦延平大學，《新生報》刊〈延平大學設立的意義〉。涉1950年「台灣青年會案」，被羈押100天。

**65**—劉明朝：1885—1984年，台南柳營（古為查畝營）人。光復後曾任台灣文化協進會監事。東京帝大、第一屆立委。

河洛文言，《四書》、《詩經》一半，《唐詩》不到一百首，而且忘得差不多了。父親是一生勞碌。十八歲，人生似已定型。教育與家境，再加上經濟及對政治的興趣，他只好過了默默無聞，而且短短的一生（享年未滿五十八歲）。他能數百字過目不忘，我到現在一首七律詩會背了又忘。

不過由於聽慧，讓我又想起一件重要的事。一九五〇年年底，我看到郭琇琮[66]送給朋友一本腦生理學書，書扉上寫著「**最聰慧的頭腦也不敵一粒子彈**」，當時是台北案判決後不久。而我牢獄之後（十四年後），又修未完的學分，以醫為業。四十年來看多了一切智富權貴，到最後都難免一死；不過亂世濫毀英才多——又是題外話，法國安德烈．莫魯亞寫《法國敗矣》，書中指出一九四〇年之敗，就因為法國在第一次大戰失去了太多英才。

文天祥〈過零丁洋〉詩，結句：「**人生自古誰無死，留取丹心照汗青**」。

這句話可能是當時他對人生做的結論，說不定是心內說服自己的關鍵性一句話，這個道理世人周知。不過在平常日子，世人似乎會常常忘掉。中共在廿二年的抗爭中，毛澤東說死掉二百萬人。台灣的「白色恐怖」，如蔡某[67]自己可以在一九五〇年一月解決自己的生命，可能（不是很肯定）少死千人以上。他走過二萬五千里的「長征」，應知不會有輕易只要接受「三個月感訓」的話。我自己無資格對他說什麼，因為我沒有像他受毒刑，自己也不過是一個小小龍套。

父母是一九二六年在旗後結婚，父親可能於一九二〇年以前就在旗後。伯父顏邦住在旗後，做搬運工人；一九二〇年農曆二月吐血後死亡，應說是咳血，是肺結核；得年二十歲，可能未滿十九歲（神主牌只寫過世的日子）。約三個月後獨住台南的祖父也逝世，原因也是肺結核。

父親結婚前後（以前未問，現在已無處可問），跟母親堂兄張錫祺先生學習眼科。他歲數已大（他學醫每月還領二十元薪水養家），那一張一九二九年的結業照，他的表情最尷尬。一九三〇年孟秋或季夏去深滬。大妹滿一歲，我們才由母親公學校同學李木先生帶著去廈門，父親來廈門帶我們去深滬。四個月後，過了舊曆年（農曆元旦是陽曆二月十七日），坐轎涉灘去泉州。

父親的老師——我的二舅張錫祺先生，當過上海東南醫學院校長，他的收入據說一天可

66—郭琇琮，1918—1950年，台北士林人，祖父前清舉人。經台北一中、台北高校入台北帝大醫學部。1944年組反日組織，判刑5年。光復後復學，任講師及衛生局防疫科長。經廖瑞發介紹加入地下黨，1947年10月為台北市工委，1948年參加香港會議歸來任台北市委書記，1950年5月2日被捕，11月28日被槍斃。

67—編按：蔡孝乾，1908—1982年，彰化花壇人。日治時期曾參加文化協會，思想左傾，入中國上海大學就讀。1927年因台灣黑色青年聯盟事件被日本政府逮捕，後免訴、釋放。1928年赴中國廈門經漳州到江西瑞金共產區，並隨共軍做2萬5千里長征，入延安。戰後潛台發展共黨組織，1950年1月被國民黨政府逮捕後自新，供出在台共黨地下組織人員，後任中央情報機關少將及研究室副主任。

以買一台福特的車（當時我還是土包子，不知福特有那麼多型，價格差得很多），但他的錢都是花在辦校、幫忙一些朋友（如謝春木先生），自己坐過三等的有軌電車去學校上班。他開白內障，貧窮的人可以免費（但開刀都在午前九點以前），有錢人是金條一條（上海條是十市兩）。一九五〇年之後把校址搬到沒有醫學院的安徽，現在的安徽合肥。一九二七年我出生之前，四一二（四月十二日）有上海的「苦迭打」[68]，自趙世炎、羅亦農以下十萬人被清除。[69] 二舅的學生在高雄時白天工作，晚上上課二小時。一九二九年（或許六月底），二舅選擇到上海開業；他的學生就散到汕頭、廈門、泉州、溫州、南京、深滬各地。

父親在泉州的時代，外觀上是一生最輕鬆的時候，但

1944年1月，全家福。攝於今日寫真館，全家福前排右起：一芬、母親、世經（排行第五）、一芳。二排右起：一秀、父親、一清、世鴻。（提供／顏世鴻）

是心內早有落入「人生敗部」的尷尬與自恨（我客觀上對他的遭遇心內很不平）。

人生敗部，我自旭瀛書院跳級不成（繪畫、書法、體操三課平均起來就輸人家），也算是有那種心態；本來要唸化工的被迫光復後轉醫，有失落感；二二八的心理打擊又甚大。我讀書勤，卻只是讀閒書。年輕時一小時讀十萬字，所以邊讀閒書、邊讀書。中學二年級到四年級認真一點，但戰爭使我們去掉一半時間。尤其為了讀閒書，犧牲了英文，很是不該；投機，自認為敵國的語言，可能不考。所以台大豫（預）科考試，翻了看看有英文，自己可能臉色蒼白；還好其他五科勉強過關。那一年分四梯次，未發表考試課目，只知道考六科。我考入理工（唯一志願），還遭父親痛打一場。第一梯次，台南二中（光復後才改為台南一中）在台北高等學校，考中一位，保留一位（已入軍校）；豫（預）科考中五位、保留一位（已入伍）；總共八位。算來在台灣人中是成績平平。

再回到泉州時代，父親甚少也可以說絕不談自己的思維，甚少露出自己的心理座標；對莊孟侯先生可能是一個例外。只是對我的戒心不算深沉，讓我有些推測的餘地。我常亂塗粉筆，挨過打。有一天，可能五歲左右，在二樓地板上寫了「打倒日本帝國主義」，帝字

1944年8月，顏世鴻（前排右1）和同學攝於台南。（提供／顏世鴻）

**68**—編按：苦迭打，法文coup d'etat音，政變之意。412上海苦迭打即是國民黨1927年的「清黨」行動。

**69**—殿木圭一：上海115—116頁，岩波新書昭和17年出版（1942年）。趙世炎，1901—1927年，四川人，中共國務院總理前李鵬的舅父。羅亦農1902—1928年，湖南人，中共早期重要人物。

寫成「上辛下口」。猛然覺得背後有人，抬頭一看父親站在背後，心內一怔，以為可能又要挨耳光。父親只說：「帝字寫錯了。」蹲下來用手掌搭在我右手，寫了兩個帝字。我幼小的心靈也感觸到了，反帝及反日是可以被默認的。另外，在台回家偶而和妹妹說了日語，我就立刻挨耳光，我們家中是不許說日語的。

我於一九三五年去廈門，跟外婆及淑貞姐同住一年。淑貞姐是三舅長女，出生後不久母親去世，她就一直由外婆照顧；一九四九年同德醫學院畢業，在學中已參加中共；一九五〇年參加抗美援朝志願軍的軍醫；以後與她的丈夫楊先生住牡丹江；生了二男一女，都是醫師；一九八五年心肌梗塞去世。[70]她一九二六年生，大我一歲。

回到父親的故事，一九三七年歸台後，他被特高警察[71]拘留兩次。第一次一九三七年十二月廿一日，三名特高進入我們住的三坪左右木屋，搜查一番，把父親帶走；特高搜走了一些石井的相片。十二月卅一日釋放。

第二次是翌年七月，被拘留二個多月。原因是五舅匯來八十元，他用「小張」的名字，吩咐我們一家去上海。信慢到，父親躊躇三天才去請護照，就此被拘留，陸海空的刑都上了。後來他絕食一個月，約瘦了近二十公斤。[72] 特高沒有那麼慈悲，絕食就可以回家；可能是照會上海領事館沒有下文，才能回家。在這次官符中得了一位朋友——留美農學博士劉青藜先生。劉先生，出門常戴斗笠，似老農。

父親幼年就家境不好，有流浪癖，他常自謔稱「羅漢腳」，銳利而幽默；而且高雄時代朋友不少，以後他們都發跡了。我有點相反，孤介、固執、朋友少，說話近木訥而無味。父親自己說，白內障開刀技術不及五舅；一九四五年疏散到吳家六甲頂的果園，開了最後一例，因為老花及手會微抖，就不再開白內障了。當年白內障開刀要住院一個星期，掛著千度以上的眼鏡。現在開完刀，有人工晶體，躺三十分鐘可以回家。老人在這現代醫療方面，有福了。

還有弢社每月輪流做東聚宴，我家也忙過一次，那種氣氛真難忘。一九三六年，二舅被龍華警總誘捕，騙去南京往診；三舅與五舅由廈門，父親由泉州趕到上海；二舅被釋放，父親才回來。那麼緊張，父親還和阿立叔去西湖，兩人蹲在三潭印月留影。偶而附會風雅，去佛頭港吳先生的家住；還掛著許地山的字畫，遇到夏天濕氣一重就報銷。台南自

**70**—張淑貞為張邦傑長女。詳於《滬上台灣人》上卷：楊騂〈投身時代洪流、貢獻青春年華〉，85—92頁。上海台灣同胞聯誼會編。

**71**—編按：特高警察為「日本特別高等警察」簡稱。第二次大戰前，日本專門為防範動搖國家秩序的活動及思想而設立的警察組織。

**72**—有「今日相館」照的相，左上橢圓印有舊日的相片可以比對，還有一首詩也印在上面。他們是好朋友。（編按：照片於本書15頁）

強街，父親自己第一次買房，在我的窗邊種了梅花。一九四五年五月一日轟炸，我家的房子、書，統統歸於灰燼。他過世三年後，我從小琉球回到家，九幅石田山人的山水畫，全都被蠹魚蛀壞了。（父親稍會鑑定明四家畫。）

父親第二次被特高拘留時，家裡最苦；我也前後半年，做了貼錫箔的工作；現在這種工作已由機器替代了。貼錫箔一百張一束，卅六束一捆，工資一毛五，星期天可以做一捆。當時是暑假，所以天天是星期天。這份工作還分「輕銀」及「薄肉」兩種。後者工作細，價錢還好，但亂貼就會被當掉，母親不會讓我做。輕銀是百張左右為一束，早晚做，我可以趕出一捆；連剛滿四歲的三妹也做。莊孟侯先生每個月送二十元；坐牢要送食品。父親出來後病倒三個月，一家副業月入十五元。連我上學後，中午也回家吃稀飯。[73]為了省房租，由湯法玉家搬到南邊陽台搭的房間，約三坪半，沒有電燈；工作的地方是二房東的客廳。

日軍占領廣東，學生上街遊行慶祝。我送東西去拘留所，沒上街。被同學告狀，導師張北山先生知情，我才能化為無事。

**73**—我讀立人，回赤崁街較遠，大妹、二妹讀成功國小就在隔壁。

**74**—其實我那時候會由杉行街羅家的後門，去水仙宮聽大相撲廣播。當時相撲不似現在1年6場，當時只有春秋兩場30天。正是雙葉山連勝的年代。

**75**—當時無抗生素，磺胺劑還未問世，這痲病的眼疾只有用硝酸銀，而外要用食鹽水洗乾淨，而且儀器都要消毒。

**76**—編按：二次大戰末期，日本戰事節節失利，加上中國軍隊或盟軍即將登陸台灣的傳言，日本政府逐漸對台灣人的忠誠度有疑慮。日本特高羅織各種罪名，大肆逮捕可疑的抗日分子，壓制台灣人的思想如蘇澳事件、東港事件等。

**77**—在宜蘭之東漁港，據傳海民與美國潛艇聯絡，大量被逮捕，亦有處死者。

**78**—歐清石，1987—1945年，澎湖人。1917年台北國語學校師範部畢業後，曾任職澎湖公學校訓導、澎湖郡役所。1928

自此以後在佛頭港時代，常有一位姓高橋的特高警察會來佛頭港的巷口站崗，我們很少出門。[74] 有一天晚上高橋來家叫父親跟他去，一家人虛驚一場，其實是高橋的姨太太生子，中了膿漏眼[75]；我也跟去，幫忙做消毒。

雖然到光復，父親沒有再出事，但蘇澳宜蘭事件、東港事件、台大醫專事件，[76] 尤其東港事件[77]，如歐清石[78] 律師等，高雄的許多朋友都被株連。所以父親疏散後一段時間，連配給品也不敢去領。很矛盾的是，一九四五年一月，他被迫辭去大東醫院醫務助手職務，但是有警報時，他仍要去西門路的防護團報到。

當時我們學生的部隊已移到現在泰山收費站的北邊，輔仁大學西面丘陵，林口機場的東南。部隊已直隸台灣軍司令部，改屬六十六師幹兵團。六月六日去台北，坐當天黃昏的火車回台南。台北經過五月卅一日大轟炸，總督府四周、大稻埕一帶最慘；火車站仍有死屍的氣味，前站大破

年赴日留學，1930年早稻田大學專門法法律科畢業後，通過日本高等文官行政、司法科考試，1933年返台在台南市開業擔任辯護士，1936年當選台南市議員。歐清石與郭國基素為日本情報單位所注目，1941年就疑他們要引中國軍登台，1942年被捕，株連一百餘人，以後由安藤利吉命令而停止。歐清石被判無期徒刑，囚禁於台北監獄，1945年5月美軍空襲，炸死於台北監獄。不過自他的性格看，他當時不死也極可能在二二八，代湯德章先生而死。鋒頭太銳利，當時可能無器可容他。

顏世鴻就讀台南立人國小六年級。國小畢業時，為了考試而拍的照片。（提供／顏世鴻）

壞，旅客由後站出入。回台南過了五夜六日的假期。風聞台北市轟炸死亡三千人，與三月一日台南大轟炸死亡人數相同。台北來的Ｂ24多轟炸台南，有一百三十架以上。不過可能由於大家知道疏散，死亡規模不太大。但光是總督府地下室內就燒死三百名，大部分是女性職員，因為男性都當兵去了。

由台南歸北不久，我因回台南染了瘧疾，必須待在蚊帳內，一直躲到光復。

1944年10月14日，美國轟炸高雄鼓山空照。（取自／2003年高雄《台灣兵影像文物展》）

# 肆、一九四五年，學徒兵生活及終戰

百年的一百個是一萬年，一萬個一萬年是一億年。地球據說已經有四十六億年。所以就地球來說，百年不過是很短的時間。其中，一九四五年到一九五〇年對我而言是很空虛、又是心內很惦念的六個年頭。

戰爭中，尤其後期，日本的兵制變了許多。最後徵兵，日本人是從十八歲到四十五歲；不過到了如沖繩島之戰、如柏林之戰，反正能動員的男人就要上戰場。台灣與沖繩島，還有西南群島、巴士海峽的巴當島，都是安藤利吉下面的第十方面軍。

一九四五年三月七日，接到台大豫（預）科入學通知；我們提前於三月十日入學，三月二十日去當「學徒兵」。自一九四四年十月十二日，機動部隊的F6F、SBD急襲台灣。以前零戰（日本零式戰鬥機）還可以和F4F戰鬥，F6F一出，零戰已不是對手。舉一例，我當時接到警察局的電話，媽祖宮派出所報告落地的飛機十三架——日本十二

戰時實施徵兵制之後，在東京的三百位台灣學生，前往二重橋皇居參拜。（取自／《大東亞戰爭——台灣青年》）

架，美國一架。十月空襲，我們正在仁德築一個飛機的掩護壕，由日本飛來不少飛機，初次見到紫電、天山、銀河等新型飛機，這些飛機參加台灣東海航空戰。日本的駕駛員新手居多，不識台灣東海地勢，損失大而且戰果亂報，誤了以後菲律賓的海戰，日本才搬出「特攻隊」的戰法。一九四五年一月，五八機動部隊的飛機再來，日本的飛機已不上去迎戰了。

三月八日，父親帶我到台南開元寺一帶，教我近三小時的野草知識。什麼草可以吃的，可以醫餓。什麼草、治什麼病，大本與小本功用稍有不同。父親已知日本兵在緬甸、菲律賓戰死的，大部分是病死、餓死。

「**瘧疾草藥無效，漢藥有柴胡加減或用檳榔。**」當時我的房間埋下二磅粉狀的硫酸奎寧，但五月一日中燒夷彈，房子燒光了，連地下的奎寧也燒焦了。家人這才疏開到六甲頂，此時無法控制瘧症。不過父親使用中藥，雖然全部都中了熱帶性瘧疾，但數十人沒有人死亡，也很難得。當年死於瘧疾三萬人，死於轟炸、掃射而亡的二萬人，尤其水路的破壞無法遏阻瘧蚊的蔓延。

三月八日夜，我背了四十公斤的行李，手拿一個圓桌、矮腳，剛可以適合榻榻米上的生活。買票是順利，靠入學通知。莊孟侯先生給我的紅包已存入郵儲，只帶父親給我的二百元。當時黑市，台南與台北懸殊：米在台南，六升斗四十元；台北是五升斗（十一斤半），黑市一百元。

我於九日早晨才到「還完整的」總督府前，向上學的一女學生敬個禮，並問東門町白樂園（東門市場北邊）如何走。運氣還好，她還很和氣地先教我，東門町（現在的信義路）是中間那條路過了一條路（就是杭州南路），不久有個市場再問人家；白樂園在她家附近，但在巷內不問可能走不到。於是我背著四十公斤，拿個圓桌、矮腳，說聲謝謝，繼續往前走。到了市場問人家，運氣不錯。走到白樂園，昨天已經來的石玉峰[79]，已在門口等我；他忙著為我介紹老闆娘白尾女士。這個白樂園只收男生，當然有學生及上班族。日本人四十五歲以下的男人，差不多都當兵去了，所以台灣人不少。我們台南來的共七人：升醫學部有葉英堃先生、陳震烈先生、廖述仁先生，入台大豫（預）科的有林丕煌兄、石玉峰兄和我，慢了兩天還來考第四梯次中等教員養成所的蔡錦澤兄；他沒有住處，但白樂園

79—編按：石玉峰，1928—1953年，台南人，涉1952年「台灣省工委會台大支部石玉峰等案」，1953年3月3日被槍決。

80—編按：宿舍之歌。「寮」是日文，指宿舍。

81—暴風雨之意，德國學生傳到日本的。

82—我1964年釋放回台灣，1967年補完學分後，才聽說他歸日後因車禍而亡。他住家也在東門町，店是在衡陽街上頂有名的「藤井吳服店」。我30多年前，寫了一篇〈地瓜〉，算是紀念他與光復前後的事，投在《聯合報》副刊。

已經沒有空房，說好說歹，石玉峰才答應，我們的房間擠了三人。

馬上去辦戶口遷入、配給品等手續，我忘了帶印，回去白樂園帶印（石玉峰已借了二部腳踏車）。日本式的巷弄沒有什麼特徵，出了白樂園還順利，回去卻迷了路，還問了人家。辦事員差不多是日籍的女性，有二、三位年老的男性。本來米的配給，台灣人是二合七勺，大專男生一律照日本人三合二勺。不過白樂園只給早晚兩餐，中午要自己打點；我們學校在士林芝山岩東南，中午在學校每人買一個手掌大的飯糰，說聲拜託多買一個倒容易解決；不過帶便當的日本人多。

三月十日入學式，很簡單，只教「寮歌」[80]，教跳唱〈Storm〉[81]，有如原住民手搭左右肩成圓形，唱跳了幾次就累壞了。十一日禮拜天，我們為午餐花了不少錢，十二日又去士林。十日和十二日回途買不到票，我們可能不知門路，由士林一直走回白樂園，三個人邊談邊走，大約一個多小時。到了中山路與現在忠孝路交叉路口西北有個郵局的鄰邊，有一家賣羊肉羹湯，老闆娘實說是狗肉；吃了一碗，我與林不煌不太習慣，石玉峰毫不在乎。十三日，星期二就不去士林，去台大本部；在文政學部的西邊挖防空壕，各班的地點不

石玉峰（1928—1953年）攝於1945年12月29日，身穿台大豫（預）科制服，各校的帽子邊線、帽徽略為不同。石玉峰於白色恐怖時期，1953年3月3日被槍決。（提供／顏世鴻）

同。我與石玉峰在工類同班（兩班各四十人）。只記得藤井源一郎[82]是班長，他入伍後一直到八月廿九日除隊，和我同隊同班（第三中隊、第三小隊、第三班）。

日本的召集令狀用明信片[83]，我們連這也免了。本來說三月十八日發召集令狀，一直拖到三月十九日下午，名義是「教育召集」；五月離開淡水，才改為警備召集。

服兵役已改為十九歲到四十歲，這時候又改為十八歲到四十五歲。[84]這「初老」的兵「四五八八」部隊，四月初來到淡水，年老動作當然慢拍子，但他們小心翼翼的；因為他們知道生命是還要加上兒女、父母及妻子，不像我們少年人不知生命的重要，所以「輕於鴻毛，重於泰山」甚是。

台灣人當時有人去做日本人的義子，籍貫、姓就變了，一切待遇就如日本人；他們的動機不是為了錢，就是為了子弟的升學——因

台大醫科先修班一年級第二班同學合影（1946年10月10日）。林丕煌（第一排左），是顏世鴻（第一排右）的同學及好友。（提供／顏世鴻）

為升學的條件差很多，而且教育是很重要的投資。石玉峰兄當時是新潟縣的籍，對這件事不只是我，我們那些朋友都沒有偏見。工類四名台灣人都沒有改姓名，陳、魏、蔡、顏。石玉峰那時候由石改為明石，明石留石字，是改姓名而來，後再改佐野。許多公務人員若不改，壓力很大，林丕煌兄父親是老師，所以改中林，不過籍貫仍是台南州，而錄取是根據籍貫不是姓名。秦、吳、林、鄭、張姓的日本人是祖先去了日本，唸法是訓讀[85]。戰後許多台灣人入日本籍，但姓不改，讀音也不改；如吳，以前日本人讀クレ，現在可以仍讀ゴ。

關於一三八六一部隊及敢兵團，敢兵團是六十六師沒錯，在台灣成立的；四十八師從台灣移動時受雷擊，部分海沒，由台灣補充兵，成立獨立混成[86]第四六旅，一九四四年七月又改編成為第六十六師。我一直以為六一部隊是步兵獨立五〇四大隊，但五〇四大隊屬獨立混成第十八旅團，駐湖南應城。成立可能是在一九四五年二月，目前還找不到。學生兵，台大是六一部隊，高等學校等為六二，台南高等工專及一些中學是六七。中學三年級以上學生，四十五歲以下教職員都被調到；如考到日本的學校，似乎沒有被徵召，但還是





國語の家
臺中州

「國語之家」牌子。日據時代後期日本帝國政府在台灣推行「皇民化運動」，如鼓勵使用「國語」（日語）、禁用台灣語、改姓氏……等等，這是為了補充戰爭末期兵源不足，用以合理化向台灣人徵兵政策的一環。（取自／2000年「台北二二八紀念館常設展展場」）

83—日本老人會說1錢5厘，是因為一張明信片是1錢5厘。

84—台灣與朝鮮仍是滿20歲，朝鮮早台灣一年，但戰死的台灣人比朝鮮人多3萬多人。

85—編按：日文的漢字有音讀、訓讀兩種發音。音讀淵源於古漢語，訓讀則是日語語詞的本音。例如，「吳」字音讀是唸ゴ，訓讀是クレ。

86—編按：獨立混成（旅團），是當時日軍的一種特殊編制，不隸屬於某個師團，遂行獨立的戰鬥戰役任務。

有許多青年學校的師生也被召集。

六一部隊有四個步兵中隊，各約二百廿五名；一個重機槍中隊、山砲中隊（只有兩門舊山砲）、守衛排、大隊本部，全大隊連其他附屬單位（衛兵排等）約一千一百名。佐澤上校任大隊長兼淡水區司令，司令部就在淡水高爾夫球場的俱樂部，以後移到五股。六一部隊最年輕的兵，剛滿十六歲。

三月二十日立刻編班，四個台灣人、三位沖繩人都擠到第三小隊第三班。主要由工類為主，醫類較少，如林丕煌、調、平良、蕭應欽都是醫類。每班十七人，乙幹的永山上等兵代理小隊長。每班是一具九六機槍和一個擲彈筒，其他一律是三八步槍。武裝平平，但其他就差了：略帽[87]，布靴；不是正式軍服，而穿襦袢[88]、袴下[89]；而且搬到新莊時，平時要打赤腳；沒有背囊，只有背一個雜囊。

五月下旬，來了兩位少尉，是誠空軍師團多餘的軍官，還有掛見習軍官的，由東京帝大被徵召的陳忠卿先生。陳先生當我們的小隊長，永山[90]已升伍長，當隊付[91]。五月下旬開始分四梯次放假回家：台北區四日三夜，台中區是五日四夜，台南、高雄是六日五夜，澎

87—編按：日軍在二次大戰配發的陸軍軍帽，又稱「戰鬥帽」，並在帽沿加「略帽垂布」。是二次大戰日本軍的特殊造型。

88—編按：襦袢（じゅばん）是指穿著和服時，介於內衣與外衣之間的中衣。

89—編按：袴下（こした），二次大戰時陸軍的褲裝。

90—永山是京都蠶絲專科入營當乙種幹部候補生。

91—編按：「伍長」、「隊付」等都是日軍在二次大戰時的軍階。

湖及台東、花蓮是看實際交通情形。三月八日上台北火車已經擠到一路站，到了台北這時候更擠，一天晚上有二班火車到高雄。

三月廿七日急赴淡水，是因為美國第五艦隊的五十七、五十八機動部隊及登陸部隊，由烏爾西泊地、雷泰島甚至由夏威夷等島，已經在台灣東北宮古島一帶出沒。我們中隊住淡水中學體育館。那一年的春天，即是入四月，仍很寒冷。我們入伍比四五八八部隊（也是獨立步兵大隊）早，所以那些「初老」人見到我們這些娃娃要先敬禮，當時心內很尷尬。

初入隊是屬台灣軍司令部，五月移林口基地東側丘陵，就屬敢兵團，階級章由左胸改在略帽上。但部隊仍保一三八六一而非幹兵團的一八。在淡水四月一日以後開始趕做碉堡，步兵的各線壕溝及建各隊間的交通線；去了十八份以後，挖各種陣地，一半要山腰挖班為單位的「棲息壕」。一天四百公克又扣去一成的戰備米存在連長家。除隊式每人發了五公斤米，副食只是空心菜的莖，葉子已經爛了。

三月廿八日到卅一日我們守高爾夫球場北邊斷崖上，木麻黃樹下的碉堡；我是輕機槍手，石玉峰是帶三八步槍的副手，帶另一支預備的槍機筒，還有八百子彈，相當重。

台灣本島學徒兵訓練。（取自／2003年高雄《台灣兵影像文物展》）

我是少年無知，一直說服石玉峰說美軍不會來台灣。當時台灣如搜納一切的資源，可以有五十萬兵員；無奈步槍不到十四萬支。日本的一部分，也有學生兵；連步槍也少，分一些手榴彈、五公斤左右的炸藥（五公斤也許記錯）。如登陸八里、淡水到金山，應該由西海而來；後來才知道，美軍棄台灣而取沖繩列島，不過是一九四五年的年初。五七機動部隊是英國的航空母艦，他們的飛機來淡水，我們不熟。後來B25常來，可能是由菲律賓北部飛來。如轟炸高雄（二月廿八日）、台南（三月一日）、台北（五月卅一日）是B24，約一百四十架。這天來的B24超出一百三十架、P38八架，也可能是菲律賓飛來的。以後P38、P47、P51的出現是由已被美軍占領的沖繩島三個機場飛來，B24以後可能也駐嘉手納機場。如五月中旬以前常在夜間出現，單架的B24飛來台北各地騷擾；自林口一架月光（夜間戰鬥機）飛上去被擊落後，就少來了。

在淡水太冷又太餓，南瓜、地瓜找到了就生吃。部隊的編制是很不公平的，有關係的就在中隊指揮班、營部及守衛排，他們不必去工作。豫（預）科約五百人中，台灣人在二年級有十八位，一年級占三十多人，這些人構成第三、第四中隊，一部分到重機槍隊。醫專

B25低飛掠過新竹竹南鐵道調車場，左後方一處油槽爆炸，右後方空投的傳單紛紛落地，前景正中，可見兩顆降落傘炸彈飄向地面。（取自／2003年高雄《台灣兵影像文物展》）

炸彈命中嘉義北港擁擠的工廠區。（取自／2003年高雄《台灣兵影像文物展》）

B29超級堡壘，對高雄岡山的飛機工廠投彈。（取自／2003年高雄《台灣兵影像文物展》）

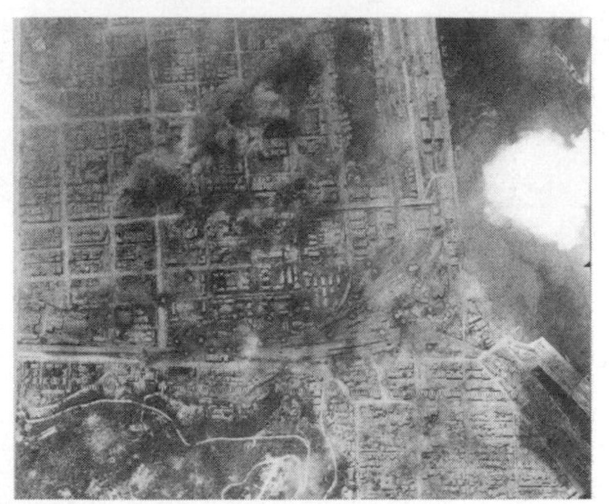

炸彈在高雄市中心爆炸，摧毀了許多建築物。（取自／2003年高雄《台灣兵影像文物展》）

一、二、三年級是第二中隊，台灣人的比例是三成以上，意識對立比較嚴重。

淡水後期我在炊事班。一次有二位二年級生，早上三點了，還在點電石燈[92]下日本象棋，而我四點就要起來煮飯，我對他們說：「請不要下了。」卻被回罵：「清國奴」。我氣不過就挑戰他們，先把一位踢到階下，再專打另一個。翌早他們叫一群台北三中出身的要來修理我，幸虧班上曾當學生委員的河村淳一[93]兄趕來，問明理由。我讓他們先說，而後我再說明；他們沒有否認。他們一群被瘦瘦的河村兄又訓帶罵：「誰再找他麻煩，都算我的。這是什麼時代，虧你們還會罵出這種話。無恥。而且不知反省，無知。」

我們班長山崎兄是台南一中（現台南二中），他就是沒有差別意識，班上才擠上三位沖繩人（石原、波平、平良）、四個台灣人，在十七個人中占七人。

六一部隊五月初移動，我們中隊殿後。五月九日中午吃了中飯及帶晚上便當，由淡水走到關渡，坐上了三艘「大發」（可載一個加強排）。由淡水河、在紅樹林中南下，而後渡到對岸成仔寮，已經近黃昏；由此走到十八份，在水田中的小路走向山路。我們營房只有空架。當夜我與林丕煌兄站十二點到二點的崗，B24飛來在北邊部落扔了燒夷彈，燒了路邊的民家。

六十六師是在東部成立，來守台灣西岸的北部，我們大隊的任務有三：

一、構築陣地，防守敵人對林口機場的空降攻擊。

二、如敵人由桃園街道（舊西部縱貫道路）要進入台北盆地，第三、第四中隊要扼守要地加以攻擊，待大隊的主力援助。

三、敵人占領台北盆地後，要派「挺身攻擊隊」，加以夜間的拔刀攻擊。

這種由台大工學部出產的粗糙日本刀是漆成黑色。我讀中學時學柔道，也被選為「切込隊」。夜間攻擊，一九四五年一月在中學已受訓。三人一組，指揮牌是前黑後白，三人還要帶通過鐵絲網的用具。可憐我的手榴彈投擲很差，不到三十公尺；拔刀也怕，怕先傷到自己的脖子。而且學部二年級以上要歸校，醫專、醫學部的一年級以外，部分歸校、部分去圓山受訓當軍醫，所以我們一班由十七人減到九人。不但如此，滿十八歲以上的日本人要在六月中旬入伍，到正式的部隊。一再鼓勵去考特別幹部候補生，入伍就是上等兵，一個月升一級，半年就升為少尉。但是很少人去，大家還抱著能回校讀書的希望，所以才有



**92**—編按：「電石燈」又稱「乙炔燈」，分上下二層，上層裝水，運用活門控制水量；下層放置電石（碳化鈣），其遇水產生乙炔，點燃乙炔可燃燒發光，是舊時的一種照明器具。點燃時，容易產生臭氣。

**93**—他以後經山形高等學校入東京大學，可惜30多年前就因為癌症去世。

那次分四批的回鄉探親計劃。

第三批（林丕煌、蔡培峰、石玉峰）六月一日出發，就在五月卅一日台北市被大轟炸的隔天。他們怕火車不通，不過還是順利地走了。他們歸來之前一天，六月六日我們第四批才動身。當時火車從台北到台南要十二小時，翌早由車站一路走到六甲頂的疏散地。吳家果園有一個池子，池中有一群白鵝。我們一家人住在一個大榕樹下的房子。不好的消息是當地近十家，數十人差不多都患了瘧疾。父親放在我的房子的硫酸奎寧，五月一日的燒夷彈把它們燒壞了。沒有奎寧，父親只好用中藥。雖然大家都染病了，幸好沒有人死亡。

我有空就找台南的小學朋友，騎腳踏車看看市內，當時正是街路邊的鳳凰木盛開那紅色花朵的時節，有時紅花甚至蓋過已經茂盛的樹葉。

父親自一月起就在家當密醫，我已從郵局存款中提五百元回家。當時六升一斗（十四台斤）的米四十元，地瓜簽就看品質論價，去皮、沒有去皮，是否有滲入變質的菜相，可差很多。不過家裡的經濟情形，看起來沒有那麼窮迫。當時大家都知道「兵與臭蟲」的故事。其實自淡水騷擾我們的不是臭蟲，而是衣虱。回家衣服都用大鍋煮過。臭蟲倒是以後去火燒島才見到了，我們是用「馬拉松」（Malathion），經過兩次才把它制阻了。

回家瞭解家人的生活、體況及疏散地是否安全。探看朋友，小學交的四位朋友一直不散，中學是沒有深交的朋友，不過有事情找我，也不會不理或不大說話。事實上家裡不准說日語，在廈門除了課堂外就是廈門話的天下。回台日語比別人差，所以也不大開口。去了豫（預）科，進了部隊四周都是日本人，所以日語稍有進步。父親會挖苦「狗仔腔」，不過不會動手掌了。

還有一點心內的變化，父親因非正牌醫生，被人家告了，不得在莊孟侯先生的大東醫院工作。我心內為了父親的委曲，這才在光復後換讀醫類。我這人好流浪，生活不喜歡太多束縛的人，當醫師是苦差事。沒有去受值院醫師訓練，沒有專科醫師資格，到現在也當一個老衫的一般科醫師（考了一次內科專科，不及格）。

六月十日夜動身離開台南，有颱風警報，風很強，約七、八級風（受滑翔機訓練，這種感覺是比較準確），一路滿地是被強風吹落的鳳凰花。台南的北門路一帶，左右交互挖了近四公尺深、正方形的戰車壕。

「東港事件似乎過去了。」父親近車站時說了這麼一句。

「歐清石先生，五月卅一日在台北監獄遭到轟炸死了。聽說是以不敬罪判無期徒刑。」

「他們看了蘇澳案成功，也來借刀殺人，而且可以立功。連安藤總督也煩了。台南似乎比高雄安靜多了。」

父親這時候瘦了許多，身穿國民服，拉著家裡僅有的一部腳踏車。我不要的行李都不帶了，只準備一些甜粿、打火石、一套私服、一些內衣，所以背袋也不重。六甲頂的疏散地還在開元寺的東北方，到車站約走一小時。時時有超出十五公尺的風速，捲散了鳳凰花，地上的落花也被捲起。

「沖繩島之戰尾聲。九月可能就登陸九州。希望不要來台灣。」父親說了一些他的看法。然後重重地再說一句：「近收場時，可能軍部、憲兵、特高會來一場節目。互相保重。」以後到買票、排隊就一直沒有說話。

那一天我買票買錯了，應該是在樹林下車，卻在前一站下車。六月十一日已經是台灣的盛夏，約多走四公里路，沒有帶水壺，還是水壺已經喝光了，途中兩、三次向民家要了

94—那一年光復以後，南部接連來了幾次颱風，北部沒有。

水。我順路看了路邊，一些墓地也被改為碉堡了。走了兩個多小時才到部隊，先做申告。

我們本來相約第一個颱風來就分三批脫逃，後來我因瘧疾病倒，他們也等不到颱風[94]。當時我們準備由山線走，其實山線反而比海線兵多，不過那時候日本人沒有發身分證，只是我們這種年齡結群走，當然是惹目的。我病重時一個星期沒有意識，就靠醫務室的早田軍曹（熱帶研究所的技士）照料。有一天下午下雨，空襲警報，聽到松山一帶有如遠雷的B24轟炸之聲，才醒過來；自此偏頭痛與失眠，接踵而來；吃多了阿斯匹靈，以後還鬧了五十多年十二指腸潰瘍，出了十三次血，換別人要開刀好幾次。

六月十三日，林丕煌到第二中隊，石玉峰去第二小隊，蔡培峰兄卻由別的小隊回第三小隊，只有我始終在第三小隊第三班。六月廿四日站衛兵，瘧疾發作；就在立哨時，惡寒來了，顫抖不停，繼續忍到下班。許多滿十八歲的人也走了，不過那是在六月廿五日，發表沖繩島玉碎之後。

六月廿三日，沖繩島第卅二軍牛島滿司令官、長勇參謀長切腹自殺。六月廿五日那一夜沖繩島出身的集在一起，喝著酒，唱著沖繩方言的悲歌，歌聲淒切，哭聲慘愴。班上的

沖繩舊海軍司令部壕，展出沖繩戰軌跡。（攝影／曹欽榮）

沖繩縣人，石原、波平，還有河村兄都到現役部隊去了。病中一直照顧我的三宅透兄也去「特甲幹」。

我是六月廿六日，坐在推貨車上去五股的衛生室。當天檢查耳血，沒有說什麼，給我的藥是硫酸奎寧丸。一直到七月十日，沒有好轉。在埤子腳的陳姓民家成立醫務分室，有三個病床。七月十一日我第一個住進分室。

幸而我一直在蚊帳之內，沒有傳給別人。我的瘧疾，很麻煩，是熱帶熱及四日熱（中國名是三日瘧）才成為譫妄性狀態[95]。因吃了硫酸奎寧的副作用胃口不好，而且因貧血，老是有耳鳴、有暈眩，走幾步路心悸難受。由五十五公斤，一下子瘦到不足四十四公斤。住到七月廿七日才退室。八月八日星期天跟人家去看釣魚又發作，小隊長陳忠卿先生（已經升少尉）要我住院，八月九日又二進宮，一直到八月十三日出室。

在回山上隊部時，在路邊拾到一份〈告台灣同胞書〉，還有美國的〈落下傘ニュース〉（降落傘新聞），已知開羅會議、《波茨坦宣言》，還有投降的日本人吃牛排的相片。八月十四日剛是舊曆七夕，我與石玉峰一起，溜去老百姓家吃了豐富的一餐。當夜睡不著，

95—編按：醫學名詞，是一種急性發作的症候群，特徵主要是意識清醒程度降低、注意力變差、失去定向感、情緒激動或呆滯、有時清醒有時又變得昏睡，常常伴隨著妄想、幻覺等。

96—他在東京開醫院，是否還在不知。

下面正是三位排長的住房，他們一直聊天到十二點左右。內容是原子彈、蘇聯八月九日攻入東北及北韓；那兩位由誠部隊來的，林口的朋友消息靈通。來醫務分室的醫官可能是讀物理，還談到愛因斯坦的 $E=MC^2$ 的原子能的公式。

八月十五日有特別廣播，時間是中午，他們也談到了。這是廣播上有的，並不是祕密。那一天也很巧，我們第一次發地瓜簽，數名公差中石玉峰也是一個，出門前他來看我，我只說了很小聲的：「注意中午的廣播」。不是我特別，一般人、尤其台灣人都懂，可能是日本要投降了。我們台灣仔一對一、悄悄地傳遞消息，大家也知道這件事。

對我來說，那是很緊張的幾小時。隊內有幾位昨天站衛兵，今天補休，他們似乎正在聊天，可能也關心消息。由五股到我們部隊五公里左右，不過要走一段田畦。調政喜[96]跑回隊上約在十二點四十分左右，他一路上邊哭邊跑，是否在五股聽到沒有問過，連石玉峰也不

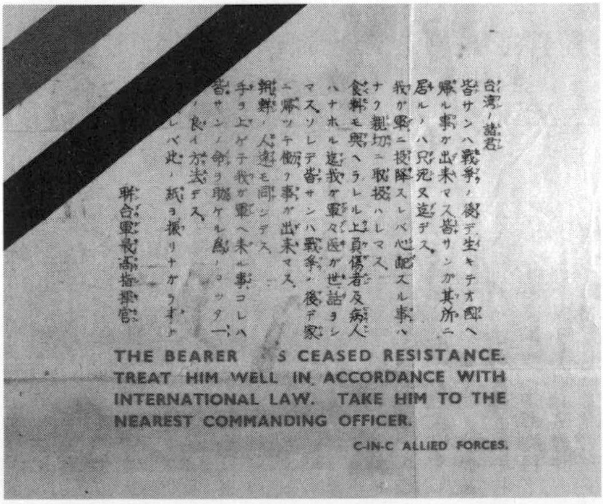

圖為盟軍在南洋戰場空投的傳單。這是給台灣的訊息，傳單以日文、英文印製，大意是要台灣人儘速投降，持有此傳單的投降者，將依國際公法予以善待。（提供／蔡易達）

問。

調政喜一回來邊哭、邊喘、邊訴說經過，說天皇親身廣播終止戰爭。他們似乎不信，爭論數分鐘，結論是下午一點應該會有重播，他們就到山下的民家去聽廣播了。

營舍只剩下我一個人，我可以暢情地為此喜欣流淚了。對不少現在仍寧願去當日本人的，我只得說一聲抱歉。這種觀念問題，我不會去勉強別人。而這些淚水對我來說，還有意想不到的後果。因為不久，他們就回來了。沒有爭論了，或有人在哭泣。而一向對我不怎麼友善的，窺看反身假睡的我，他看到我的淚痕，可能感到滿意了，就走開了。很多人，一生中沒有經歷如我們的處境，根本不會意會到喜極而泣，是這樣一種反應模式。

當時的日本人對台灣人的反應形式也是多樣的。由日本來台不久的，如前面的河村淳一兄、森於菟公子森樊斯（當過北海道大學教授），觀念較開放的人，對我們真如總督府的宣傳用語：「一視同仁」。有人只埋於心中，不表於形外。中下官吏的子弟則有不少，如在淡水白虎寮（炊事班駐在處）罵我「清國奴」那樣，內外都會露出歧視的態度。我柔道不強，「相撲」相當強，而且平常對人客氣，兇起來如何他們已經知道。所以那些人，存著敵意、有些怕、有些奇異的敬意（敬字可能不適當，但可能敬而遠之）。

八月十五日二點不到，中隊長岩崎中尉已由家裡趕到隊上，而營部的候令兵也騎著腳踏車到隊上傳師部訓令。於是所有的人又被派到山上，叫那些工作的人歸隊。下午四點人到齊了，就在集合場上，岩崎中尉要傳告敢部隊，及營部的訓令。我是全休也要去聽訓令。張麗水兄臉上有絲笑意，被岩崎中尉抓到，直指著他，似乎氣得臉都發青。陳忠卿先生剛好是值星官，跑去打了三個耳光；而後又跑到原來地方，下達：「立正」口令，向隊長敬禮，隨即下令：「解散」，簡單地結束了這一個場面。處理得很完整、得體。當時全隊台灣人六個，加上陳忠卿少尉，還有石玉峰，只有八個。對方一百一十多人，亂起來，絕對是我們會倒霉。

晚上有三個場面：第一個是黑漆漆的台北盆地的電燈亮了。第一次看到這等光景，心內有些感動與歡欣。第二項，本來已經幾年不准放鞭炮，原來各戶存著鞭炮，許多人都放鞭炮，五十年來第一個可以告慰老祖宗的大喜事。不過隊上那些日本人心內不舒服了。當天晚上每個人發了五顆三八步槍的子彈。我是病號，不過仍是機槍手，發的是一盒三十粒的子彈。大概怕老百姓來攻擊，如此想是過慮了。安藤總督所憂慮的民心向背，由這鞭炮可以看出，不過這是這些小部落的故事。台北市內、台南市內如何，以後我沒有去打聽。但廿九日夜坐火車歸南時，看到後站那些民屋都插著青天白日滿地紅的旗子，也能推想泰半。十八份、下埤腳等部落的喧嘩一直到半夜，好似過什麼大節日。

雖然第三天又搬那些已經帶下來的工具，要繼續完成工作，實在是營部多餘的蛇足，現實卻是最好的冷卻劑。大部分的日本人，已知道自己已經免去死亡（另一種死亡是天下人都逃不了），雖然有一份戰敗的傷感，而且歸日後的去處又成問題，但有份安堵感總是有的。

一段短時間，我們輪流派公差去守「黎明野戰倉庫」，據說物資堆積如山，公差都乘機摸些罐頭吃了，但不能帶回。八月廿八日，有部卡車來載武器彈藥去新生南路，指揮班長富岡先生，給三個月的薪水、五公斤米、一些糖等分給大家的東西。我先跟卡車回台北，廿九日早上他們要走回台大本部舉行除隊式。

六月六日之前我未曾回去看過白樂園。這次回白樂園，白尾女士已經回去了，公寓一片狼藉。我把郵局的錢領到只剩一元，三個月的薪水五十四元，去吃米粉，買一本《陛下說不！》，還有納粹屠殺猶太人兩本薄薄的書。翌早，仍去吃米粉、貢丸湯，付了錢後，把錢丟了，是否被盜，不敢肯定。我的錢通常分放兩個地方，胸袋還有十幾元可以回家；就是全無，也可以向林丕煌和石玉峰借。走那段新生南路到台大本部的路，好累。一群台灣人在門口正等著我，我已經成為他們的傳奇——打了兩位日本人的二年級生，失去意識六天仍然活下來，成為最瘦的衣架子。現在很多人已不在世，石玉峰、林丕煌、黃國慧、黃國俊、吳朝慶等等；以平均數來論，台大豫（預）科出身的，可能在醫學院那一班死亡人數比率最高的。

除隊式及安藤台大總長的訓話，全部記下。

「身為一個日本人，是不該如此說的。不過一個知識分子，在戰爭開始的時候，已經預見到今天這結束的場面。

我實在不願意、也不應該，讓國家的下一代的菁英放下書本，離開校園，走上戰場，這實在有虧於國家賦予我的職守。萬幸地，美軍沒有在台灣登陸。除了幾位同學以外，你們都平安回來，你們辛苦了。

我們的國家打敗了，一切都歸於廢墟，以後國家的建設復興，都得靠你們的雙手及智慧。請記著，失去一切的人，才能擁有一切，如果你們連內心也潰敗了，那我們的國家就會走上真正的衰亡。

你們千萬要記住，中國及東南亞的老百姓，因為我們的過失而遭受到的災亂，你們不但要重建，而且要為過去國家所為贖罪，所以你們肩負的責任是沉重的。何況許多和你們同年輩的同胞、青年學生，都為國家犧牲了，你們連他們的責任也要分擔。請千萬記住剛才我說過的這句話：『失去一切的人，才能擁有一切。』辛苦了。」

我只見過兩次安藤總長，一次在此次除隊式，另一次是四月初在淡水做碉堡的時候。如此一三八六一部隊解散了。豫（預）科的學生又聽了富岡教務長的幾項交代，就各走各的了。三月二十日當時，有多少人會預料到現在這種情況呢？我自己想了幾種可能的方式，倒沒有這麼單純而和平的結局吧。

回白樂園，洗了澡，去吃了中飯（錢被盜了或掉了，就由他們兩位請客），回來睡了午覺。午睡後，背了各自的行李。大家都丟了不少東西，反正大家早就已經看開了。火車時間還早，我們把行李寄放在站前老鄧哥哥的家；一群人連同台北市的人，去龍山寺。離八月十五日只過了兩星期，熱鬧得人擠人。經濟警察沒有了，黑市也成白市了，不過配給米還維持一段時間。他們身上都有錢，校長說的：「失去一切，就能擁有一切」。鳳梨罐頭三元，春捲炸的也是三元；還有五公分左右的正方牛皮，便宜的也要五角。能吃的，我們都不棄；牛皮煮爛了下口，是可以治餓的。林丕煌一直吃紅豆湯。一直東走西晃，五點半才到各人的路。我們南歸的就到老鄧處提行李，到車站憑「除隊證」提票，坐靠後站的專車。專車各人有坐位。台北車站一片薄薄的鳳梨一元，半夜在大甲厚一點是一元二片，到了台南也賣鳳梨，一元四片，而且厚厚的。身邊只剩下五角，買了兩塊綠豆羹，權充早餐。離六月十日夜離開台南，還不到三個月。

當時住家是臨時的，我的屋子是用些破鐵片搭的、用鋅蓋的。所以那個夏天過得不如十八份的草房子舒服。尤其下雨，到處漏水。父親早在空襲之前，買了一些舊瓦。一九四六年春天才改為台灣瓦的屋頂，這是受到父親先見之明的福氣。大家因為瘧疾，頭髮都落得稀鬆。重要的，總算捱過了那一段艱難的日子。

此後我還是要過很長一段「坎坷歲月」。所謂「坎坷」是從小家窮，父親光復後一直還在政治裡打轉，由區長、市議員，又想選省議員卻落選，對已經沒有問題的醫業，卻當成副業。當官是清廉，但應酬多，又對理財方面似乎沒有興趣，我本來申請到「公費生」，他怕要去當軍醫，要我退出。所以一九四七年實在窮到沒有法子上台北，遲了四星期才去上學。

第二個原因是亂。由光復來的官，貪汙的程度，我小時候已經在廈門、泉州見慣了，而且接收時貪汙不光是在台灣，是所謂淪陷區的普遍現象。但是台灣脫離中國五十年了，有一些失憶及失認。其實日本型的貪汙，是官與資本家的合作；不是不貪，如不貪不會有日本資本家霸占台灣主要的民營企業；尤其鄉村警察霸道，是日本各地罕見的。但光復後的貪是私人落袋或團體朋分，稍異於日本的方式。而且官與兵都有一種把台灣看成殖民地那

1945年12月，顏世鴻就讀台大先修班時留影。（提供／顏世鴻）

**97**—台灣是省，但不稱主席，而為長官公署長官。

**98**—剛來台時舊台幣也相當值錢的。糖一包不到500元，可以買200包。

**99**—後改救濟院，再改私立台南市仁愛之家。

樣的風氣，連長官[97]陳儀，也把教育最普遍的台灣稱為殖民地教育，不知民權，這也是民怨的很大原因。二舅張錫祺、三舅張邦傑都是公署的祕書兼參議。張錫祺先生主要幫葛敬恩做日文翻譯工作，三舅張邦傑是名僅在葛敬恩下的首位祕書參議。

他們當官也不富，二舅到台灣根本是一種犧牲。我只記得去了在台大附屬醫院南邊，前台北州長官邸內，有三位住在那裡；現在記得三舅和黃朝琴，另一位是外省人。他們來台都只拿一個皮箱，各分了十萬舊台幣[98]。三位共住時，有日本女性的佣人，生活當時由公家支出的可能性很大。以後各住各的，有薪水了，可能在年底前搬到中山北路的五條通（接收日人住宅），所以張家的人到台灣都未曾成富。二舅有東南醫學院的校務，光華眼科的私事，只能暫時擱著。三舅後來與陳儀鬧翻，改派為福建辦事所主任。二舅二二八時在上海，歸來改在新竹選參議員；一九四八年秋，幫忙帶給我麻煩表姐買的四本海盜版的醫書（英文、內科、外科、細菌，德文的內科診斷學）；一九四八年似乎歸去以後，就不再來台灣了。

父親也當過接收委員，接收台南圖書館和慈惠院[99]，曾叮嚀我們一句，不要碰任何救濟

台北二二八紀念館2011年2月更新常設展，展出1947年二二八事件前夕「政治專制差別待遇」單元。（攝影／曹欽榮）

院的土地。

一九四七年八月我去上海，為了出去的路費，父親也為此想了一夜，才去許丙丁[100]先生家借錢。當時我買四等船票，只能在甲板上占一席之地，六個人一組圍著用餐。中興號，基隆到上海卅六小時；回程時坐華聯，只要三十小時，也是坐四等。

100—編按：許丙丁，1900—1977年，台南人，南管音樂推廣與愛好者，曾任台南市議會議員，是著名的流行音樂家，文學家。

# 伍、一九四七年，戰後復學

光復後，白樂園因為是日產被接收，一直為了住的問題傷腦筋。一九四七年二二八之後，米價一直漲升；尤其一九四八年、一九四九年年初的跌勢如大陸的金圓券、銀圓券。大陸撤退運來的黃金、美金或銀圓，尹仲容先生運用高利率的政策，於一九四九年六月十五日換了新台幣，總算穩住了。也是差不多那時候，我領到獎學金還兼例外的工讀生（獎學金一個月四十三元，工讀生一個月廿五元）。賣血已經不是為了錢，經這麼一來就成為義務了。

在一九四九年六月十五日新台幣發行以後，有了獎學金。在此之前，我已經開始賣血，一百 c.c.賣二百五十元新台幣，就可以過兩個月。當時舊台幣還可以通用，一元新台幣是四萬舊台幣。不過心軟，看到病人是新莊的窮佃農，二百五十 c.c的錢還拿包了一袍袱舊台幣，不忍收，退還；只收了一「謝籃」[101] 的雞蛋，結果寄附宿舍，自己只拿幾個。當時

二二八事件前時事漫畫，反映戰後官商勾結、囤積米糧，雙重剝削人民的版畫。（取自／1946年2月出版的《新新》月報）

血牛還不多，而且醫學院學生的銷路不錯。不過當了「賣血人」，是一種職業，當然有職業倫理、義務。我這O型當時叫做「博愛型」，沒有同血型只要交叉試驗正常，就可以通用；沒有適當的供血人，宿舍近，三更半夜被點到了，你也有義務出差。所以我以後暈倒過一次，就改為一次一百c.c.的供血人，多了吃不消。

我是一九四七年八月下旬到上海，九月中旬回到台灣。在上海，無聊就往公園跑。秋已來，落葉漸多。有時看滾滾流水，有時去書店玩，有一家德國人開的，稍會說幾句德文，想不到老闆夫妻很高興，還送一本書。上海那些外灘銀行、商行的建築是當代精華，只是我穿得太有難民味，近邋遢，不好意思去參觀二十世紀初的偉構。歸程買不到票，十八萬（法幣）補四等票，給五萬買通茶房，占一床位，查房時茶房會通知。當時與張先生同房，大概談不到十句話，後來才知道他就是那位台北案的張國雄[102]。

歸來趕緊辦住臨時宿舍的手續，註冊完，十月一日、二日，才搬進西館的大房，住六人：除了我，江金培[103]、吳再成[104]以後都當了大醫院院長，林凱南[105]兄是彰化名醫，黃致遠兄、林雄斌兄不幸早過世。我後來搬到新東館二樓中間獨住（兼辦公室，有些書類檔案



101—謝籃，一種圓形有蓋，還有手提的弧形的把，用竹篾及竹片做成，漆成深紅色，通常是裝禮品。

102—編按：張國雄，1921—1950年，台中人，時任私立延平補習學校教員，涉1950年「台北市工作委員會郭琇琮等案」，1950年11月28日被槍決於馬場町。

103—編按：江金培，台大醫學院醫科第五屆畢業，泌尿科醫師，曾任高雄醫學院附設中和紀念醫院副院長。

104—編按：吳再成，1927年生，彰化人，心臟內科醫師，曾任馬偕醫院院長。

105—編按：林凱南，彰化人，彰化秀傳醫院家醫科醫師。父親林篤勳（1883—1953），曾參加台灣文化協會，治警事件發生後遭到起訴，被判罰金百円。1927年台灣民眾黨成立後擔任中央執行委員。

要放），以後吳兄無住處又擠進我的房間。

自一九四七年十月一日入醫學院臨時學生宿舍。的確我的書最多，約八百本以上。兩個書櫃及桌子擺不下，用肥皂木箱裝一堆書放在床下面，還天天、處處借書看。本來如硬是不改，我還是可以讀自己的化學工程，甚至改變讀閒書的那種極浪費時間的生活習慣。到醫學院無心唸書，一直心內苦惱。讀那些雜書、小說打發時間。也常常蹺課，整日看小說，只有要寫札記才會坐著看書。仔細一想我這輩子是一九四二年七月到一九四四年十二月，以後是一九四八年九月到一九五〇年五月十二日，才稍微認真一點；不過閒書照看。認真地花兩天去想一條幾何題

1950年6月8日，學生委員在學生宿舍前合影。第二排右1為顏世鴻。（提供／顏世鴻）

的補助線，或者大一為書上一題積分，想兩天無解才去找施拱星教授，老師在黑板上做了一、二十分鐘，才說：「**明天下午什麼時候下課。**」

「**下午四點五十分。**」

他笑一下說：「**那時候給你。**」

翌日下課我就在教室門口等他，遠遠就看到他由圖書館邊的路走過來，我就走過去，打個招呼點了頭，他走過來遞給我一張紙：

「**要轉換三次太難了，醫學院大概用不到這麼難的。**」

「**你不要唸醫學院，來數學系吧。**」

當時唸數學系的人不多。我才說實話，本來想唸化工的，是被迫上醫學院的。以後我不好意思，真的寫信給父親，拿了父親一封回覆不准的信給他看。之後三妹就唸台大數學系，常替施老師買郵票，他也集郵。

一九四七年二二八之後更是不認真。不過三月下旬搬到千歲町[106]，在當時錢思亮先生家前面，和魏綸如住同一房間。有空他坐著看書，我不好意思躺在一旁，所以那學期平均還

106—日據時代台北市行政區之一，約略位於今日公賣局、植物園一帶。

有八十四點。

一直到一九四八年九月升三年級，心緒太低落，也為了看小說蹺課，只有考試前看筆記；兩小時的上課筆記，大約三十分鐘就可以抄完。但授課中教授的暗示，抄筆記就無法求到。三年級，想說可以到公共衛生領域，逃脫當醫師，才認真泡圖書分館，唸公共衛生、衛生工程、遺傳學、統計學、肺結核、癩病、熱帶醫學等書刊；但英文太差，還得帶辭典。

亂讀，也帶些如拉斯金（Harold Joseph Laski，1893—1950）[107]、克魯巴都金、恩格斯（Friedrich Engels，1820—1895）的《家庭、私有制及國家的起源》（Der Ursprung der Familie, des Privateigenthums und des Staats: im Anschlub an Lewis H. Morgan's Forschungen），偶而也讀到《聯共黨史》，對史達林的殘忍無情心已有領教。同情羅森堡女士，也看一看她的著作。馬克思的《資本論》翻一次，沒有經濟學、哲學、邏輯學的基礎，很難讀懂。孫中山先生的《三民主義》，中學三年級由岩波新書的翻譯，看周佛海的解釋，光復後有不少不同的三民主義的版本也看過，《實業計劃》也讀。

1948年9月，就讀於台大醫學院時的顏世鴻。（提供／顏世鴻）

1949年10月，（左起）吳惠銘、黃國慧、顏世鴻攝於台大醫學院附屬醫院前。（提供／顏世鴻）

光復後由日本歸來的人會帶一些如河上肇的《貧乏物語》之類，我是雜讀者，饑不擇食，來者不拒，統統收了。

如此心內對北歐式的社會公平、社會正義有點同感。國父的節制私人資本、耕者有其田的說法很對。但社會上總有一些懶蟲，願意拿可勉強過日子的失業津貼，去釣魚、躺在家看書、聽古典音樂。所以人盡其能，和「不勞動者，不得食」的說法都有些道理。如何安排這些矛盾，求得可循的方法，如孫中山先生說的管理眾人之事便是政治；我這方面的細胞自知不多，也沒有興趣，說卑鄙也是；但對家的責任看得很重，這點可能稍多於父親。但中國國民黨所說與所做的，離三民主義很遠，而且愈走愈遠。如以一九四九年實行三七五，或公地放領，只是犧牲台灣的中上階級的土地資產，對真正的資本家無影響；而且本來是日產的公地放領，可以增加稅及實物。[108] 農民的生活改善是有限度，不過老農還惦念陳誠，稱「陳誠伯」。

當時蔡孝乾來台發展共黨組織，到二二八時黨員不滿百人，二二八之後逐漸增加；一九五〇年二月，洪幼樵被捕當時將近一千人。四名省委先被捕的是高雄陳澤民[109]，主持

《貧乏物語》一書封面。1950年政治案件判決書中，出現閱讀《貧乏物語》、《鋼鐵是怎樣煉成的》等書成為罪名之一。（翻攝／曹欽榮）

107—藍兄編《春分》，改成拉斯基，兩個人時代相同，但社會主義觀差得多。

108—當時李連春當糧食局局長，以進口的肥料換糧，稅賦也要收糧，人說一條牛要三領皮。

109—編按：陳澤民，福建人，1949年10月被捕後自新。

武裝的張志忠[110]，是十二月底被捕。一月底蔡孝乾被捕後，先交出郵電案，二月十六日左右在延平北路逃脫（一說是有意讓他逃脫的），二月廿一日在《中華日報》刊登〈鄭啟順啟事〉，意要中級幹部與他聯絡。[111]

學委書記徐懋德[112]先生勸李水井[113]、楊廷椅等說此刻危險，但中級幹部又與蔡接頭，徐先生認為真是危險，帶著妻兒逃回大陸。四月中旬蔡孝乾再度被捕。如無準備一死，能耐過那苦刑是困難的。他陷落，中級幹部也有的相信他說的只要受「三個月的感訓」，因此短短一個多月，大半的地下組織都一一被破壞了。

一九四九年八月，一位台大法學院住在我斜對面的鄭兄，半夜被捕。當時就有風聲說台大法學院及基隆中學的學生，不少人已被捕。事情就是由《光明報》被查獲所引起的，有種種傳說，目前我只能寫下發生的事實。這批人大多數判感訓。台大法學院的，如我所知道的鄭兄，歸來續讀完台大（學籍未開除）。鄭兄於七〇年代移民到南美，這也是一種傳聞，不是由本人聽到的。這段故事，部分人也知道。可能蔡孝乾會相信「感訓」的部分原因是由於此事實的存在。但他更也應該知道國民黨自一九二七年以來，處理這些政治事

110 —編按：張志忠，1910—1954年，嘉義人，本名張梗，化名老鍾，被槍決於1954年3月16日。妻季澐，省工委會另案判決，1950年11月18日被槍決於馬場町。

111 —編按：台灣省工委會蔡孝乾等案——台灣省工作委員會是中共在台最高領導機構。1945年8月中共派蔡孝乾擔任台灣省工委會書記。戰後，蔡孝乾由中共華東局協助，組織首批來台幹部。1946年4月首批幹部隨張志忠至台北展開活動。同年7月蔡孝乾始來台領導組織，正式成立「台灣省工作委員會」，擔任書記，並直接領導「台灣省學生工委會」、「基隆市工委會」、「台灣省山地工委會」、「台灣省郵電職工工委會」、「蘭陽地區工委會」、「台北市工委會」、「北峰地區工委會」等組織。省工委會以陳澤民任副書記兼組織部長，領導台南、高雄、屏東等地區工作；洪幼樵任委員兼宣傳部長，領導台中、南投等地區工作（後交由張伯哲領導）；張志忠任委員兼武裝部長，領導海山、桃園、新竹等地區工作（後交由陳福星領導）。1949年10月保密局查獲基隆市工委會後，

件的方針，是隨時由內外的政治環境的變動而變。四・一二是種「苦迭打」（國民黨於一九二七年的「清黨」行動），當時嚴厲的程度是格殺莫論，而抗戰時各地方的處理也不相同。論理《懲治叛亂條例》[114] 於一九四九年六月廿一日（剛好我被捕一年前）公布，同日施行。這個條例已公布於法學院成功中學案之前，也可以假設是一種變通辦法存在。

至於一九五〇年六月十三日公布施行的《戡亂時期檢肅匪諜條例》，蔡孝乾就無法知道了。自首者無罪，如不自首，死路一條；事情可能變得比一九四九年更嚴肅。要你死，讓你活，存於有此權柄的人的方寸之中。

國共之鬥爭如自一九二七年算起已有廿三年，無數的例子，蔡孝乾親身看過、聽過。毛澤東曾說過，在此期間中共黨員或同路人，死亡二百萬人；他的地位不會讓他信口而言，他就借這數字來強調中共統治的合理性？

五月十三日上午，台大醫院正開院例會議，第三內科主任許強[115] 先生、眼科主任胡鑫麟[116] 先生被捕；另一位第一內科主任翁廷俊[117] 先生因母親生病而遲到，得知消息而逃，以後「自新」逃過一劫。同時耳鼻科蘇友鵬[118] 醫師、皮膚科胡寶珍[119] 醫師也被捕。另外科兼防



在高雄市逮捕陳澤民，1950年1月底復在台北市逮捕蔡孝乾。由於蔡孝乾供出組織，保密局循供逮捕洪幼樵、張志忠等13名領導人。張志忠及其妻季澐等人判處死刑；楊克村等4人判處15年徒刑；林崑西判刑3年；蔡孝乾、陳澤民、洪幼樵、許敏蘭、蔡寄天、陳定中、陳克鳴、馬雯鵑等8人，因供出名單，以自新開釋。1952年洪幼樵等並召開記者會，宣布脫離組織。

112—當時稱他「外省李」。

113—編按：李水井，1920—1950年，台南人，涉1950年「台灣省工委會學生工委會李水井等案」，1950年11月29日被槍決於馬場町。

114—《懲治叛亂條例》，蕭雄淋編，小六法，金玉出版社，460—463頁。修改兩次，第一次第四、第八、第九條。第二次第九條、共十三條。二條一項：「犯刑法第一百條第一項，第一百零一條第一項，第一百零三條第一項，第一百零四條第一項之罪者，處死刑。」四條分十二款：「有左列行為之一者處死刑，無期徒刑或十年以上有期徒刑。」

疫科長的郭琇琮醫師，五月中已在嘉義被捕。[120]這是台大醫學院的大震撼，也是我的大震撼。這三位主任的作風成為一種風氣，早為醫學院的學生所知。

除此之外，在台北的各處都有被逮捕的消息，那是保密局最長的一天，也是打勝戰的一天。可憐的是，當時只有南所[121]關人犯，急急在北所[122]動工，用以收容急增的人數，八月就開始向軍法處看守所移送。這一消息有關的新聞出現在翌日報上，頭條新聞《中央日報》寫道：

**「共匪在台祕密組織，政府宣布破獲經過。四匪首號召漏網黨徒坦白自首，當局決採寬大處理政策。」**

報上仍有蔡孝乾（四十六歲）、陳澤民（福建東山人，四十二歲）、洪幼樵（廣東揭陽，民國廿二年加入共黨）、張志忠（民國廿八年加入十八集團軍）四名省委，以及以後才知道的吳石案[123]中的朱諶之，五人的相片相當模糊、憔悴而且忌光（久在暗處，到太陽照的地方當如此）。還有國防部政治部五月十三日宣布的《台灣中共黨員自首報到辦法》的全文，限二週內向台北市第七一五七號信箱，以通函方式自首。五月廿五日報導，廿四

115 —編按：許強，1913—1950年，台南人。考上台南二中，三年後跳級上台北高等學校，三年後保送第一屆台北帝大醫學部。畢業後即進入第三內科，之後取得九州帝大醫學博士，次年升任第三內科主任，時年僅34歲。日籍澤田教授曾公開讚揚許強說：「將是台灣甚至全亞洲爭取諾貝爾獎金的不二人選。」任台大醫學院副教授兼附屬醫院第三內科主任醫師時，涉「台北市工作委員會郭琇琮等案」被捕，1950年11月28日被槍決於馬場町，年僅37歲。

116 —編按：胡鑫麟，1919—1997年，台南人，台灣帝國大學醫學院畢業，任台大醫院眼科主任時，涉「台北市工作委員會郭琇琮等案」，被判刑10年，是第一批到綠島政治犯。出獄後，返回故鄉台南市行醫，常遭警察監視與刁難，之後受邀到日本當醫生。1997年因腸癌病逝。其子胡乃元，是世界知名的小提琴家。

117 —編按：翁廷俊，1914—1992年，桃園人。台北帝大醫學博士，涉「台北市工作委員會」地下組織，1950年5月

全省匪黨組織瓦解
蔡孝乾陳澤民等告黨徒
希望大家立刻自首

蔡孝乾呼籲同志自首聲明（中央日報1950年5月14日），此聲明上有蔡孝乾、陳澤民、洪幼樵、張志忠等地下組織領導人簽名。（取自／1950年5月14日《中央日報》）

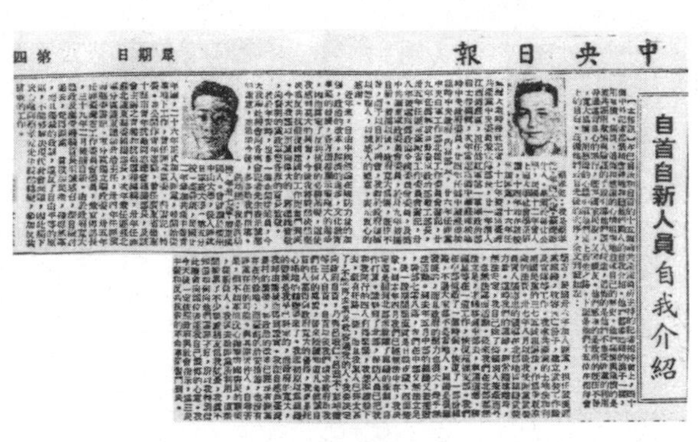

中央日報　星期日　第四

自首自新人員自我介紹

中央日報（1952年12月14日）登有蔡孝乾、洪幼樵等自新人員的自我介紹。（取自／1952年12月14日《中央日報》）

13日任台大第一內科主任時，因缺席院內會議，而躲過被國民黨的逮捕。在傅斯年校長和杜聰明院長勸說下，辦理「自新」。1955年離開台大醫院，自行開業。

**118**—編按：蘇友鵬，1926年生，台南市人。1947年，就讀台北帝大醫學部大三時曾加入郭琇琮組織的「學生聯盟」，參與228事件抗爭，原計劃進攻台北市軍警憲武裝據點，但因原住民未依約定到會合地點而取消。1949年台北帝大學醫學部畢業，成為台大醫院耳鼻喉科醫生。1950年涉「台北市工作委員會郭琇琮等案」被判刑10年，是第一批到綠島的政治犯。1960年出獄後，在老師、學長作保下，在鐵路醫院耳鼻喉科擔任醫師，退休後在家中開業。

**119**—編按：胡寶珍，1924年生，台南市人。中學未讀完，則跳級考上台北帝大醫學部預科，畢業後擔任台大醫院皮膚科醫師。1950年涉「台北市工作委員會郭琇琮等案」，與許強、胡鑫麟、蘇友鵬一起在台大醫院被捕，被判刑10年後，移送綠島，是綠島第一批政治犯。出獄、結婚後，在台南新營開業。

**120**—編按：郭琇琮應是5月被捕。

**121**—編按：保密局南所，位於延平南路，靠近小南門，今國防部情報局，日據時代即是關押政治犯的監牢。牢房約9坪，曾關30多人，睡覺必須輪班。

**122**—編按：保密局北所，位於大龍峒，民權西路、延平北路口附近。原為高砂鐵工廠，屬辜家產業（辜濂松之母辜顏碧霞所有）。後因政治犯大增，南所人滿為患而部分政治犯移送北所，重大案件仍由南所處理。每間約關30人，比南所大，可以躺著睡覺。

**123**—編按：吳石案，是1949年至1950年，國民黨政府撤退到台灣初期最著名的諜報案件之一。涉及人員是國防部中將參謀次長吳石，和到台灣潛伏的中共女特務朱諶之，是中共潛伏在國府內部層級最高者。1950年「台灣工作委員會」書記蔡孝乾被捕後，供出了吳石，再牽連朱諶之。該案還有陳寶倉（聯勤總部第四兵站總監部中將總監）、聶曦（東南軍政長官公署總務處交際科上校科長），4人均在1950年6月10日被槍決於馬場町。

日止自首者已有一百八十四名。逾期不自首，政府一定要按照名單加以逮捕。[124]

五月廿八日報載政治部主任蔣經國警告：「**漏網共匪，再限一週自首。如仍圖僥倖一經拿獲必定嚴辦。與匪有聯繫的均須自首。**」五月卅一日蔡孝乾由各電台同時聯播，此時他心中如何想，不可能寫下來的，我心中卻對此覺得有趣。後來在綠島海邊倒垃圾時，曾看到一片報紙，卻是剪下王子英[125]寫的〈我們的前途未被杜塞〉[126]，我看了一下，仍是投在海水之中。

報紙的報導已經足夠。聽了廣播，能確認是蔡某的人不多，而且不得不廣播站台的立場。頭腦清醒的人，就知道英雄末路的戲碼。鬥過謝雪紅，當過瑞金的內政部長，走過二萬五千里，當過中共中委、堂堂台共省委書記，如此一來，全都被洗淨了。

我與林丕煌兄初遇是在白樂園，而由他口中聽了台南三才子論，而且是一再地提到三才子葉盛吉、戴振翮、陳震烈，他們是高他五屆、四屆、三屆的台南一中的秀才。以後我也常對林丕煌回稱「台南三又二分一才子」，不是低看他，而是台灣人忌四；得此尊稱，他臉紅，不過似乎也滿高興的。他記性好，而對日本文學甚有造詣，常將德富蘆花[127]的《不

124—《中央日報》縮印本四。

125—王子英，台大工學院學生，因《光明報》而已被知為中共黨員，台大支部書記。逃亡後自新，寫〈我們的前途並未杜塞〉，曾任駐日使館參事。

126—確實的標題記不得了。

127—編按：德富蘆花，1868—1927，是日本小說家，本名德富健次郎。以小說《不如歸》、隨筆小品集《自然與人生》成為受歡迎的作家。

128—編按：夏目漱石，1867—1916年，日本作家，本名夏目金之助，在日本近代文學史享有很高的地位，被稱為「國民大作家」。

129—編按：《平家物語》，原稱《平曲》，又稱《平家琵琶曲》，是日本鎌倉時代（13世紀）的軍紀物語，作者不詳，記錄日本平安晚期二大武士集團，「源氏」與「平氏」政權爭奪的歷史。

如歸》、《自然與人生》，夏目漱石[128]、《平家物語》[129]中的名句整段地背給我聽。我背過《四書》，讀過《詩經》，只能背「關關雎鳩」等頭幾首。而他背的聲調有抑揚，很高興聽他背。偶而我也學他背一段《不如歸》或《自然與人生》。在淡水實在餓慌了就來一句：「**忠君愛國任君說，請勿讓陛下的赤子陷於饑餓**」。

人的遭遇甚難意料，他說的三才子也與我有緣。陳震烈兄可能比較熟，一九四九年秋天，患糖尿病與肺結核；他的父親是國小校長；在當時兩種病都有藥了，但鏈黴素的針藥當時甚貴。他可能是自殺而亡。

林丕煌不幸，打網球時發覺視野已缺損，榮總CT（電腦斷層掃描）剛出來，他就去照了CT，經留學美國、在西奈山紀念醫院的CT專家的同窗黃雲鵬兄診斷，可能是腦下垂體的腫瘤或動脈瘤。第一次在台大開刀未成功，去北海道大學由都留教授開刀，確定是動

1950年1月16日，（左起）顏世鴻、謝維銓、林丕煌合影於圓山。（提供／顏世鴻）

脈瘤，出血過多，成為植物人。他和太太一直住在冬天的札幌，一九八〇年五月歸台南。一九八二年一月一日發高熱，我奔走三天，一月四日午前七點去世。為此，我曾寫了悼亡的《風雨多情》約十萬字。

戴振翮兄在綠島睡在我的西鄰好幾年，他說話幽默到有一些酷。我們說話時的對話，旁人有的會提心吊膽。其實我們是適可而止，不會過界，如烈風吹一陣，不會傷到「皮肉」[130]。他對戲劇很專注，專攻北京方言，人家（尤其是北京人）往往會以為他是住北京旗人之後。他未曾用心寫稿，不然他可以寫下如老舍的《駱駝祥子》。一九八八年一月中旬，驚聞戴振翮兄因NPC（鼻咽癌）於一月八日在香港去世，於是台南四才子皆亡，而且都使我心內有憾。但目前唯一的遺憾是不能為戴振翮兄寫下簡單的傳記，雖曾寫了二萬字左右的《天上人間》，只是少少的回憶。

葉盛吉兄去日本考六高，失敗兩年。[131]第三年考三校，二高、慶應大學豫（預）科、旅順工大都及格；他去讀二高，已是一九四三年；一九四四年被動員到農村，以後到船岡的「第一海軍火藥廠」，由八月十六日勞動到一九四五年三月三日；入東京大學醫學部之

130—皮肉一句很巧，日本人說皮肉是挖苦之意。

131—第二年第一次考試通過，口試被刷下來，他可能不知六高校長對台灣人有成見。

132—楊威理，《ある台湾智識青年の悲劇》，岩波書店，岩波同時代ライヺラリ　第一刷，第131頁。

133—謝獻臣，1924年出生彰化花壇，經台中一中、台大豫〔預〕科第二屆、台北帝大醫學部，光復後第二屆畢業，留寄生蟲教室；後主持瘧疾研究所，自1971—1991年為高雄醫學院院長，2000年病逝。台大醫學院臨時學生宿舍由他推動才產生。為鄭聰明兄的妹婿。

134—編按：赤十字病院原址為今台灣大學新醫院區。

前，他當隊長。[132]

他於一九四八年當過台大醫學院自治會主席，在醫學院宿舍當文化部委員，是我的前任。他老是穿白色長袖，如襯衫卻無領、藍色長褲、籃球靴，在圖書館出入，我一直以為他是圖書館的職員。其實他於一九四六年就入宿舍比我早，但不住宿舍內，住在圖書分館。

日據時代高等學校、豫（預）科都應有宿舍，帝國大學本身沒有宿舍，所以台大醫學院本來就沒有宿舍。光復後常有小偷來光顧，偷小馬達、玻璃，甚至顯微鏡。剛好有很多學生沒有住的地方，校方才准部分學生住進各教室的空房間，如此才阻止小偷光顧。至於三餐各自打發，當時沒有現在方便的電鍋，各自起伙是頂麻煩的，還有帶「火」的管理麻煩。

這時候謝獻臣[133]兄才出來向杜聰明院長建議，理出舊赤十字病院[134]的老式病房（兩層樓的紅磚建築）做為臨時學生宿舍，屍體室當伙房

1950年1月，台大醫學院宿舍新舊委員合影，前排右1為顏世鴻。（提供／顏世鴻）

及餐廳，初收三十多位，也算解決了學生住宿問題。

而後問題是約近一百八十人的我們這一班（稱光復後第五屆），包括豫（預）科醫類，高等學校理乙，醫專願意轉入醫學院的，考上日本各級有關醫類、醫專的，杜先生還招考四十多位，成為台大醫學院空前絕後的大班。許多人也正在找住的地方，於是先擴充了西館（也是舊赤十字病院平階病房）、東館（就是伙房、餐廳的舊收屍室），另在東館之北邊新築伙房及可容百人以上的餐廳，還另搭一區豚欄，餵小豬。第一批入本館的人早一點進去的，我由上海歸來報了名，到六人共住的

1949年5月24日，歡送畢業生會設宴於舊學生宿舍網球場，後方二樓斜屋頂建築就是東館。（提供／顏世鴻）

西館。以後又擴充二樓在東邊的新東館，及西館對面被炸沒有屋頂的，修理以後稱為「南館」。

另外有在法醫學教室或病理解剖室對面幾間平房，搭伙的。當我任副總幹事，管這舍務時，連新東館最東一間是六位外省籍的女生（大部分是轉學生），最多時可能有二百五十位以上。這六位女生的淋浴及廁所，也是歸我解決，頗傷腦筋。約半年，她們才轉到女生宿舍。附屬醫院的舊傳染病棟也收了另外一部分不是醫學院的學生，他們自己監理。台大的正式宿舍，學校都派有舍監；我們這只算臨時宿舍，沒有舍監，在總幹事外設副總幹事，伙委二、文化委員一、會計委員一、生活委員三，管理一些業務。宿舍還由剩下來的米、福利社的盈利、會計的結存餵的豬，一年兩次（一次是送畢業生）辦桌，一桌十人，豪華的十二道菜。餐廳可容納不少人。以後辦在水泥地的網球場上，還請了幾位教授、主任，如金關教授、許強先生也都曾參加過。謝獻臣兄功勞最大，而且初期的人難忘的是當主食伙委的鄭聰明[135]兄，遺憾的是兩位都過世了。

葉盛吉兄正式加入「醫學院學生臨時宿舍」是一九四八年六月六日，被選為「文化委

135—鄭聰明，台中人，1926年6月出生，台中一中、台大豫科醫類五期，台大醫學院光復後五期畢業，為台大解剖學教授，37年後移長庚醫學院解剖學教授，千禧年因肝癌逝世。

員」。在此之前，一九四七年底我才由林丕煌兄介紹認識他。那一天宿舍午餐人多，我與林丕煌兄在角上比較空的桌子上，對坐正用中餐。葉兄找空位很久，才踱到我們桌邊，點個頭說：「可以打擾嗎？」

我一直誤會他是圖書分館的員工，不知道他就是林丕煌所謂的台南三才子的老大葉盛吉；林丕煌卻紅漲著臉，慌張地站起來：「請不要客氣，葉前輩。」

林丕煌不需再開口我就知道他是葉盛吉了。林丕煌是台南一中出身的人才，加「前輩」兩字，而且他對人這麼客氣也是初見。

而後又加上：「這位是台南二中顏世鴻。」而向我看一下。

「這位就是我向你提過的葉盛吉先輩。」

當時宿舍裡，東京帝大回來的只有他一位。另外，劉沼光在外科、林恩魁[136]兄早他一期住在外面，與他同期靜岡高校出身的林鴻德兄也外宿，台大醫學院學生及光復後畢業的東大出身只有他們四位。

一九八八年九月我初寫《霜降》時，我以「S.Y.」代表葉盛吉兄，因為他的稿子後面寫

136—編按：林恩魁，1922年生，高雄人，東京大學醫科、台大醫學院畢業，任旗山醫院外科醫生。涉「省工委學委案」，1950年10月30日被捕，被判刑7年，曾被送到綠島。1957年出獄，曾任高雄蔡外科副院長，後於高雄岡山開業「林外科醫院」。1985—1991年間，將巴克禮《羅馬拼音台語聖經》譯成120萬字《台語漢字聖經》，右眼因而喪失視力。回憶錄《荊棘．冠冕．動盪歲月——林恩魁醫師自傳》，2008年出版。夫人林高雪貞回憶錄《莿帕中的百合花》，2008年出版。

S. Y.兩字，是英文式縮寫。日本人寫略式文章也常用這種方式。而我的英文縮寫，也是S. Y.，所以我常用「S. Y.」，或「S. Y.生」。這是我看宿舍的雜誌遇到的一個偶然相同。他可能高我一公分，中學五年級夏天就拿到二級「滑空士」，我也在滑空班兩年，本來要去台中清水崗受訓就是二級滑翔士，正好遇到一九四四年十月的五十八機動部隊空襲，受訓取消。不過初級機已經是飛最高的高度，做過左旋轉，右旋轉，只有等坐中級機了。

一九四八年三月，葉盛吉兄當時是自治會常務理事，因轉學生的事情鬧大，自治會總辭改選，他辭去常務理事而負責文化部理事。我當他下面的幹事，專門負責跑腿，協調醫學院常辦的法國、德國三〇年代電影等事。

顏世鴻在台大醫學院當學生時，所親自編寫油印的單張《醫訊》第5期（民國38年3月22日）。其中有這樣的語句：「我們不能再忍下去了。為著真理，為著自由。」、「認識吧！！反省吧！！團結而前進吧！！」（翻攝／曹欽榮）

一九四八年九月再選我入自治會理事，由鍾炳輝兄當常務理事，我當副常務理事，葉兄只當文化部的理事，我卻在宿舍的文化委員裡，接了他的業務。當時我寫一篇小說〈魚籃觀音〉，投稿時就與他見面，也常聊天。

幾十年以後有機會，讀了他約二十本的日記、雜記、讀書札記，還有在軍法處看守所時寫的「自傳」，才知道他一生的概略。一九四九年十二月他與同學郭兄的大妹郭淑姿小姐結婚。他們兩人相見於一九四八年十月廿四日，是她主動來找他，為了打聽後來大哥在南洋一帶戰死的消息，翌日他把郭先生給他的信和明信片共二十多封交給她。

一九四九年十二月廿四日，他們在台南市民族教會舉行結婚式。我沒有參加他們的結婚典禮，訂婚時我曾陪他到岳父郭孟揚先生家，我當一位客人，所以他自結婚到他身亡，不到一年。看葉兄的日記，才知道似乎我當自治會幹事的時候就被他看上。

訂婚那一天，他才表示了他的地下黨員身分，我只能接受這個突來的事情，答應回台北再給他回答。由於劉沼光一九四九年八月逃脫去大陸，醫學院支部又由於林恩魁兄離開台北，只剩下他與另一位劉兄。支部的起碼人數是三個人。

葉盛吉夫婦結婚照。（提供／葉光毅）

所謂左派的小說與書看得不少，如曹禺的劇本、丁玲、趙樹理、老舍的小說，連許滌新的《新民主義》的經濟，蘇聯的《靜靜地頓河》（Тихий Дон），及帝俄時代著名作家的小說、劇本我差不多看過了。也許我並不是適當的人物；對於東北、華北對地主的鬥爭、清算，甚至是不經正式審判而判死，心裡有很多疑問；連掃地出門的方式，可能是由雜誌《觀察》等看到，也難以肯定。地下黨的原則，多數決，決定以後只有服從。蘇俄方式的過當，在《靜靜地頓河》已經看到了。由來「老實」是我的缺點，這些意見也寫在後來給葉兄的自傳上。

我的宣誓式是一九五〇年一月廿三日晚上七點，在法醫解剖室北邊的葉兄寢室。監誓人是陳水木[137]兄，介紹時是「老張」為我的批評部分，爭論達一小時半，當時也不知道，周恩來已經對土改的過當做過批評。結論是請示上峰，這一請示是否到徐懋德先生的耳中我不知道。數日後一月廿九日，蔡孝乾在泉州街的自宅被捕了。

我是後來到了「北所」，才知道老朱就是楊廷椅，這還是問案的莊西說的。

第一次與楊廷椅見面是二月中旬，見面第一句他就說：「**停止一切工作，連解放軍登陸**

陳水木（1925—1950）是顏世鴻加入地下組織的監誓人。（提供／郭錕銘）

137 —編按：陳水木，1925—1950年，高雄人。涉「台灣省工委會學生工委會李水井等案」被捕，1950年11月29日被槍決於馬場町。

也不要介入。」當天楊廷椅似乎還正常，只談我三個月的候補時間免了，宣誓已經通過，還有談他對台灣農林問題的見解，如台灣水田八十七萬甲、佃農多少等，他的腹笥（學問）實在有分量。他可能早知我的百科全書式的博識，但是量淺。最後見面是四月三十日。他還說：「五月廿八日再見一次面，也許以後是解放後見面。」但由他的表情及態度來看，有一點以前沒有的微微不安定的感覺，他應該知道蔡孝乾等在竹崎被捕的消息。

葉兄於五月廿九日下午四點在潮州瘧疾研究所被捕的消息，我是五月三十日夜，在宿舍的廁所遇見陳江水[138]兄時他順便說的。

自這五月三十日夜起，到六月廿一日凌晨二點被捕為止，我就是在「第一層地獄」過了很苦的三星期。

138—陳江水，台中一中畢業前在廁所牆上寫「蔣介石萬歲」被台中一中開除，赴日入同志社中學、入三高，京都帝大醫學部。晚歸被編入台大醫學院光復後第三屆。曾赴北歐習腦科，是中山醫專（中山醫學院）第四任院長。

# 陸、

# 一九五〇年六月，凌晨二時被捕

就因為葉兄已被捕，「自新」不能考慮，怕跟他的口供不符。當年學期考試六月廿五日開始，參加考試可能被捕，所以決定考幾科算幾科。因《戡亂時期檢肅匪諜條例》，連家也不能歸，怕連累家人。自五月三十日起，午前二點以前四處流浪。當時蚊子多，躲在病理教室前看書，實在被蚊子騷擾得有點煩、有點苦。

六月十五日中午石玉峰來，剛考完畢業考。以後才知他能到此無事，是王超倫[139]擋下來的。他還沒有吃中飯，近下午二點，宿舍剩飯可以處理，我請廚房的師傅炒飯讓他吃。

「賣了《美術全集》和美樂達三．五相機得了四百元，準備



# 戡亂時期檢肅匪諜
# 總統命令公佈條例
## 各機關部隊學校人員皆須連保
## 發現匪諜任何人均應告密檢舉

中央日報（1950年6月14日）刊登，總統令命公告《戡亂時期檢肅匪諜條例》。從此若不「檢舉匪諜」，皆成為罪名。（翻攝／曹欽榮）

今晚回家。」這時候石玉峰是如何我還不知道，一年難得幾次相遇，想不到這是他二、三年逃亡生活的開端。一九五三年三月他與吳東烈[140]、陳榮添[141]被槍決；陳榮添兄是借他的身分證，四條起訴，法官可能判五年，一再駁回，硬要他走馬場町。《戡亂時期檢肅匪諜條例》使人要絕情；我不敢回家，也許受這條例的嚇脅。

六月二十日，班上朋友照例送粽子。以前一餐吃四、五粒粽子不算稀奇。吃罷晚飯，心內正思策這個晚上如何度過，先回寢室看一點書。十八日錢寄來二百元，一百五十元給大妹，連日記包裝起來託她帶回去。還了福利部的錢，身邊只剩四十元。

當時心內是覺得對父母、一家人有內疚。一些事有機會也做交代。基本上還了福利社的賒帳，金錢上不欠任何人；道義上也不欠任何人。雖然有負師長、傅斯年校長他們的期望，這種事在這時代也是很平常的事；讀一些抗戰，日本占領香港、新加坡，與華僑及災民的遭遇一比，不過是小巫見大巫、大巫見小巫；看各人的處遇及運氣。例如一九四五年大轟炸，三月一日炸台南，有一位想跑到小公園東南那一鋼筋水泥半地上型的防空壕，人已擠滿了，他是硬被人推出去，沒有辦法他逃到約二十公尺東方的亭仔腳的柱子邊；結果

139 —編按：王超倫，台北市人。1950年被捕時是台大文學院學生，與作者同案。1950年11月29日被槍決於馬場町，年24歲。

140 —編按：吳東烈，1928年生，高雄人。被捕時是台大工學院學生，涉「台灣省工委會台大支部石玉峰等案」，於1953年3月3日被槍決。

141 —編按：陳榮添，1930年生，台南市人。1952年2月在家遭逮捕，當時正就讀師範學院史地系四年級。被以涉「台灣省工委會台大支部石玉峰等案」，於1953年3月3日被槍決。

防空壕中了五百公斤炸彈，全壕的人近一百人都死了，他毫髮無傷。

偶而我會想起一九四四年冬那盲卜者的一句如斬鐵一般：「**庚寅官符**」，父親自己替我算是如此，以後家人在民雄去問卜結果更肯定，雙重官符十三年。父親過世以前在家人前，對朋友也都無奈說一聲：「命也。」他似乎很少說我的過失。這是很簡單，他自己也坐牢拖累了一家人。甚至我想不考中學，買了《早稻田講義錄》開始準備；么妹出生後，父親運轉，經濟好轉，反而是父親迫我考中學。

六月二十日夜，我正剛要由房子出去，有人敲門，我心內怔了一下，不過腳步聲似乎是熟悉的，結果是老柯（柯賢清）。他自去日本歸來，走路好像跟以前不同，可能學人家走路；軍官左側帶刀，跨出右腳以後，左腳的走法有各人不同的微妙差異。老柯是有一點拖的氣味，不注意看不出來。

「**出去走走吧！**」他一進來就說。

在白色恐怖受難的台南青年，後排左起：施水環（1956年7月24日被槍決）、丁窈窕（1956年7月24日被槍決）、姓名不詳；前排左起：張滄漢（判刑7年）、吳東烈（1953年3月3日被槍決）、施至成（施水環之弟，下落不明）。（提供／林粵生，數位複製／台灣游藝）

看他的表情似乎有很多的事情要說，而我正有一個問題要請他幫忙。這就換上了長褲、襯衫，還穿上去年去台北監獄時買的皮靴。出了校門，兩個人還一直沉默。我們出了新公園，老柯先開口：「**這些日子，許多人被捕了，也聽說一些人逃了，一些人不見了，一團亂糟糟的……我心內覺得有點莫名其妙的自危心態，好像去年的四六。**」

柯兄與石玉峰一樣是中學同班以來的朋友，由導師指派去考過日本軍校；歸來一慢，就慢了一年，他在工學院電機系一直是最優秀的。他所謂自危，我也了解——只不過是由日本歸來帶了兩本河上肇的書。六月十五日那一天，石玉峰談過：「**老柯是沒有問題了，太傑出、太銳利，人家反而不敢去碰他。**」這些道理不一定在什麼時空都可以適用。郭琇琮就是他太出色，所以許多人都去爭取他。心內浮起那句：「**塞翁失馬，禍福難知**」。其實這句話也套不上。所以我似演舞台劇，慢慢地一個字一個字說。

「**你不會有事的，老石就可能不同了。以後你回顧這幾年，會慢慢地找出其中道理。你了不起把那些帶著社會主義色彩的書燒掉；以後密告可能風行，可免惹些是非。目前你是不會有事。**」我這麼說，他覺得太神奇，似話中有話。不過反正他知道我說話一向不會彎彎曲曲的。

「**你自己呢？**」他這麼一反問，就難交代了。我停下來在腦內稍做整理。

「**我如能拖到這個月底沒有事，大概沒有事。**」事實上拖不到半天，也不是對老朋友不老實。但事實如說出來了，萬一我出事，他反而會卡在那《肅清條例》的麻煩裡，那條例是要人絕情絕義的。而當時韓戰還沒有發生，中共是否渡海解放台灣還是未知數。六月十日吳石案判決，我知道的是內應之路已斷了一條。

當時已知道楊廷椅與葉兄被逮捕了，不馬上來抓我，可能是校長的好意；而且派人來暗示，要我自首。當時魏綸如兄與楊某同住，保密局去抓楊某，楊某不在，把他抓去保密局。後來傅校長保他出來，還考了六月十五日的畢業考；而且來宿舍會我，告訴我葉兄已被捕。這就是傅校長叫他來的，不然以他的性格，不會攬上這種大的麻煩事，當時心內又

1950年「台灣民主自治同盟候補委員李奕定等人案」判決書，「事實」項中記載著「……台灣民主自治同盟為候補盟員復経李献文指示研究關於協助匪軍登陸『解放台灣』之五項任務……」（資料來源／檔案管理局）

感激也無奈。以後我們有賀年卡的往來，只是六十四年餘沒有見面了。

楊廷椅（老朱）可以說不知道我的現址，葉兄不能這麼說。而且國民黨的眼線四周埋伏，我沒有走，他們應該是知道的。我的呆望是考六月廿五日起到月底的期末考，這不過是對自己無策的一種妥協想法。以前日本特高、憲兵抓得那麼兇。一九四六年一月到三月，日本人歸去以前，把書排在路邊賣，馬克思、列寧、考茨基的書，全集之多，真是使我心中不解。我沒有經濟學的基礎，哲學對我不通，偶而也借來看看，沒有買。連《三民主義》、《北京好日》[142]等一大堆。

我們再默默走入衡陽街的冰果室，又談了一些朋友的消息。那麼老實的李炎輝[143]也被捕了。老柯還知道台南市也有一些人被捕，而後又談到時局的變化。

談到如黃浦江、舟山列島一帶有登陸艇集結，虹橋機場出現了米格十五噴射戰鬥機。我們十七個人曾是台南二中，四年級滑翔班：每週一次到兩次去永康機場受訓。他又於一九四九年十一月，赴日本軍官學校，互相對軍事問題有興趣。

**「台灣海峽不算寬，廈門到安平約二百多公里，不過對中共的登陸舟艇及海軍來說，還**

142 —林語堂先生所著，Moment in Peking，陳文彬先生譯，《京華煙雲》日譯本。

143 —編按：李炎輝，1928年生，台南人。省立地方行政幹部學校學生，因「台灣省工委會學生工委會李水井等案」於1950年5月11日被捕，被判刑10年。

是長了一些，沒有優勢的空軍是難渡的一段海路，對成立不久的中共空軍是一個難題，而且台灣是『內新月地帶』的中心位置，雖然有《白皮書》。最近一大堆美國人到日本、南韓，還跑去卅八度線看看、聽會報，連杜勒斯也來了。」我問他的意見。

「是。台灣就兵家來說是易攻、難守，尤其是坦克、車輛多的部隊。河川太多，海岸線太長，尤其可以登陸的地點多。不過船在海峽要走二十小時。以最慢的船隻為準，大概只有五海浬吧。

反而韓國熱鬧，一邊喊北伐，另一邊喊解放，比台灣海峽熱鬧。美國人好像是期待一些事發生。如果北韓發動南征，美國人就可以此來掙脫《白皮書》的自我束縛。」

「對，也許正是美國人正熱烈期待的，美國在日本有四個師，而且沖繩島還有B29。」

談了一些，我們又沉默了。冰果室人不多，我們沉默一會，就走出冰果室。老柯付錢。我沒有錢，就不來那些客套了。如今身邊只有四十元，不知要維持到什麼時候。我們走回館前路，想了一想我才說：

「結論是我可能會出事，你是沒有事的。萬一我出事，反正今夜你來的事情也許有人會報上去，不要慌。不過有件事先拜託你。世局難說，萬一有了動亂，拜託你照顧我大妹平安回台南。」

老柯有些意外，不過還是點了頭：

「就是這件事嘛，我可以做得到，放心吧。」

兩個人又默默地由館前路拐向中山南路，一直走近醫學院，然後我慢下步伐：

「就在這裡告別吧。我們是廿五日考到三十日。如果一切順利，我就在三十日晚上回南部。」在此停頓一下。

「最好這一次我們不要一起回家。如果有人問到今天晚上的事情，我們談的內容是考完回家的事；而且你要記得說，我說過不直接回去，可能去花蓮港旅行。蘇花公路很不錯，藍色的天，蔚藍的海，連山的綠色都帶一些藍調。花蓮雖然地震多，景色很好。而且我想走一趟以前日本農民開拓的農村，吉野村，米很好吃。這些內容你可要記得，也許我多慮，不過你是不會有事的。不過先準備一些，對你我免去一種顧慮。」

老柯默默看了我的眼睛，而後再點點頭，我就再說：

「**我像是個可能染上了瘟疫，還不知會不會發病的人。走吧！我還得回去準備廿五號的考試。**」

老柯轉身回去的背影好寂寞。一直看他拐到信義路，轉身看站在原地的我，舉了右手到頭上，我也舉手；而後就看他消失在信義路，我才回到宿舍，新東館二樓中間的房間。然後依自己排的順序，一直還算順利地把婦科的筆記看完，最後拿出產科的書。考期近了，十二點大家正在加班。這時候我同房的老吳[144]由圖書分館回來了，要睡覺，我就關了室內燈，只留檯燈，還往那粽子瞟了一眼；而後靜一下，聽聽周圍的聲音。兩點左右，據說是最危險的時段，所以準備在兩點以前把產科看一遍；然後到什麼地方避難，那時候再說。

容我在此再插一段。

人是會變的，有時候是緩慢，有時候卻甚迅速又詭異。有人堅持說他不變，不過起碼形而下的會悄悄地變。老了、拒絕新生的事實。堅守「不變的自我」。小時候在旗後於窮人之中生長，對窮人有絲同情心。一九三五年去廈門，五舅在零用錢上對我慷慨，但嚴禁在外面買零食吃，這點父親也一樣。五舅還買開明的兒童讀本給我；有好電影，會帶我去

144—老吳沒有地方住，硬擠到我這單人房。

看，如《漁光曲》、《小城之春》等。

一九三六年春，父親來廈門，好日子就結束了。自小就視日本帝國為世仇，這可能由家庭風氣而來。中學以前，認識的日本人只有老師。到了豫（預）科，當了兵，出了事、有了病，也是日本朋友幫我、助我。總之，大環境下知道一個忍字，但是看來包裝得很簡略、粗糙，小毛病出了不少。當時公立的中學可能是十六校：台灣人占九成的成功中學（當時叫台北二中）、台中一中、台南二中；日本人專收的是台北一中（台灣人占百分之五）、台中二中（台灣人占一成）、台南一中（台灣人占一成），台北三中、台北四中，新竹、嘉義、高雄、基隆等中學台灣人不超出四成。這些台灣人比較多的學校，問題就多。而台北二中、台中一中、台南二中就是反日的思想比較深的地方。

除了窮過，也同情窮人。我也不是生來就是無產階級、共產主義者。光復後不久就讀了《克魯泡多金傳》[145]和《聯共黨史》，前者使我同情，後者使我對史達林有點反感。當時年輕，對布爾雪維克的公審如何能成立甚難理解。如今知道「老布爾雪維克」，甚至無意中自己潰滅，心中仍以祖國與黨為重，也算讀了金庸小說，無意中自元好問（金末元初

145——編按：彼得・阿歷克塞維奇・克魯泡多金，1842—1921年，俄國革命家和地理學家，「無政府共產主義」的創始人。

官員）的「**問世間情是何物，直教生死相許。**」年老了，稍知世上許多層次，種種不同的情，可以使人以生死相許。

以後有機會讀葉兄日記及讀書札記，左右兩派的書我讀得多而雜，少他的精與細。總之曾論及一些問題，我少了與人相論的經驗，而毫無邏輯的基礎；輸了他，如印度教徒，便做了他的徒弟。也許人家認定我已經中了「士為知己者死」的「中國心結」之毒深而不自知。不錯，我中學時讀了〈述懷〉中末四句「**季布無二諾、侯贏重一言。人生感意氣、功名誰復論。**」[146]心中甚感動。所以歸來也心醉金庸小說中的「無恨」之名，終歸心內最終選擇是信任與信誼，而非得失區區計較。

五十餘年我也曾用心想過往事種種。葉兄八年日記和札記、雜記，還有十一月廿九日晨，他出門放在當腰帶內小聖經中的一萬多字自傳及八百字留給我的私信，未被索取，陪他躺在刑場；這些我有緣看到。而今劉沼光十餘年前已去世，其他可得的東西可能難了。

我回到房間，同房的吳兄不久就睡著了。我今晚外出，約用掉了一小時半。心內可能想賺回這時間，所以想把產科看完再說。也許這一事拖累了我，也說不定它救了我一命，人

146—魏徵，〈述懷〉。

生禍福難說。

篠原的產科總論、各論各一本。兩位教授內容以此書為準，但簡略，加上一些資料。我慣用卅二開的白報紙，寫上書上沒有的，書上還以講義的輕重做記號，可以免用筆記；匆匆地看了一遍大約三小時多。吳副教授講的是分量不多，邱教授只講大綱。兩位重要的地方都會提醒。自五歲泉州紫江小學起，考試如戰場，經過太多了。考好向來不求，討厭考場氣氛，如自估有七十分，能提早出場就是第二、三個出考場。本來寫下不少公共衛生各部門的札記及成萬的卡片，這些已經在五月底一概燒了；好像決意，把自己的過去和未來盡化為灰燼。

這時候才覺得有點餓了，早上剩下來大半壺的冷開水，我解下一粒粽子，剝去那夾竹桃的葉子，就知道是老謝家的。同時想到賴山陽[147]的詩，提到明智光秀反叛織田信長之前向人打聽，本能寺的壕溝有幾尺深。主人以粽請他，他心情緊張連粽的包葉也吃下去了的故事。織田信長當時有重要部將五，以明智光秀的學養最出眾。但忍不下織田信長累次在公眾前對他的侮辱，他反叛，攻織田信長臨時住宿的本能寺。學養高不是一定處理亂局的好





147 —編按：賴山陽，1780—1832年，日本江戶後期的學者、詩人、歷史學家。

手。他在山崎一戰，敗給羽柴秀吉（以後的豐臣秀吉）。敗逃中被老百姓以竹刺死，誤了自己一生、部下及族人。又想到日治一九三八年一家歸台翌年，父親因五舅張錫鈞於上海匯來八十元，信上只簽「小張」兩字被拘兩個月餘，上刑、罷食、生癰在背部及臀部、肺炎，從八十餘公斤瘦到六十公斤不到。可能上海領事館查不到「小張」的消息才放出來。那一段窮潦的生活，心內始終無怨。後來相傳「長江一號」張錫鈞先生（字大江）應該也是無事，當時日本人還不知他是王芃生手下在上海工作的一位專員。

身為長男，面對三代人歷史的債已經有點心軟。偶而想及香山居士（白居易）的八十斷臂翁，因為這個家，父親的健康情況如此，我要隨時能替代他負起這個家的責任，而且也自知短缺政治所需細膩的一面，只配當一個歷史的龍套。

想一直忍下去，早一點完成學業來照顧這個一直鬧窮的家，不去管那些愈多的是是非非。可是事實就是如此，與期望的方向愈走愈遠。一時認為躲遠了，另一個安排正等著。這些都是中國青年要領受的宿命吧。我雖非宿命論者，總是有個東西在等待著你。

這時候是六月廿一日凌晨兩點，離拂曉還有一段時間，可以算是六月二十日夜的延伸。

看完了產科，吃了兩個粽子，喝了一杯冷開水。一大堆歷史的點點滴滴在腦內去來明滅。太疲睏了，伸了個懶腰，一時心理上累積的倦意及鬆弛。忽然看到兩位校警站在我窗前的草地上，而樓梯上正有三個人，陌生皮靴的腳步聲正要上來；要逃來不及，反而難看。雖然經一年半的生活，我大致可以分辨這新東館六十多位的腳步聲，甚至以前本館、西館的老舍生也可以知道。很少人會穿皮靴，一切都太遲了。知道無望逃此劫數時，反而出奇的沉靜，拿了毛巾把嘴一擦，坐下來，等著陌生客人來敲門的聲音。

這數十年，閱人已多了，無論在什麼觀點，由任何角度，自己不是出眾的角色。論過目不忘不如先父，論話術一向是我的命門，不愛說話，很少說，而且說話的要領奇差。論交友，小學、中學只有不滿五指之數。中學尤其只會向圖書室每日返三本書、再借三本書，書就是當時的朋友。去淡水，台灣人只有那麼幾個，患難之交，大家都熟了。在宿舍，除了「雜談俱樂部」，不會主動去找人家閒聊，相遇點頭，一聲問候，不論是七年制的、一年級或高一班的五年級，真是一視同仁。

自從看了兩位校警在下面，就知道形勢已經是不能改變的了。醫學院這邊校警是四位，晚上只有一位輪值，兩位出現在窗前已意味著是非常事了。大家很熟，其中一位也姓顏，女兒小學畢業，聰明，但家窮不能上學，由我介紹到宿舍當十三歲的小工友，負責宿舍的小吃部及小福利社的工作。他們的眼神，在遠遠的夜色中，仍可以感覺到意外及無奈。一切都遲了，我聽他們的腳步聲在門前停下來，而後敲門了。知道我在這裡，一定問了宿舍的人，因為校警應該不知舍生的住房。骰子總算拋下來了。

「請進」，還好我的聲音如常。而後三位客人進來了，我只認得校長傅斯年先生的祕書那廉君先生。這件事還得在此深夜讓校長操心，又讓那先生跑此一趟，心內實在過意不去，這意念是一閃而過。

先進來的一位約一百七十公分以上，中等體材，約莫三十歲，先開口問；那先生不認得我，不過可能看過檔案。

「有一位顏世鴻嗎？」

「我就是。」

「這麼晚還看書嘛。」

「嗯，考試快到了。」

「你的身分證借看一下。」我就由掛在身後牆上的襯衫胸袋把裝身分證和註冊證的夾子交給他。這兩張自此永遠離開我了。

「有沒有來往的書信？」我蹲去由床下木箱拿出已經紮好的一束信交給他，而後他又來了一句。

「有些話要問一下，請跟我們走。」

「要不要帶東西？」這句話有點試探的意思，不用帶可能是好與極壞雙面的消息。而他真的說：「不要帶。」

我早已經準備好台詞：

「你要帶我走，那就請你明示你的身分，不然你就寫下書狀。這麼說，對那先生是不好意思。」

那一位就默默地在我遞給他的那卅二開白報紙寫下「提訊狀」，然後簽了名字[148]、日月。我拿円型大理石的文鎮，壓在桌上。

148 —當時想他的名字與我無關，大意地沒有記下來。

「**那就讓我穿衣吧。**」

把衣褲和籃球靴穿上，將褲袋的四十元拿出來，又壓到那紙上。我早知同房的老吳已經醒了，本無意思勞駕他，不過這兩樣東西要交到大妹手裡。

「**老吳勞駕，明早把這四十元交給我大妹。**」是用日語說的，結果是由另一位黃兄交到女生宿舍的大妹。我對老吳說了日語，而看那位表情是懂日語的，所以應該九成是東北人。後來在刑警總隊時，有一夜他來叫我，我還以為是提訊，結果是託我解釋一段台灣農業界出版社出版的日文版《台灣農民運動》。我當時國語還差，還是總算把那一段的意思讓他明白了，所以我這一猜是對的。

另外一位穿警裝，稍胖，口袋鼓鼓的，可能是手銬，手槍是露在腰帶上。而後我把書閣上，把窗關上，順便對外邊迅速地掃了最後一瞥，兩位校警已不在窗下；抬頭看看窗上牆上掛的羅漢圖，深深地吸了一個氣才對他們說：

「**那就走吧！**」

那位寫提審狀的就開口：

**「那先生吩咐，不要帶手銬，請你不要亂動。」**

**「不會的。」**我說了後心內還帶一點慘然的笑意，對自己的潰敗，以此做了總結。由他帶頭，下樓梯，沿著走廊，走過餐廳，進入本館。已沒有人開房門，而後左折拐南館西邊的舊赤十字病院的老舊走廊。

宿舍沿路很靜，按平常二點一刻，考前應還有人看書。那位年輕的走在前面，我也靜靜地走完全程，以後宿舍有人不知是由何處窺看，傳說：**「他離開的時候，像一個英雄好漢。」**這句話委實對我是太沉重了些。不過總算是一件事，以這種平淡冷靜的方式演完，在我心內已經早有幾次彩排了，到了校門口看到一輛中型吉普車，卻是普通的赭色，不是傳說中，及五月廿八日夜看過的紅色吉普。

這時候那先生對我們一行告別，我就說：**「謝謝那先生，辛苦了。」**

然後車內還有一位，也說了差不多同樣的話。原來外面除了駕駛以外，另有一個看守守著先被捕的陳子元[149]兄。以後才知道他是農經系三年級，這是我們第一次見面，而後各人坐上去，車就開了。我就在陳子元兄的鄰位，雙面有位看守。那位東北先生坐助手席。





陳子元，嘉義人，與顏世鴻同日被捕，時為台大農經系三年級學生，被判刑10年。（取自／「綠島人權園區」新生訓導處展示區「青春・歲月」展區）

149—編按：陳子元，1927年生，嘉義人。台灣大學農學院農經系三年級學生時，涉「台灣省工委會學生工委會李水井等案」，1950年6月19日在台大宿舍被捕，被判10年。曾關押在刑警大隊、保密局北所（高砂鐵工廠）、新店軍法處、軍法處軍人監獄（今喜來登飯店）、綠島新生訓導處，新店軍人監獄。1960年6月20日出獄。

不帶手銬、不矇眼，這算是異數，傅校長對我的厚意。大概不是去保密局。看錶已經二點三十分，當天穿的藍與淺藍的小方格襯衫，草綠色的美軍褲子；陳子元兄穿的是黑色的日本學生裝。

這時台北車輛最少、行人最稀的時刻，車很快地就到了刑警總隊。在押房外，要在表格上填上私物，就在那裡，錶、腰帶都被收了。陳子元兄身邊約有三百元（最近問他，他說只有一百元左右，不知是他、是我記錯，五十六年了！），我連一毛錢也沒有。

我被帶上六號室，算是邊房。人很擠，算是初入這種場所，以後一直到後來聞到習慣的汗酸味，和人多含小大便殘留的氣味混合的特別滋味。一進去就是牢經的第一句，到「廁所邊」。這時候才知道被擺了一道，這種環境應該要帶不少東西，錢也不可少，內衣褲、洗刷用具要一些錢，還要草紙，早餐是自己打點。

對面有約莫六十歲的老紳士開口問我：「**哪裡來的？**」這一問難免，我用最簡單的話回答：「**醫學院**。」

當時只有台大、國防醫學院。國防醫學院外省人比較多。

「唔，二十天前吧，由南部也來了一位醫師。」

立刻知道五月三十日葉兄也在此房住過，我不能表示相識，只是緘默。這位可能不是真正的政治犯。

「什麼事情？」老人有此一問，心內實在不想說話，不過這也是一種牢規吧，總是要交代一下。

「我自己也不知道為了什麼，大概是為了自治會的事。」

自治會自四六以後就奉命解散，改為班代表。醫學院當時只有醫學系，牙醫、藥理等未成立，護理還是職校。去年三·二一的遊行抗議，權當代表來過這裡；一年多了，真快。我躺下來，只好把外褲捲摺起來當枕頭。毛巾、牙刷、草紙、內衣褲，再說吧。闔上眼，一直不能入眠。

當他們來敲門，一直到這六號房，算是相當冷靜。不能入眠的原因很多，太異常的氣味，太多的陌生人。而那不大亮的電燈，我還沒有在燈光之下就眠的經驗。大小便之處在身邊，不是舒服的經驗。更主要的是責怪自己大意的憤怒，一直責罵自己，區區為了兩粒粽子失去了平常的警覺。被捕之前，我找了一個廢棄小木屋，藏一個小雜囊中有舊衣服、內衣、球靴、一把海手刀、打火石，有個裝水的瓶，就此在無人知曉之處而腐化了吧。這一心內的內鬥，一直到知道韓戰爆發、美國第七艦隊竄入台灣海峽總算死心了。

生死之事，父親曾說我太無知。他入拘留所時比我大十一歲，而且我認為他對生長間的經驗一直沒有瞭解，不知中國官場的黑暗。泉州家在東門外，是一條往校場的路，常見行刑隊伍帶著五花大綁的死囚由前門經過。有一次火發叔讓我坐在雙肩去看了一次殺頭，頭落、血溢流，一大群北仔兵拿饅頭去沾鮮血，烤吃可壯膽。我差一點暈過去，兩天吃不下飯。以後還聽說這些土匪還要槍斃、活埋。對土匪一句，有一次父親漏了一句：「**不是土匪，是共產黨。**」

我還知道四．一二的「苦迭打」上海一地，不到一年死十萬人，另外如蘇聯一九三七年以後對同志的殺戮甚於對敵人，所以一直謹慎。父親被日本特高拘留，因為我知道父親的身分和任務，所以心內的感受比任何人都沉重。未滿十歲，可能對這一方面我是早熟的，外貌卻如是一個呆子。父親本人可能一直到一九六一年去世，還不知道我對他那一段知道

150—編按：簡文宣，台南人，涉省工委案，1951年1月22日被槍決於馬場町，24歲。

那麼多。父親不看生活雜誌，應不知楊虎城及濟州島。甚至我還知道上海撤退之前，龍華等單位如何處置「共產匪徒」。總之，如他後來歸於「命也」，是一切偶然累積，最後仍是走上這條路。

翌日意外地，素不相識的陳子元兄送來十元，是託當外役的簡文宣[150]兄送的。這六房的黃華昌[151]兄也給我五元。簡文宣兄在這裡很意外，四六事件他自新生南路逃掉，以後沒有消息，在此才聽說某日他到龜山第一期志願兵出身的黃啟賢[152]兄處，剛來了警察。簡兄是通緝犯，於是搜家，搜出步槍、手榴彈、整箱子彈。他們兩位被捕，硬軟都挨過，六月廿一日他們已當外役，沒有口供。但看一九五一年一月廿二日兩人槍決的判決書內，與王子英、張志忠、林元枝[153]等人有牽連，但龜山是以後有人自首才爆出龜山區委的事。簡文宣兄嘉義中學出身，考陸軍經理學校，光復歸來考工學院，當台大「自聯會」幹事；是逃亡後才由王子英介紹入黨。

刑總拘留所有許多歌，黃華昌兄第二天就教我這裡改編的日本歌曲〈メリケン波止場〉。改編的歌詞水準很高，心想是在此住過的高人的集體創作。不過私藏軍火也是死

151—編按：黃華昌，1926—2010年，新竹人。二戰末期，曾當過日本少年航空兵，228時曾援救嘉義民兵。之後涉「台灣省工委會學生工委會李水井等案」，1950年6月8日被捕，判刑10年。曾監禁在竹南分局、桃園警察局、刑警大隊、保密局、保密局北所（高砂鐵工廠）、新店軍人監獄、綠島新生訓導處，1960年6月16日出獄。著有《叛逆的天空：黃華昌回憶錄》。

152—編按：黃啟賢，新竹人，與簡文宣同案，1951年1月22日被槍決於馬場町時，26歲。

153—編按：林元枝，1909—1982年，出生於桃園縣蘆竹鄉的地方世家。終戰後任蘆竹鄉長，曾參與228，在清鄉逃亡時，誤飲山水得病；最後在親友的勸說、安排下，於1952年自新，但被以「自首不坦白」，關在綠島新生訓導處、生教所，直到1970年2月才出獄。

刑，反正一死是難逃。黃華昌兄以後還與我同案，而且同隊數年。他是飛機駕駛員（日本陸軍的陸上協力機），綠島的撐竿跳紀錄的保持人（算來是很長的笑話與回憶，免了）。

我心內一直等晚間的刑訊。因為父親曾經撐下去，林英傑[154]等人撐下去（這是以後的耳聞），我應該也可以撐下去。就精神層面，那時候是一生最結實的年代，純樸而且堅強。所以當時雖然已打了敗仗，自信可以承受這場刑求。每夜刑訊的慘叫聲，雖離此一段距離，仍歷歷可聽。

翌日江源茂[155]兄被捕，葉兄、老張、老朱的口供如何不知。廿四日下午我和江源茂、陳子元三人移送北所，手銬難免，但沒有矇眼。我們也許運氣不好，如遲一天下午，就可以知道韓戰的消息了。我們就可能推想美軍第七艦隊及第十三航空隊的出現。六月廿五日在台灣是「蔣家復活祭」，而對我們即正是烏雲布天，大難臨頭的開端。七月二日廖瑞發、李中志被槍決，兩位都是台北縣人。

攻守的情勢，台灣海峽如直線計算，平潭到淡水約一百浬，廈門到安平一百四十浬。舟山、黃浦江口更遠。如以平均艦齡算美式登陸艇包括ＬＳＴ，就是海平浪靜，時速五海

黃華昌（1926—2010年），與顏世鴻同案，被判刑10年。在綠島新生訓導處時，也曾與顏世鴻同隊數年；2004年出版《叛逆的天空：黃華昌回憶錄》。（提供／陳碧雲）

浬，在發動攻擊前廿四小時就得出發，總是要經過一大段白天。就假定傘兵先攻，一定要控制空權。空權等於是海權。如今第七艦隊、十三航空隊來了，蘇聯有原子彈卻無投擲的載器。有仿B29的轟炸機但數量少。當時的飛彈（一九五〇年六月）還無法攻美。所以如以史達林的性格絕對不敢向美國挑戰。

當然，如純以攻守之勢論，台灣易攻難守。當一個基地的威力大。但河川太多，易被個別隔絕；而且水田又多，不適大型坦克的行動。西岸自淡水到枋寮，有竹圍、八里、許厝、香山、後龍、通宵、梧棲、線西、和美、布袋、灣裡，還有東北的澳底都適於登陸。大甲、大安、大肚，濁水溪及下淡水溪的橋樑容易受破壞。嘉南平原五十多公里，裝甲兵種兩天的行程。在六月廿五日以前，五月中旬滿潮，日出時間五點十分左右，是個適當日期已過了；六月十六、十七日是第二次機會也過去了。

理由不光是吳石案，空軍、海軍，及登陸船集結是一個大問題。傘兵師有一個，但運用的輸送機及掩護的戰鬥機如沒把握；登陸部隊不能配合，只是徒然犧牲。

第一波除空降師外應有四師左右兵力配合，總兵力約除預備兵力外應投入二十至廿五個

**154**—林英傑，有書寫福建人，有人曾說他是霧峰林家，判決書註記籍貫是廣東。他與蔡孝乾、洪幼樵、張志忠來台；與謝雪紅、簡吉連絡。蔡孝乾介紹到陳福星任新豐農職為教員，1950年4月與許振庠等被捕，7月21日與許振庠、何顯、吳彬泉等被槍決在馬場町。

**155**—江源茂，法學院二年級，台南一中晚我一期。（編按：1929年生，台南人，與作者同案，1950年6月22日在法商學院學生宿舍被捕，被判刑10年。曾關台北市刑警隊看守所、保密局北所、保密局、軍法處、新店軍人監獄、綠島新生訓導處，1960年4月29日出獄。）

師。這些調動須要很多的參謀作業人員，但中共這種人員不足，就是蘇俄這種登陸部隊也只在千島列島用過一次。如留用日方人員，台灣也有「白團」[156]，等於日方人員的機關（這些都是假設在六月廿五日以前）。

當年共軍登陸金門，碰上剛好換防有近兩倍的兵力，而且留下大量的裝甲部隊，集中坦克到登陸地點，登陸部隊敗績。沒有載坦克車的登陸艇，及反戰車砲，等於一味挨打。

《白皮書》到底是美國國務院的真正見解，或者是一種誘敵的策略，目前仍無解。美國就算可以忍受北韓，也決不能失去台灣；失去台灣，美國的前哨就必需後退二千四百公里，到關島、塞班、提爾安三島上。台灣在日據時，除了正式的以外，連輔助性的機場六十處以上。日本攻菲律賓，自台灣的台南以南的機場發動，炸潰了B17以下的空軍，才能發動到爪哇、到澳洲東北部。七月以後台灣颱風多。台諺「二八好行舟」，要到國曆的九月中旬以後才再有機會；但還有一句「九月颱不知」，農曆的九月有走勢甚快而甚怪的強颱。

六月廿四日正想到林英傑在六室地板上留下七言絕句，心內想背誦起來，太晚下決心，

156—編按：白團，為台灣戰後時期協助國府的日軍顧問團，與1951年成立的美軍顧問團，及1963年成立的德國軍事顧問團，並列國府遷台後的三大外國軍事顧問團。

異動的消息來了。我沒有東西，就向黃華昌兄及眾人告別，這時才與江源茂兄相遇；我們只差一屆，應該見過，沒有一點印象。加上陳子元兄，三人帶手銬，就向北所出發了。沒有一絲明天會發生驚天動地事件的預感。

# 青島東路三號

## 柒、一九五〇年六月，延平北路北所問案

我們一路沒有矇眼，走上延平北路，在一家舊工廠模樣的門進去。紅漆已經剝落褪色成為很平凡的鐵門。它就是日據時代的高砂鐵工所，以後稱為「新高鐵工廠」，是辜顏碧霞[157]女士的資產，因與呂赫若[158]案有關而被沒收。因為人犯暴增，我們通稱的保密局「北所」；五月匆促動工，它以此名與舊日本台灣軍司令部看守所的南所分別。入所的手續大致和刑警總隊相同。

拘留所區是在工廠的東邊成一區，進去後向北一列由B4、B3、B2、B1編號，有條巷路，再來為A1、A2、A3、A4、A5。東邊一樣是B8、B7、B6、B5及A6、A7、A8、A9、

辜顏碧霞、呂赫若叛亂案的財產沒收公文。（資料來源／檔案管理局）

呂赫若（1914—1951年），原名呂石堆，以聲樂家和小說家聞名，代表作有《牛車》等，被譽為「台灣第一才子」。（取自／《呂赫若日記》，2004年12月，國家文學館籌備處）

A 10。我初進入B4房，陳子元兄去A 10房；江源茂兄當天就轉到南所。北所押房床板約離地面一尺，寬約一丈八，深約兩丈，高約由地面算起約八尺。是紅磚堆砌的，隔間只有一層磚，牆面連水泥粉刷也省了。押房最外面是木條，門寬約一公尺，一公尺半高。押房之間通路是土面，連磚也沒有，工程可見相當匆促。

B1和B2是關女性。每個房子約廿四、廿五人，比起南所人還多，但是這裡已經是天堂了。我進B4押房，內有幾位是山地工委案的，還有蘇友鵬兄，他旁邊可能是張建三[159]兄。一進去就問我這四十天外面的消息。大概我話說太多了，這房間有位外役在外面掃地，不到十分鐘，我馬上被「白面」（看守）[160]把我移到A2室，而且以嚴厲的臉色叫我：「不准亂說話」。說來也不能怪我。第一、來時沒有交代不能亂說話，第二、把我放到有熟人的地方。可惜早了一天，如是六月廿五日之後到北所，就更多的話要說了。

A2房沒有熟人，不過以後就知道同案就有兩位，洪天復[161]兄和孫進丁[162]兄，當然是初見面。我不知道裡面房裡人的構成，這一次就沉默了。有一位外省籍「初老」人，身邊有《紅樓夢》。他借我書，初次認真地看了一遍；少時看過《紅樓夢》，沒有興趣，也沒



157—辜顏碧霞，1914—2000年，台北三峽人，辜顯榮之子辜岳甫的太太。1950年3月，37歲，因資匪被判刑，財產沒收。辜濂松為其唯一兒子。

158—呂赫若，1914—1951年，台中潭子人，1934年畢業於台中師範，1935年發表〈牛車〉受矚目。光復後在建中、北一女教音樂，為台省工委會地下黨員，逃亡時在鹿窟遭毒蛇咬傷喪生。

159—編按：張建三，1931—1950，台中市人，涉「台灣省工委會台中武裝工作委員會施部生等案」，1950年11月7日，在馬場町被槍決。

160—這裡三位看守之一，都是軍官，可能是上尉或中尉。

161—編按：洪天復，1927年生，高雄人，與作者同案，任高雄稅捐處事務員時被捕，被判15年。

162—編按：孫進丁，1928年生，高雄人，與作者同案，1950年5月27日被捕，被判刑10年。

有買，這算是看第二次。他不久移到其他單位，連姓名也未向他請教（當時看守只叫囚號），後事不知道，似在綠島也未見過他。白面先生自此似對我印象不好。以後A1、A2改為集中移送軍法處人犯的押房，我就換到A10與陳子元兄一起。有一次管理人員開口罵：「你們兩個是最壞的。」

還有兩件事，順便一提。有一次大妹因校長特准，由訓導處轉送東西到保密局，我寫收據，一個牙刷的「刷」字寫不出，而且毛筆字實在太差，被奚落：「這也算台大醫學院四年級。」我的事情他倒很清楚。第二件是有位林君，平常愛說話，有一天開飯前被管理人員聽到了，要我們房間承認；僵持到別房開飯了，我們房間就是不開飯。心中知道可能不能罰不開飯，而一餐不吃也不會餓死人。不過事情鬧僵，總不是好事。頂多一個人挨幾下，事情就結了。林君初不承認，此時更難承認，所以我索性說：「我說的。」

大約管理人員知道不是我，雖我想讓他有台階下，他反而氣得臉色轉白底反青，叫我伸出手。我伸左手，他拾起門前木屐兇兇地打了十下，我不呻吟更使他發怒。

我的左手腫痛了十幾天，大家拿出萬金油，還換班給我摩擦。心知這時候冰敷最好——

洪天復，1927年生，高雄人，與作者同案，被判刑15年。（取自／《戰後台灣政治案件——學生工作委員會案史料彙編》）

孫進丁，1928年生，高雄人，與作者同案，被判刑10年。（取自／《戰後台灣政治案件——學生工作委員會案史料彙編》）

這裡魚刺可以做針；用奶粉罐頭蓋邊的白鐵，可以做出剃鬍刀片；倒是沒有辦法變出冰塊來。

除了這位白面外，另有兩位，臉稍黑，公事公辦不會找麻煩。再一位胖子，大概三十多歲，台中山地武裝工委案被圍那一晚他也出動，動作敏捷又能幹；軍階上尉，好和年輕人開玩笑；偶而曬太陽由他帶班，他會拿出香菸請客，很四海。他出差或休假就有一位高個平頭的來替代。

所以除了白面值班外，我們就每天聊天。最熱門的題目是「吃」。許省六[163]兄就是特具一格，坐在馬桶上，把右腳抬起來，放在左大腿上，雙手一直比一直畫，輔助他說話的內容。家鄉台南市舊稱府城，本來就是以小吃聞名全省。我在家甚少外食，反而比外地人知道的少。台北圓環、龍山寺、祖師廟、新竹城隍廟、台中大橋腳肉圓、高雄愛河邊海產，我都嚐過。五十多年前台南的小吃甚少用味精，現在可能不用的很少了。

進入A2房，大家可能很關心的「行情」，卻屬禁忌，避而不談。四月，蔡孝乾第二次在竹崎被捕後，常以只要「三個月感訓」來說服中級幹部交案；中級幹部因交案而真正救了

**163** —許省六，1922年生，基隆人，職業是畫廣告，涉基隆案，1950年5月15日被捕，被判10年。已過世。

一命，以我所知道的，似乎沒有。如一九四九年破案的基隆案，外省人早被判死刑；法學院不少台灣人判感訓。而一九四九年十月破案的高雄案，就在一九五〇年十一月十九日，判七人死刑，六名是台灣人。六月廿五日以後的情形大不同，鍾浩東[164]由內湖「新生總隊」移送軍法處；十月十四日，他與李蒼降、唐志堂被槍決。[165]我到A2房之前，吳石案判了死刑（六月十日被槍決），大家在六月九日加菜，三指半的五花肉一人一塊。但判決的情形也大致知道，而且吳石案許多軍官未經軍法局，據說剝了階級章就載走了。案中還留一位廿三歲的聶曦，陪吳石、陳寶倉和朱諶之三位。最近的雜誌有朱諶之在馬場町槍決之前的相片，所以當時對感訓三個月一說，似乎沒有人相信了。我沒有換洗的短褲，大妹送衣服來之前，涂龍西[166]兄還送我一件，還有人給了我一枝牙刷。

基隆中學高中第一屆畢業照（1948年6月28日）。前排左起：鄭溪北、李旺輝、方弢、鍾浩東校長、（姓名不詳）、（姓名不詳）、張國雄、（姓名不詳）、藍明谷。中排右2為王春長。（提供／王春長）

白面先生值班，就靜靜地下象棋。我也常下。象棋和圍棋是名副其實的快棋，象棋一局不到十五分鐘。一天發草紙三張，比現在的衛生紙小，稍厚，土色，由竹子造的那一種。贏一局草紙一張或早上稀飯的菜，花生一顆。早上發的花生平均七顆。曾有沒配菜的時代，這裡沒有如陳淵清[167]的角色，所以互有勝敗。我贏了掛帳，似乎有點本錢。八月下旬換房就沒有玩象棋了。有些人輸掉早上七顆花生，喝白稀飯。飯量不限，可以加飯，菜最多是冬瓜。軍法處看守所是玻璃菜[168]、豆芽。北所飯後，眾人還排成一列，在房內打橢圓形繞約二十分鐘，這一節目白面先生不干涉。每天一次倒馬桶的節目，由兩人帶馬桶去倒，還要沖洗，用細竹子紮成的刷子刷一刷。那位外省的老人未走前，借筆墨寫報告，我也借來在外衣、長褲寫下自己的名字、父親的名字和台南的地址。

這裡晚上睡得剛剛好，腳可以伸直，也不必人人側臥。南所曾經人擠到分三班睡覺，倚牆坐臥一班、坐睡一班、站的一班。看守兩小時換班，我們也換班。約四疊（榻榻米大小）牢房，多時擠了廿三人。五月十三日以後，人暴增才趕建這北所。能不能睡成，看各人造化，比以後軍法處看守所還擠。我在十號押房，最多時卅五人，就如沙丁魚罐頭般，





**164**—編按：鍾浩東，1915—1950年，高雄客家人，為作家鍾理和之弟。畢業於日本明治大學，富社會主義改革理想。1940年偕妻蔣碧玉（抗日志士蔣渭水的女兒）渡海到中國，加入抗日行列，卻被國民政府疑為「日諜」逮捕，入獄半年獲釋。後在廣東從事民運工作，目睹國民黨的腐敗，思想逐漸左傾。1946年回台，任基隆中學校長，並暗中發展左翼組織。1949年8月被捕，1950年8月22日以「基隆市工委會鍾浩東等案」判決，1950年10月14日被槍決。難友在青島東路軍法處獄中傳唱的〈幌馬車之歌〉是為鍾校長送別的歌曲。

**165**—編按：「基隆市工委會鍾浩東等案」三位被判死刑，鍾浩東、李蒼降（1924年生，台北人）、唐志堂（1925年生，台北人），於1950年10月14日被槍決於馬場町。

**166**—編按：涂龍西，新竹人。涉1950年「台灣省工委會鐵路部分組織李生財等案」，被判刑15年。

擠得滿滿的。

入北所翌日，六月廿五日上午十點半左右，白面先生來叫。同房的人早已有叮嚀，馬上會問口供，不是很重要的不必否認，反正我似乎是最後一尾網中的魚（當時大家如此想，但我知不少人正在逃亡，包括王子英、楊斌彥[169]、石玉峰等人。以後又聽到重整委員會、再重整委員會。他們的行情就比一九五〇年的我們還要重。）資料都有了，爭辯也無用。白面先生帶我到分為兩房的二樓。

其實高砂鐵工廠還沒有被沒收以前，石玉峰曾到這裡顧已停工的工廠，晚上就住在二樓。他是一九五二年一月被捕，一九五三年三月三日與吳東烈君、陳榮添君（兩位都是中學差一屆）被槍決。所以詳情是無法問了，而且連他是否來過這裡當白色過客也不得而知。陳榮添君借身分證給他，以致被用四條而判死刑，實在慘烈。

當時大家叫這個節目為開庭，其實只是問訊。有一位帶圓圓眼鏡，身材稍瘦，近四十歲穿香港衫的人坐在那裡；桌子上有文房用具及一落十行紙，左邊有一疊卷宗。一進去，他用廈門腔說：「**請坐**。」我就坐下來。就坐的規矩小學就教過，我是按規矩靜靜坐下，心

167—陳淵清，台北人，1951年2月26日被捕，時任瑞芳鎮猴洞國民學校教員，被判10年。當時已有初段、約二段實力，回去在瑞芳工作，患肝癌去世。

168—編按：即高麗菜。

169—楊斌彥，台大工學院支部幹事，5月13日逮捕時不在，逃亡後自新，以後轉入企業界。

內似乎平靜。

「請問貴姓？」我也用廈門腔問他。他回姓莊。以後他是以「莊西」聞名，以前是甚麼，我也不想去查，只知道以前可能是中共黨員；谷正文也提到他姓莊。蔡孝乾案，從頭由他問案、筆錄，甚至分析、追蹤。氣氛有些詭異，二樓無其他人。

「抽菸嗎？」桌上一包洋菸，倒忘了什麼牌子。我個性有許多怪處，不抽菸，但對各種牌子價錢很熟；好像與小汽車無緣，也對各種汽車的價錢有興趣。不但是美國菸、公賣局的，連一九四九年以前流行的豐原私菸也要打聽一下。牌子似乎很熟，似是駱駝牌。我坐下來，東邊（左邊）有家相當別緻的三層樓洋房。這時候由頂樓窗口，流洩出了貝多芬《第五號命運交響曲》的四連音。我心中怔了一下，又暗喜。

這個樓上，格局甚小，除這個房間外進去有個不大的臥房。聽了《命運》的四連音，心內一緊，我挺直腰。「謝謝，我不抽菸。」

父母的雙親都是阿芙蓉（鴉片）的犧牲者，父親因此自九歲被典賣三次，家散人亡，對「菸」已經痛絕。父親的短處也不少，不過向來不賭、不酒、不菸。可能是幼少時代，心

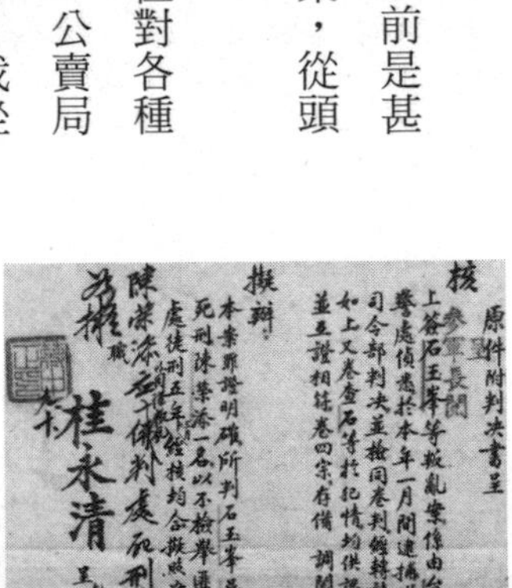
原件附判決書呈
核
上簽石玉峯等叛亂案係由台省保安處偵悉於本年一月間逮捕送保安司令部判決並檢同卷判錄請核示
如上又卷查石等於犯情均供認明確並互證相符卷四宗存備 調閱
謹註
擬辦
本案罪證明確所判石玉峯吳東烈死刑陳榮添一名以不檢舉匪諜罪處徒刑五年經核均合擬准
桂永清

石玉峰案中，陳榮添原判刑5年，上簽呈至蔣介石，蔣以「陳榮添以同證叛亂應一併判處死刑」。（資料來源／檔案管理局）

內所受創傷的慘痛記憶，使他視之如仇敵。以他過目不忘的犀利，一生奮鬥，依然落到他自認為「人生的敗部」。累次因沒有受正規教育而遭歧視、奚落，由此一心理打擊而起的代償作用，要我唸那與我最不對胃口的醫學院，他大概不知道就此毀了好學的我一生的軌道。而此時正在「命運」之門前，《第五》的四連音，一直在耳邊起落。

莊西好似辦公事一般，由卷宗抽出葉兄和楊廷椅的口供部分，放在我前面，往前一推：

「看一看。」

當時速讀一小時十萬字，普通五分鐘可以看那兩份五、六千字口供。但這是對我很重要的文件，我小心看；但沒有細讀全部，只看自己有關的部分，現在心中很遺憾。當時心內可能也煩，只想知道自己不能不承認的部分。不過楊廷椅由廖瑞發介紹，葉兄由劉沼光介紹入黨是看到了。不是我沒有鬥志，但在這種場面，鬥志是無用武之地。這時候，《第五交響曲》第一樂章剛剛結束。

莊西一雙眼眸在我看兩份口供時，一直盯在我的眉間，我內心有點不舒服。看完了把口供還給他，也無意去避開他的凝視。他似乎對我看得快有些意外。我的速讀，無師自通，是小學向人家借書，老是被限制時間，一半被逼出來的。速讀好處少，我的一生可能受害比受益多。「有什麼意見？」

我心內想以退為進：「大致沒有，有一點小錯。我的宣誓是一月廿三日。不是二月上旬。」

「哦——那是當然。當事人記得清楚。楊廷椅沒有交代什麼工作嗎？」這一點我不必傷腦筋。

「楊廷椅，這名我不認識。不過以他的口供，可能是自稱『老朱』的那一位吧。」

「對、對，就是那『老朱』。」

「簡單說起來是沒有，我們只見了兩次面。見面第一句話是自二月所有黨員都停止工作。這個你應該比我更清楚的。我只有聽他聊天，他談了台灣農林問題，尤其對台灣農產他似乎很熟。」

我說到這裡是百分之百真話，只是不必說的不說。當時我已看過蔡孝乾被捕後的相片、談話及廣播。當時決定停止工作的是徐懋德還是陳福星，到現在仍然不知。但是二月十一

楊廷椅（1926—1950年）。（取自／《戰後台灣政治案件——學生工作委員會案史料彙編》）

日《中華日報》登的「鄭啟順」的啟事，當時徐懋德先生反對，所以二月廿一日他仍在台灣，以後才離開台灣的。徐先生也就是當時我們常聽說的「外省李」。這停止工作的命令還包括：就是中共對台作戰，也不參加。這一點我就沒有對莊西說。

「那你應該知道他們兩個人已被捕了。」

「老朱是想當然耳。葉盛吉於五月廿九日被捕。三十日他們單位出差到瑞芳，三十日夜宿台大宿舍，他吃晚飯時說的，宿舍的人就知道了。」半實半假。

「劉漢湖和林恩魁，你認識嗎？」

「和他們有什麼關係嗎？」這部分我可能看漏了。

「你認識嗎？」他似乎有些不耐煩了。

「都是點頭之交而已。林恩魁已經畢業了，可能回到南部。平常沒有談話，他也不住宿舍。劉漢湖似乎自六月十五日畢業考就不見了。」

其實劉漢湖兄畢業考沒有參加，因為五月三十日葉兄被捕，他就不見了；而且這消息是我在新東館東南角的廁所遇到他時，告訴他的。

林恩魁攝於綠島新生訓導處北邊海濱，後方為三峰岩，新生訓導處設有照相部，前後期攝影公差：歐陽文、陳孟和。許多理著光頭的「新生」在海邊留影寄回家中報平安。（提供／林恩魁）

「有沒有很好的朋友？」回答的台詞是準備好了。

「宿舍的人都可以算是朋友。不過沒有深交的。這種年代，我不想去連累別人。等距離的交友，如套句中國老話，也可以說是『君子之交，淡如水』。」不知不覺，我也用廈門腔和他交談，他對此也似不以為奇。

「好個君子之交淡如水，那麼為什麼不自首呢？」

我想問題已立刻來到這一次談話的重點了，也不能擱下太多的時間，反正是福不是禍，是禍逃不掉。只好單刀直入，可能過於直話直說。

「葉盛吉沒有被捕時我考慮過。我一直等他回到台北，準備和他商量這個問題，他應該五月三十日或卅一日來台北。現在他被捕，我就沒有這個機會了。」

「那又是為了什麼？」他緊追不放。

「怕我到時候說的與他有出入，對他有影響。」這個顧慮半真半假，反正這個題一定會考，真如馬謖《失空斬》的唸詞：「哪怕小小的街亭。」我實在準備得太鬆弛，漏洞太多，他一聽就知道我的含意是什麼。

「那為什麼不逃？」以後才知道人家說他也是中共黨員，被捕後轉到這一途，如谷正文，當然對馬恩的思維系統是內行的。要在國民黨，或前藍衣社、軍統中去找，就稀有了。他這個老手，就看準問題的核心，駸駸[170]而來。

「這個很簡單，你們去抓我的父親，家裡的生活就慘了。反正無論逃到什麼地方，知情不報，包庇一大堆罪名；我又何必去拖累人家，己所不欲，勿施於人。」他眼神如刀，向我一掃，我淺笑而不語。

「不錯，這就是『無產階級意識形態』。」他給我挑了一個也算是光榮的帽子。我只好接受這個挑戰。他把眼睛移到十行紙上，迅速寫下毛筆字，我只說了一句：「你說笑了。」

這時候對面的《第五交響曲》已進入第三樂章，莊西的錶已近十一點。後來看書得知，就是上午十一點正，北韓向南韓宣戰。內戰用宣戰也是初聞，不過實際上雙方在戰爭狀態已近兩年，也許這是韓國人的作風。中國自一九二七年打了那麼久，沒有經過這麼鄭重而難改的手續。八月下旬吧，台南市工委案到了南所，我們也一直不知道這個消息。他們

170—編按：「駸駸」原來是形容馬跑得很快的樣子。也用來比喻時間過得很快。

訊問筆錄

顏世鴻，廿三歲，台南市人，現係國立台灣大學醫學院四年級學生，住台南市西門路二百三十七號。

問：你的家庭情形如何

答：家有父顏興，（自營光華醫院于台南市本宅）母張氏，本人未婚，弟世任，妹一秀，一芳，一清，一蓉。

原件模糊不清

問：你于何時何地經何人介紹加入共產黨

答：我是于卅九年一月廿三日在台北市由葉盛吉介紹加入共產黨。

問：你加入共黨後活動情形如何

答：我加入共黨後，祇受葉盛吉之領導，至卅九年三月改由一姓朱者來連絡，五月初八日曾見過他一次，約好五月廿九日再會晤，但我到約定地点去見他，迄今未再見到。這幾月來，因入黨時間不久，僅有群眾性工作，尚未吸收黨員，更因在政府不斷肅清後，台灣已無法工作，應停止活動，所以無發展。

問：你所知共黨有何人

答：除上述的葉盛吉及朱某二人外，尚有一姓張的，是我入黨時的監誓人，但真姓名不明。

問：以上所供是否確實

答：是確實的。

右筆錄經受訊人當場閱讀認為無訛

並簽名捺指印　受訊人　顏世鴻

原件模糊不清

中華民國三十九年六月二十五日

顏世鴻在保密局的訊問筆錄，筆錄最後有顏世鴻蓋的手印。（取自／《戰後台灣政治案件——學生工作委員會案史料彙編》）

被隔離、封鎖了消息。就在那時候《命運交響曲》的音樂也正結束。莊西手停下來，「**好了，你看一看。有沒有要改的地方，然後寫下你的姓名，再蓋手印。**」

沒有印章而蓋手印，這是很高段的。用右大拇指的手印，比印章管用而科學。我也只簡單地看了一下，毛筆字不是正楷，整齊而且沒有難字；既然已經使他心內不舒服，再動也麻煩。簽了自己的姓名，覺得毛筆字寫得太差，好似打了兩次敗仗。我默默站起來，把椅子復位，而後不回頭一直走下階梯。白面先生不在，另位看守等著，帶我回到押房區，交給白面先生。大家也不問情況。大致上我是遵守他們的吩咐，每個人在進行審訊有異同。我與莊西的來往問答，也許各人觀點不同；不過我覺得他正忙著自去年八月《光明報》發生以後，忙了快一年的工作，想趕快做一個段落了結；而我這三等貨色，並不值得他重視。

回想一下，沒有連累到別人；也許說得似乎太坦白，惹來一句「無產階級意識形態」，成績不算好。只能說「心中太亂，不知所措」。但四．一二事件發生時，趙世炎、羅亦農也是二十多歲，一言不慎就是殺身之禍。當時還有點浪漫，心想能聽一曲《第五交響曲》，真是難得的。

大家常提一種如族譜那麼長的圖表，而且可能比族譜還詳細的組織系統表，我倒沒有機會看到，甚是遺憾。其實如我看到的那兩份自白書或口供，頂多再加一份「老張」的陳水木的，就全齊了。所以他沒有讓我看那「族譜」，他心內的我的身價，不過是如此。也或許我那時候曲意裝老實，沒有半句所謂「爭辯」，所以他不需要讓我看。前前後後只有白面先生與軍法官認為我壞。這位廈門人的莊西先生，聽說以後因大腸癌而死；無法確定，倒不是我有意造謠。

北所上面也說，因為南所人滿為患，匆促地趕建出來的。辜顏碧霞女士是由呂赫若的案而來。呂赫若自日據時代被稱為台灣的才子。他當時逃亡，可能去鹿窟；以後一九五二年十二月鹿窟破案，才知道他在鹿窟坑內被毒蛇咬而死亡。北所就是辜顏碧霞的財產，命運有時候會作怪，她本身也關到裡面，也去綠島。

當時許強先生在A4房，洗臉時會由我們房前經過。我叫了一聲「許強先生」，他怔了一下回頭，翌日他就認出我了。大三時，我們班上連我三位沒有留頭髮，是許先生勸我們留的，他說：明年去婦科實習，產婦忌看和尚頭。第二，我的十二指腸潰瘍是他診斷的，本來出血三次，一九五〇年六月要開刀，五月十三日後自然取消了。還有一件，知道我最害羞。

八月中旬起我異動到A10，與陳子元、吳瑞爐[171]兄同房。A1與A2兩室成為各案移送軍法處看守所以前的集中之處。八月底，我們就移動到A2，南所來的在A1。八月底的一個上午，我們全案合照一張團體照。我和黃采薇小姐銬在一起，蹲在前列。我才知道，四名省委和朱諶之女士照的相，眼睛怪怪的原因，是太久沒有在陽光直照下，有點忌光。那一張相片，可能到處展示；不過到今天，我尚無緣見到。當時甚麼事也不知道，只知道要去軍法處。

A1與A2有些小洞，不是白面先生的班時，不少人會利用那些洞通話。我也聽過葉兄說了幾句話，有些人說了無數次。與葉

被捕前夕，許強在台大校園留影。（提供／許須美）

兄在倒馬桶時見過一次面；以後九月四日開庭，是最後一次見面。其實早上洗臉放房的時候，葉兄不爭先，在後面，而且差不多最先回房，所以每天都見到面。移動集中，大體和以後判決的順序同。我們是在台北案的後面，但判決只相差一天。

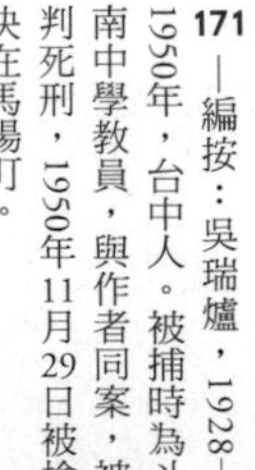

吳瑞爐（1928—1950年）。（取自／《戰後台灣政治案件——學生工作委員會案史料彙編》）

171 —編按：吳瑞爐，1928—1950年，台中人。被捕時為斗南中學教員，與作者同案，被判死刑，1950年11月29日被槍決在馬場町。

青島東路三號

# 捌、一九五〇年九月，青島東路三號軍法處判刑

入秋應是八月八日左右，台灣的秋天來得慢；近來過了入冬，近小雪最高溫還高達三十度，照理說還是夏天。日本統治的年代，日本人稱台灣為「常夏之島」。一九五〇年九月二日，台北市倒是早晚有些涼意。一九五〇年以前，一九六四年以後，我也在台北過了幾個夏天；如註冊早，九月初由台南到台北，就感覺到一分涼意，有時候還有一些冷意。

在A2房，我們心裡也有數，大概快要起解[172]了。南所來的人在A1，李水井、楊廷椅、陳水木、陳金目、賴裕傳、王超倫、葉盛吉同房，前三位學委，後四位支部書記，都在

中央日報
中華民國三十九年九月二十八日

潛臺共匪組織瓦解
自首者四三六八人
國防部政治部昨宣佈辦理經過

共產匪黨中央政治局臺灣地區地工組織負責人
洪國式聲明
脫離中國共產黨

自首
潛匪
統計

中央日報（1950年9月28日）登載「潛台共匪組織瓦解」、「洪國式聲明脫離中國共產黨」。（翻攝／曹欽榮）

同房。所以分明他們已不在乎什麼套口供，換句話說，到青島東路軍法處看守所不過是換個衙門，依《懲治叛亂條例》來合法處理這些人而已；而且大法官的解釋，這一條例無時限，可以追訴到童年（所謂紅小鬼年代）。

蔡孝乾當時也許相信（什麼程度就難說），可能以感訓處理。因為四月被捕以前，基隆中學校長鍾浩東還在內湖。而且洪幼樵記性好，每個支部多少人都記住了，因此害慘了那些中下幹部。

陳福星[173]手下的重整部分，有中下幹部被捕後准予自新的例子。這些都是隨當時的政策而變動。蔡與洪都活下來了。而後約三千人當燔祭[174]的犧牲者，近萬人判刑、感訓。關最久的如張少帥[175]等特殊例不算，蔡案有林書揚[176]、李金木[177]兩位是被關卅四年七個月，連蔡某本人也不能活到他們回台灣的日子。不能怪保密局不守約，這是口頭上的往來，而且做了敗將還有什麼可談。所以張志忠、林英傑等人放棄了這生存，寧願選擇死亡。

這筆爛帳也實在爛透了。在大陸早期，沒有完整的戶口制度。一九五〇年，來台的軍隊也沒有戶口，那種人的消失根本不要死亡證明，這些人有的只是消失、有的是用「戰地軍

172—編按：起解是押犯人上路的意思。

173—編按：陳福星，台南人，又稱「老洪」，擔任省委書記。蔡孝乾被捕後，陳福星設法與中共取得聯繫，1950年5月，奉命重整台共省委組織，1951年4月26日被捕，後辦理自新。（資料來源：《歷年辦理匪案彙編》第二輯，204—225頁，李敖審定，國家安全局印。）

174—編按：燔祭是舊約聖經裡提到的第一種祭物，需將獻上的整隻祭牲在祭壇上完全燒成灰。

175—即張學良，被蔣介石軟禁約50年。

176—編按：林書揚，1926年2月7日生，台南人。1950年5月31日因「台灣省工委會台南縣麻豆支部謝瑞仁等案」被捕，被判無期徒刑。直到1984年12月17日出獄。

177—編按：李金木，1927年4月9日生，台南人。因「台灣省工委會台南縣麻豆支部謝瑞仁等案」被捕，被判無期徒刑。

法」處決。有時候生死之分實在是一種偶然的機緣。三舅張邦傑說，抗戰初期在漳州被捕差一點要槍決，劉戡的電令到了，救了一命，而且釋放了。而這一九四九年五月之後長達卅八年的《戒嚴令》，使數萬非軍人要受《軍法》、《臨時條例》審判，連無知而偷了軍用電線而判死刑的我也看過，不光是叛亂罪、貪汙、妨害國幣，竊盜贓物、煙毒、刀械都包含在內。

不過九月二日我們進到看守所押房，倒是所謂「叛亂」犯占絕大多數。

一個分水嶺當然是一九五〇年六月廿五日的朝鮮戰爭。其實小規模的內戰已經打久了，這是美國正在等待北韓全面「南侵」（實在這初期說「侵」並不適當，應是「南攻」），六月廿七日杜魯門迅速決定參戰，於是我們的命運也定下來了。

廖瑞發、李中志於七月二日便被槍決於馬場町；而且許多案如高雄案等早在一九四九年十月已破案，但在六月廿五日以前都沒有動靜；所以我認為六月廿五日是關鍵日期。

還有一事，當時我們仍多少知道朝鮮戰爭。七、八月起台北上空常飛噴射機（似是F80），心內一直做種種解說，可能是美國的軍援，或者美國派來駐在台灣。當時南韓的人

廖瑞發（1910—1950年），涉1950年「台灣青年會案」，1950年7月2日上午5時被槍決於馬場町。（提供／廖至平）

葉雪淳（1930—2011年），新竹人，與作者同案，被判刑15年，2011年過世。（攝影／曹欽榮）

口比北韓多一倍，兵力也應有一倍。但沒有消息來源可以知道，三師多的中共朝鮮族人已參加到北韓。這是入看守所的押房，對我們最重大的消息。起初北韓兵力少，南韓的李承晚一直喊北伐。一九四九年七月中共的一六六師回北韓，成為人民軍第六師，在甕津半島對南韓軍完勝；[178]可能才使北韓的金日成在一九四九年八月正式產生統一韓國的想法。因為一九四九年七月李承晚的南韓軍力有六萬；由舊日本軍退伍的約有十五到二十萬。一九四九年二月八日李承晚向美國陸軍部長保證六星期內可以動員十萬人。[179]七月間國防部長申性模還說命令一下，一個月之內可攻至平壤及元山。[180]所以六月以前是南韓的優勢，我如慢幾天去北所，對我來說，可能想法大大不同。

到了軍法處看守所，就照名單入押房。我是與由南所來的葉雪淳[181]兄銬在一起，在此也是入十號押房。葉雪淳兄的父親葉秋松先生剛好站在外面，看到我們下車，翌日就送小菜來。十號押房是A區最靠北、最靠走廊的好房間。江源茂兄與陳子元兄分別在九號押房。天氣已有些秋涼，這裡人多，實感溫度可能比外面高三到四度。房中是汗的酸味和鉛重的空氣，但只有一部通風機，根本無法應付七百人的空氣。我與葉雪淳兄成為這裡的第卅

178—朱建榮著，岩波現代文庫《毛澤東の朝鮮戰爭》第一刷，2004年7月，45—46頁。

179—同注178，第44頁。

180—同注178，第46頁。

181—編按：葉雪淳，1930—2011年，新竹人。1950年6月被捕時，為台灣大學理學院地質系二年級學生，與作者同案，被判刑15年。已過世。

三及第卅四名住客。我就住馬桶邊，讓葉兄住右邊。估量一下東西向不到七公尺，南北向沒有三公尺半，而且靠通道這邊有五十公分平方的馬桶區。沒有馬桶那邊睡十八個，有馬桶這邊睡十六個人。因為南北不到三公尺半，兩邊睡的人的腳要有些地方相疊。每一個人的寬度不到四十公分，所以要平躺是不可能。各人以自己的衣物等，用一條袍袱包起來，剛合自己的寬度，每個人住的空間就是以此寬度到中線為止。不過我住六十一天，期間沒有人為此爭吵過。想不到這裡最老資格的牢頭是林書揚兄，也是唯一認識的人。他很少說話，也不管這種牢房的事務。

兩樣舊的事情要交代。這裡是以前台灣軍司令部、經理部的倉庫，是二樓房屋，青島東路三號，就是以後的喜來登飯店。我在一三八六部隊時當公差來過一次，從林口機場來，為了特攻隊隊員多要一些東西被拒絕。

第二，前面說過林書揚先生我認識，中學早我一屆。他是莊孟侯先生的小舅子，而莊先生的大公子兆樞兄與他同年齡（也許差一歲）。兆樞兄有信就託我帶，書揚兄少託信，我們的關係只是如此。自小的習慣是不問人家私事，即是父親很熟的朋友，父親亦向來不准我問東問西；不過也因為這一原因，省掉許多麻煩。

外面的初秋，抛入這空間，頓時變成酷暑。第一，沒有風，風力可減低實感溫度。這可能為「第二層地獄」。這裡倉庫約有五千平方公尺，樓上、樓下各二千五百平方公尺。樓下A、B兩區當時可能近一千四百人，二樓部分是女性及一部分屬軍法局的優待房——只是空間的優待。到達這裡，當天是一九五〇年九月二日。

一九五〇年九月二日，南韓的戰場上，北韓的攻勢下只剩下圍攻釜山的一角。北韓兵力與由美國為首的聯軍，雙方大約相等；但北韓空軍已經近於沒有了。補給線的伸延，美軍的火力，還有空軍及第七艦隊的支援，則成幾何級數的增強，外行人也知道只能保持一個僵局。而美軍在日本尚有兩個師以上，北韓致命的缺點是補給線拉長，由大陸來的朝鮮族組成的三個師，其損失無法補充，戰車等重大武器的損失也是如此。相反地南韓已由二個多月的戰事得到不少經驗。

其實大家不說出，心內已經有一抹陰影。這次是美軍誘使北韓南進，馬上決定援韓，甚至以第七艦隊隔絕台灣海峽（其實蔣介石仍累次派軍突擊自浙江到廣東海岸的島嶼），等

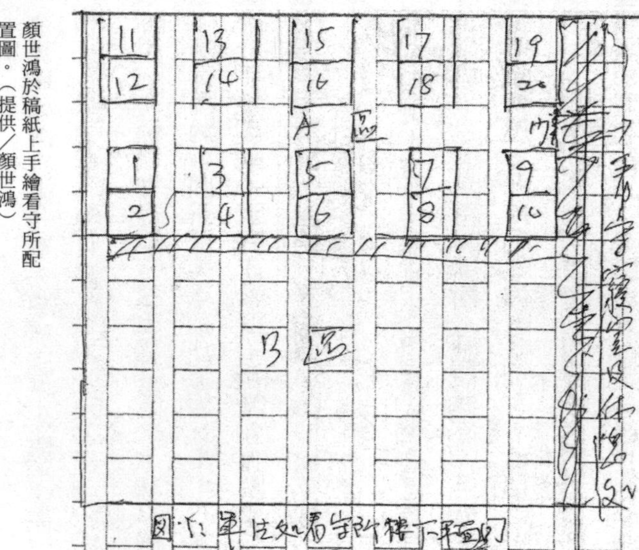


顏世鴻於稿紙上手繪看守所配置圖。（提供／顏世鴻）



182—潘鋕甲，江蘇人，聽說18歲聖約翰大學畢業。1950年因「台糖公司沈鎮南等案」，也被感訓。歸台後仍被重用。李國鼎等成立行政院經濟安全委員會時，他任非專任委員，擔任財經組組長，尹仲容為召集人，1958年8月解散後不詳。參考《台灣歷史辭典》。

183—張志良，1924年生，江蘇人。政大出身，外交官，受陸效文案牽連，被判刑8年，曾到綠島新生訓導處。歸台後，開補習班，後辦學轉教育界。

184—劉嘉憲，1931—1950年，台中人。施部生案，19歲，被判死刑，1950年11月7日被槍決在馬場町。哥哥也在另案判死刑（編按：劉嘉武，國小校長，1951年1月30日被槍決）。

於是解決了美國自一九四九年十一月發表《白皮書》以來，爭端甚多、為一批人忐忑不安的難題。而在此情況下我們只會更慘。

看守所樓下的情形已經說明了，畫一個平面圖做參考。

我睡馬桶邊。在北所以後到安坑，馬桶都是新的。看守所的馬桶是老貨，而且不大。去綠島後常常挑糞桶，都比這馬桶稍大，裝滿一桶可能四十五公斤左右。這馬桶頂多裝到卅五公斤左右。在這裡，家裡可以送菜；動物蛋白一多，味道不似北所單純。偶而有人吃壞了肚子，可就熱鬧。而且也可以想像一家卅四人，大小便只用一處，就可能如何。當時室內酷熱，大家幾乎是一條短褲。潘銡甲[182]先生、張志良[183]先生當時是否有穿已經不記得。劉嘉憲[184]君，睡覺時連內褲也不穿。當時大家都還當孩子看待。

大家流汗多，通常水分又不大夠（洗臉時偷帶一杯自來水），兩餐各一碗菜湯，對外就是分一次開水一杯。尿量少，所以一直到十一月一日我離開這裡，未曾發生「報告！馬桶滿了」的狀況。

九月二日到此地，九月三日由李水井、楊廷椅、陳水木等開始開庭，一次大約三人。九

張志良，1924年生，江蘇人，涉1951年「陸效文案」，被判刑8年。（取自／「綠島人權園區」新生訓導處展示區「青春・歲月」展區）

月四日，就由葉盛吉、我和葉雪淳三人開始。九月五日四十五人輪完，而後九月六日再問李、楊、陳三位學委一次，時間可能就長一點。

九月四日早上約九點以前，我們到庭。法官一位、書記官一位、翻譯一位。我們這一群人能說比較準的普通話的不多。如我是聽得懂，但說出來不達意，就用閩南語。這樣前後不到三十分鐘。三十分鐘不算短，四十五個人就得廿二小時半，大約一天要問八小時。從開庭到判決，我們的案不到四個月。我講的話可能不到十分鐘，大部分的人都是如此。

一九五〇年軍法官是判官兼起訴人，沒有律師辯護，當然也沒有起訴書。以後吳三連的公子（吳逸民）的案就有律師，也有起訴書。哪一天早上來叫你開庭就是去馬場町，沒有抗訴。

以前是判了死刑，帶手銬、腳鐐，關在死囚房，但可以不服上訴，不過改變命運的機會不多。

聽了一個故事，某案有位喊「法官冤枉」，法官讓他們回押房，但還是當天再重判一次仍是到馬場町。有判五年不服上訴，改十年，再上訴又改十五年，又再上訴改無期；他倒

185—編按：楊松齡，台中人。1950年5月24日被捕。1950年9月7日，涉「台北市工作委員會郭琇琮等案」被判決12年，1953年10月26日改判死刑，1954年2月26日被槍決。

186—編按：林茂雄，1922—1954年，台中人，涉「外圍組織『台灣民主革命聯盟』林茂雄等案」，於1954年2月26日被槍決。

187—編按：廖金照，1913年生，台中人，涉「台中地區工委會張伯哲等人案」，1950年4月20日被捕，時任瑞穗國民學校教員。被判刑12年。1956年於綠島新生訓導處服刑中，送回台北，又被以「台盟廖金照等案」改判死刑，於1958年5月9日被槍決。

188—編按：兩處監獄再叛亂案，前後槍決29人。

自知收斂，不敢再上訴。

李敖的書上寫，台北案的楊松齡[185]是寫十一月廿八日死刑，這是錯的。他初判十二年，我同他在綠島新生訓導處五隊，以後可能在一九五三年重回台北；一九五四年二月廿六日，他和另一位林茂雄[186]被槍決。這種情形也有其他例子。如廖金照[187]先生初在張伯哲案判十二年徒刑，五年後在廖學銳案被判死刑。這些人不是屬於以後的吳聲達案、馬時彥案等由於綠島及軍監兩個再叛亂案[188]的事情，而是由於未交代的、新的案情發生。是否一罪兩判，我是外行，還是不要亂說。

一直到九月三十日前沒有什麼動靜。九月三十日麻豆案判決，早上出早庭的謝瑞仁、蔡國禮兩

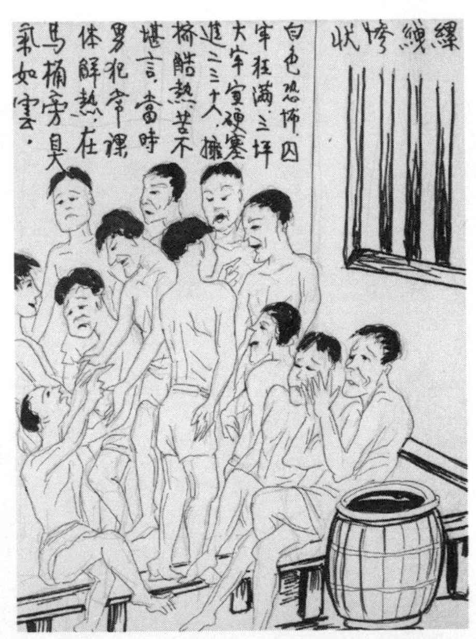


羈押政治犯的牢房，空間極小，擠滿二、三十人，封閉空間，空氣不流通，馬桶屎尿，薰臭一室。此幅為受難者歐陽劍華（1928—2011年）依據記憶所繪情景。（提供／張常美）

位醫師和張木火老師三位死刑。上午剩下來的判決，無期徒刑九名：孫清誥、李國民、林書揚、鍾益、陳水泉、黃阿華、王金輝、李金木、蔡榮守。十五年六名，十二年七名，十年五名，還有徒刑一年五名。這是一種新行情出現。麻豆案的人數，應是一個總支部，判決書上是麻豆支部，而且此案是屬曾文警察分局本身破案。林書揚兄判決後拿著判決書，表情似乎沒有以前的那份緊繃，微有笑意。

翌日十月一日是俗稱洪國式案，檔案是劉全禮案。劉全禮、郭秉衡等九名，包括了四條起訴的江德興博士。郭秉衡穿著西裝，還說了一句：「今天天氣還不錯。」是在九號押房前，我看得到。洪國式本人以後在綠島教我們希臘哲學，以後還是被殺。全案也可算十位。

十月二日是宜蘭案，死刑是盧盛泉、馮錦煇兩位，支部書記還判十年。由這三日的判決，行情有些模糊。但十月十一日郵電案是計梅真、錢靜芝[189]兩位女士，判決書是個總支部。蔡孝乾於一月卅一日被捕，二月五日計梅真就被捕，二月七日錢靜芝被捕。相傳刑打三天大概就是一個平均數。許多納粹人都準備青酸鈉或青酸鉀，因為他們做刑求別人的工

189 —編按：計梅真、錢靜芝均為江蘇人，涉1950年「台灣省工委會郵電總支部計梅真案」，兩人1950年10月11日被槍決於馬場町。

190 —編按：指1950年8月31日判決的「台灣省工委會鐵路部分組織李生財等案」。此案有25人遭到判刑，涉案人員幾乎全為鐵路局員工。其中李生財（1928年生，台北市人，時任台灣省鐵路局管理局主計處檢查課貨運股事務員）、張添丁（1928年生，台北市人，時任台灣省鐵路局台北機廠車匠）、林德旺（1923年生，台北市人，時任台灣省鐵路局管理局台北機務段司機）、許欽宗（1922年生，台北人，時任台灣省鐵路局管理局台北機務段司機）及朱永祥（1929年生，台北人，時任台灣省鐵路局主計處檢查課司事）等5人，1950年10月21日被槍決於馬場町。其餘楊進豐、洪金木、蘇九、吳海瑞、郭兆慶、陳鏗、楊清順、賴子煥、蔡漢清、林向榮、陳健通、蕭成金、陳景通、林鏡明、林琳養、鄭添枝、涂龍西、王康旼、林明木、林傑鋼等20人，均被判刑15年。

作久了，知道平凡人可以忍受的界限。接下來鐵路案，四位支部書記再加一位朱永祥，這一案其他一律十五年。[190]這一案判決了以後，大家對自己的行情也大致心內有數了。我這條小魚也慎重其事寫下了六百字左右的遺書，以後還改了一次，變成八百字左右。

先說這裡的早點名與晚點名。早點名是最外面的鐵門未開，來叫「早庭」，也就是要被槍決的人。「×××**東西拿出來**。」通常看守就這麼叫。晚點名是有兩種，一種是業務性的，大概是一星期到十天一次。速度很快，好像是打機關槍。我知道名字在葉雪淳之後，他答了，就準備答。他的國語比我標準，我的聽力又差，才想出這辦法。

顏世鴻仍保存著1950年於看守所獄中所寫的「遺書」，圖為「遺書」信封正反面。（翻攝／曹欽榮）

另有一種晚點名是有些案件（人數多一些），偶而抬頭核對一下，點名完了以後各房就互通消息。初來默默地聽，就知道某案已判決，而要赴早庭可能是哪幾個人。因為看守長有一個習慣，到了那案的人要頓一頓，而且有時要抬頭瞄一下。這一瞄也不能肯定是要去赴早庭，可能率是八成左右。他點名時總是人朝北，我們看不到他的點名簿，八號押房的人會小心窺看。傳說而已，那上面據說有兩種記號。

軍法處看守所的開飯是一日兩餐，大概當時軍隊的情況也是如此。抗戰時有些部隊還是二餐，日本人在戰國時代[191]以前也是兩餐。當時物價雖經一九四九年六月十五日改新台幣以後比較安定，當時台灣人的GDP只有美國的三十分之一。[192]

兩餐如習慣了也無所謂。飯量無限制，菜是無魚無肉，每天差不多是玻璃菜（高麗菜）之類煮成一大桶，每人一碗，六百 c.c.以上的大碗。當時軍隊和苦一些的老百姓也是如此。當時不准接見，判決以後到軍監才准（我們在新店看守所判決了以後也准接見）。不過家裡可以送東西，包括小菜、衣服、書籍、日用品及藥品，但還要經過檢查。

開飯是採取小組式。家裡送來小菜的人，加上沒有的人，分組進餐。遇到送了大批的時

191 —戰國時代，這裡是指日本戰國時代。室町幕府失去政治權力，復自1467年應仁之亂後，到織田信長打遍天下，統一日本基礎之間（信長1582年死於本能寺）諸地武將爭霸的一百餘年。

192 —1964年我回台北再唸書每月用450元，大約當時的11元美金。以後台灣還一度緊追日本，美金一度貶到25元以下。

候，如雪淳兄有一次家裡送一大鍋的炒麵及大盒月餅，就全房的人各有一份。先分各組，再分到各人。這裡只提十號押房，其他可能也是如此。

大妹大考時遇到我發生事情，考得不好，由化學系轉到心理系第一屆。當時小菜仍由雪淳兄家送來，父親每月付兩百元給葉秋松先生，是以後才聽到的。那時母親剛被酒精爐的火，燙傷近全身體的三分之二，父親當時可能心內很亂。一九五〇年那一段時間，他很少寫日記。而兩百元約當時父親擔任台南市北區區長的薪水三成左右（沒有資料，所以推定）。當時還不便宜的盤尼西林，母親燙傷用了一段時間。判決以後，我先向雪淳兄說明家況，而後向葉秋松先生和父親寫了信，只向大妹說送一些小魚干、台製維他命和一些書。當時大家家境不好，所想的都差不多。

再回到軍法處。我在這看守所住了六十一天。大約六十天都忙著看書、寫札記、寫信（用明信片，兩毛錢）。與林書揚兄，互相認識，共談可能不到十句話。還記得他手拿到判決書，臉有微笑回房時的印象。裡面有律師、外交官、醫師，和十八歲就由聖約翰畢業的企業家。各行各業都有。要讀書，大家身邊有書，我這雜學出身的小輩，可以饑不擇食；而且開口借書，大家都不會小氣；不懂的地方，可以開口請教。一天忙著看書寫札記（用台大的筆記簿），這一輩子寫了不少札記，也燒了兩次。離開綠島時燒掉不少，只一本《LL制度——一個混合制度的試用》，一種橋牌的自然及人工混合制的嘗試，劉乃誠[193]兄一九六六年離開綠島時他還看到。[194]

除了讀書，在那種環境下，也難得做什麼事，打發漫長而溽暑的夏天（事實上離開時已近入冬）。汗水老貼在身上的白天，尤其難過。後來聽說于凱案的陳平[195]（另案有位陳平判死刑），明知是禍逃不掉，每天背英漢辭典，背了一頁就撕掉一頁，如是撕去生命的一頁又一頁。王荊樹[196]醫師當時下象棋。如晚上睡不足的人可以補眠，是打發時間的好辦法。為什麼我自己到了要離開這裡的數日前以外，未曾失眠，我不知道。當時睡得好，而且很少作夢。倒是釋放歸來後，常常夢到自己在青島東路三號，夢中還會被叫去出早庭，有時如英雄，有時成為怯夫，一直爭說：「我不是，我不是」。倒是很少如李後主的福氣，「**夢裡不知身是客，一晌貪歡**」。

由我們的房間可以看到早點名的光景，但只限B區，A區可能只有9、19、20三房才看

王荊樹，1921年，高雄人。因涉1950年「基隆市工委會鍾浩東等案」，1953年3月23日被捕，時為基隆衛生院醫師，被判刑10年。（取自／「綠島人權園區」新生訓導處展示區「青春．歲月」展區）

得清楚。還有早上一批一批出來洗澡的人群，有人索性用毛巾圍著腰部就出來了，之後到池邊猛然喝水、沖水，身體馬馬虎虎一擦，洗了衣服（好在夏天，只有內褲一條），再將內褲穿上，搓一搓抹布（回來擦地板），然後空杯帶一杯水，用毛巾蓋上帶回來。一批兩個押房近七十人，來回時間約五分鐘；就是作業順利，兩區四十房就要一小時四十分鐘。下午倒馬桶，時間也要兩小時。我早上洗臉、洗衣、沖水，來去一分鐘，共三分鐘就夠了。不過許多事情是事前及事後要做。用龍角散的小罐子裝水刷牙，而漱口水還要把換洗的衣服打濕，先抹上肥皂。這一套不難，人人都會。

我不用自來水龍頭，不必擠與爭，反正隨各人高興，有的是水，只是時間有限。水龍頭排約三十人，我一直用右邊的水池，喝池水，用水沖身，把內衣褲洗濯一下；把身擦乾，換了新內褲；口杯再把水裝滿，就可以回頭。池堤高約六十公分，池水一尺以上，只要小心別把沖身的水潑到池中。適於速戰速決。

一九四五年當兵到十八份，沒有下雨，小溝無水，只好星期天到塔寮坑途中的小河洗澡，這才弄得大家生衣虱那麼狼狽。在十號押房、安坑都未曾鬧過虱子。以後軍監是跳蚤

**193** —編按：劉乃誠，1929年生，察哈爾人。涉1960年「陸軍馮高鳴等案」被捕，當時是台灣大學工學院電機系學生。被判刑10年。

**194** —家裡來的信都蓋過「查閱」兩字。1961年我在綠島提前給幹事和輔導員再查看寄回家裡，存在身邊，這是我的無價之寶；我寄回的信，家裡也約保存了四分之三。我曾草草整理了一次，名為《三地集》。

**195** —陳平，浙江人。蘇藝林、于凱案，1951年6月29日被槍決，年23歲。

**196** —王荊樹，1921年生，高雄人。1950年3月23日任基隆衛生院醫師時，涉1950年「基隆市工委會鍾浩東等案」被捕，被判刑10年。1960年2月21日出獄，在麻豆開業，雖忙，還是捉著機會下圍棋。

（自四房），當時BHC[197]還未禁用，用一次就解決了（買BHC當然要打報告）。

我的經驗不多，「拉風」只在此地初見。用竹子的長片把毯子兩端固定下來，一端吊在天花板上的鐵勾，下面在中間固定兩條長繩子，兩個人各取一端，站在東西，你拉我放，我拉你放。隨著毯子的飄動，就有空氣的流動，可以將實感體溫度降下一、兩度。日間大家坐或走動不便，通常只有晚間輪值，兩人一組，一組一小時。我們十號押房可以看到看守房的掛鐘。我曾患扁桃腺炎發熱也照拉，也許連明天早上要赴馬場町的人也不能免（如是確知，應該可以通融，但當時我們不可能知道）。

我一直守著馬桶邊，從洗臉歸來，就開始看書，寫札記到天黑。小電泡光亮不足。到此時身邊無書，向鄧律師借了三本一套的孫本文著《社會學原理》，連看帶抄，三天看完。有時候天稍黑了，人家還讓窗口的位子給我看書。也許大家心內以為我在外面就是一直這麼認真，可是在外邊我是公事私事一大堆的忙人。不過老了看書也還這麼認真，曾利用過年時連假，一天十八小時一口氣看完金庸的《天龍八部》（當然吃飯、廁所不得不去）。

葉雪淳兄的父親葉秋松先生消息靈通，九月二日我們到軍法處時，他已在門口站著，看

197—編按：屬有機氯殺蟲劑，後發現會造成環境汙染，而被禁用。

到了，隔三日早上就送小菜來了。雪淳兄問我有沒有要洗的外衣，我想到六月二十日夜穿的那套襯衫、外褲，汗味重了，也該洗了。當時沒有想到上面寫著父親的名和台南的地址，葉先生心細看到了，第二天就以我的名送一份小菜。第三天大妹就來台北，第四天早上就到軍法處，以她的名送了一些日用品。送東西要在簽單上簽名，通例還要加上「謝謝」。我想葉先生是用限時信或電報與家父聯絡才這麼快。這件事還未問大妹，也許她已經忘了。

以後家裡收到我的信，而回信也收到了。葉兄初寄的信似乎經過兩個星期才收到。這種差事外役辦，不過法官可能交下名單，有些他要

本所從無員兵爲被告送信或代取物品如有上項情事即索取身份證明或扭送來所勿受詐欺爲要

送物單 4月1日

| 押房第14號 | 在押人姓名 | 涂炳榔 | 收物人簽證 |
|---|---|---|---|
| 品名 | | 數量 | |
| 菜類 | 菜 | 2件 | |
| 水果衣服藥品書籍 | | | |
| 存款 | | | |
| 收進 | 經送 | 退還 | 送物人姓名 |

1 菜類限送二件有嗅味或腐爛之物不得送入
2 水菓限送二斤
3 衣服限送四件
4 物品送與在押人經核對後由在押人簽證再交送物人存執
5 如送物單有誤填時當面令其更正
6 不得用報紙包裹物品

軍法處送物單。（提供／涂炳榔）

看完才能發。

初到軍法處只有陳子元兄、黃華昌兄送我的十五元，用掉多少不記得，身邊沒有錢就專買一張兩毛的明信片。雪淳兄是九月二日才初識，以後十二年差不多都在一起；自我介紹後，一來就麻煩他太多。以後家裡寄錢來了，錢要存在這裡福利社的戶頭，一星期可以買兩次東西，由福利社帳單扣錢。東西如外面的福利社並不貴。以後看書，大妹找葉曙師，還可以借到。但麻煩的是要蓋上「保安司令部軍法處」大印。就是為了那大印，我自己不好意思再向外面的人借書。所以只看自己的書，如H.G.韋爾斯的八本一套的《生命的科學》，甚至雪淳兄的英文版《有孔蟲》也借來看。有孔蟲的命名如動物學，都用拉丁文。分類

1950年9月24日，顏世鴻在軍法處看守所寫信給妹妹一秀。信紙是用「台灣省保安司令部軍法處看守所在押人用牋」。（提供／顏世鴻）

學在動物學已經學過。醫學院還要學拉丁文，倒不很麻煩。不過有孔蟲動物類太多，要背對外行人是多餘的。

十號押房與九號押房隔界的木板牆，有一木板架可以放置各人送來的食品類；私人的棉被用大的袍袱布包起來，暫時掛在通道上的鐵筋上。這裡似不像別處，布帶之類、繩子、袍袱到處可見，不必太在意有人吊死，大概人太多了，要吊死也難。

我們的判決是到了新店安坑看守所的二樓才收到，法官與我的距離大約二公尺左右。紅硃字的圓弧上有一個「仝」字看得清楚，只有另批的小字倒沒有看清。當時法官的表情不似九月四日那麼自在，反而有點失意的樣子。

所以一直到近來看到檔案，送總統的呈文往來三次，死刑由五名改為七名，再改為九名，三改為十一名。台南市案死刑初為五名，再改為七名，三改為十名。連麻豆案都有改，而且改重的多，改輕的我沒有看到，不過王福青[198]兄是由死刑改為無期徒刑。

談十一月一日的事以前，先談一些有關菸的事情。

我已自一九九八年開始戒菸了。開始吸菸可能是一九五三年左右，綠島、小琉球都是菸

198—王福青，湖北人，黃埔四期，戰後為廈門內警察署長。一段時期在香港，要赴廈門時夫妻與子女三人被捕。他被判無期徒刑。妻子無路可走，分散。他於1968年因重疾肺結核特赦，左肺的結核已把它化成為X光上的反白一片，經剛出的立汎黴素治好，過了甚苦的十幾年。三位子女三樣姓，沒有人姓王，太太無法已經他嫁。

酒不禁。酒不是隨時隨地可以喝，在小吃部獨飲是可以，數個人喝也可以。過年、過節的午餐、晚餐會加一、兩瓶酒。六個人算一桌，坐矮椅子，或蹲著圍一小圈。我不喝酒。在軍法處、軍監，初到綠島也不吸菸，吸菸的動機是給戴振翮兄「排菸」。一九五二年在英國倫敦依羅素．佩卡的〈好時光〉（Good Times）[199]，英國人也要排菸。當時菸還是配給品。戴兄是標準「菸蛇」，當時與父親沒有往來，沒有接濟。他為初中級的人上國語課，每月有點由（新生訓導處處本部）第二組發的錢。依綠島壁報稿費千字三元的標準，可能是十到十五元左右。我沒有問過他。他不要朋友的金錢接濟，也不要人家送他菸。當時一包七角的香蕉菸已經賣一元三角，新樂園是五元五角。沒有菸的他，落寞無奈的表情，看起來使人心痛。

我後來在綠島生產班兼會計，每月月底，三區菜圃代表、餵豬的，還有我這兼任會計開會。有一、兩包老樂園，我總會裝著抽菸，抽兩、三口就擰熄，放在口袋；一夜開會一小時左右，可以為他帶幾條菸屁股回來。看他歡欣的表情，以後就索性買包菸放口袋，遇到他正在落寞時抽出一支點火，吸幾口，就交給他。由此我抽了四十多年的菸，戒了無數

199 —《太陽報》為報導伊利撒白戴冠禮的記者，Russel Baker: "The Good Times"。這是據日文譯本土屋政雄的翻譯本（中央公論社）14章〈霧〉及15章〈倫敦的美國人〉。

次，又破了無數次。以後戴振翮兄調到三隊，已經不在身旁了。一九九八年是家裡內人和兒女三人要我戒掉，尊重民主制度及他們的好意，所以戒了。偶而以前菸友來，抽一、兩支還是有的。

當時北所沒有人「跑菸」。偶而去曬太陽，看守會給幾支，但絕不可在押房抽菸。酒有的人怕喝醉會說出一些不該說的，所以喝酒有點自制。菸應該是可以自制的，因為是現款買的、是一種麻煩，家裡的生活已經很緊了，也不應給家人帶來多餘的麻煩。有些人可能是自認為人生是不長了，就帶著一點遊戲人間的心理。而有些人是既來之則安之，湊湊熱鬧。

在軍法處一包七角或一元三角，當時看守賣一包十元。這裡的看守是不敢到叛亂犯家中去取錢。而李敖筆下的龜山監獄不但有人做，還要抽成。一包長壽當時是十元，以後李敖的龜山時代一包廿二元的長壽賣到一千六百，約七十三倍。現在監獄開放定點抽菸，這個問題可能解決泰半。

有菸沒有火，因為看守所的看守不敢帶進來，萬一有人放火可不就完了。所以各人自己想辦法。我們十號房是鑽木取火，用棉被的棉絮包幾根稻草，而後用馬桶上那條木條，用力摩擦；聞到燒焦的氣味，立刻拆斷成兩截，用勁一吹火便來了。

吹勁是有要領的，我曾為外婆的兩種香菸的火種吹慣了。這裡我不抽菸，卻為吹火服務過。看守賞香菸，也要抓菸。不過這也是一種遊戲。被抓到的不招（他們也不要你真招），裝個好漢，被銬在鐵筋上一、兩個小時，小事化無。我知道一位山東籍的看守不跑菸，而且為人親切，公事公辦，私事如能通融也會幫忙。

朝鮮戰爭仁川登陸之後，北韓軍隊約三分之二退回到北韓，不過多數已把重武器埋起來，或放棄；當時，我們對這些消息已無興趣。

# 玖、

# 一九五〇年十月，血濺馬場町

八月卅一日郵電案判決，十月十一日計梅真、錢靜芝兩位女士赴馬場町。計梅真是二月五日被捕的，所以蔡孝乾是擋了五天。十月十四日是基隆案，鍾浩東由內湖新生總隊，移送軍法處。李蒼降是被用刑最久的人，這時也走馬場町；還有一位汐止支部書記唐志堂，在日據也是被日本特高招待過，他們都有親人在二樓的女囚房。他的手已被銬，還帶著小小的袍袱，另一手掌輕輕搖著，是對妻子、妹妹等告別與叮嚀；雖很久沒有走這麼遠的路，但步伐自然。十月廿一日鐵道案五位，臉堆著笑，卻反而使人心酸；剩下的人一概判十五年。鐵道案就是一個大家當參考的對象。

自鐵路案判決，連我這小卒也寫了「遺書」，行情已經太亂，當時中國助北韓參加韓戰的志願軍已渡河。一向睡得好的我，開始四點多一醒，再也睡不著了，這才看到斜對面的七號房，看到台南二中前輩吳思漢[200]兄。他唸京都帝大醫學部，決意赴國難，經過朝鮮，

李蒼降（1924—1950年）。（提供／郭錕銘）

越過當時「滿洲國」的東北，到達重慶。國民黨還懷疑他可能是日本派來的間諜，藉口要空降派他到台灣山地打游擊；他毫無心機，一口答應，後來是丘念台先生出面而打消此案，但後來他還是在阿里山被捕。

他由滿洲逃到抗戰陪都，光復回台在《新生報》刊登〈奔向祖國千里[201]不為遠〉，我曾讀過。當時這篇報告文章和陳文彬先生的次女陳慧貞小姐的〈漂浪の小羊〉是頂有名的。[202]與這兩篇同樣出色的就是楊逵先生的那篇〈和平宣言〉，楊逵因而得了十二年免費飯票，稿費最高。[203]

吳思漢先生就在十月下旬開始，清早不到五點起來蹲馬桶，再用乾毛巾抹擦全身，而後穿上新的內衣、潔白的襯衫，靜靜坐在自己的位置；到了看守把鐵柵門開了，他才脫下了外衣，回復一天牢內的普通生活，日復一日。無意中看到他的靜寂「臨死的典禮」，心內感受太多，再也睡不下去。

十一月一日早上，我也看了他那一天早上的一切，心內正想自己似不像他，心內沒有他那份必死的自覺，也沒有似他將死亡看成一種人生的重大演出。這句話並不適合，對吳兄



200 —編按：本名吳調和。1924—1950年，台南人。1950年涉「台北市工作委員會郭琇琮等案」，1950年11月28日，與許強等同案14人，被槍決於馬場町。

201 —千里是指日本里，4千公里，其實不止千里。

202 —陳文彬先生譯林語堂先生《北京好日》（Moment in Peking，即《京華煙雲》日譯本），我曾由歸日的日本人買過，以後他當我們的國文的老師（他兼台大文學院教授，是建國中學的校長），教我們「甲骨文字」。陳慧貞小姐以後改名陳真，以後到大陸，一直當電台的日語廣播員，剛過世不久。

203 —楊逵先生也是台南二中（現南一中）的第一屆老先輩，夫人葉桃（又名陶）是母親旗後公學校的同班。在綠島他照顧苗圃，就是我們菜圃的右鄰。

是種冒瀆。

十月下旬的台北，早晚已經相當有涼意。自十月初，有些不夠格等候早點名的，已經開始送到新店安坑的新的看守所，因為這裡太擠了，而且陸續有人要來。當時于凱案、台南市案，人還沒有來，保密局移送的作業暫時中止。十月下旬拉風的節目也已經不做了，那些早上出門的人，會在身上多加一件外衣，雖然用上它的時間不會太長。

歷史上記載的人類慘酷的遭遇，就自己所知的是迦太基的族滅，托洛伊的陷落，耶路撒冷的落城，長平與新安的坑卒，揚州、嘉定等的屠城，歐洲的宗教屠殺，希特勒的死亡營[204]及對猶太

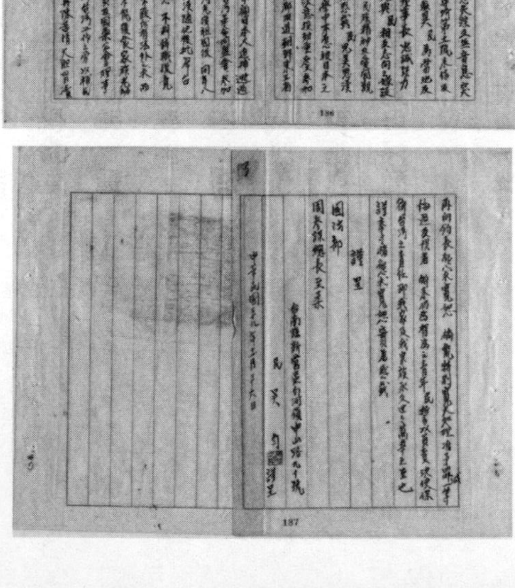

1950年11月26日，吳思漢父親寫給國防部參謀長周至柔的陳情書，希望替兒子請求減刑。但吳思漢等人仍在1950年11月28日被槍決於馬場町。（資料來源／檔案管理局）

人的殘殺，史達林數次的整肅，日本人在南京的暴行，四・一二的苦迭打，文革的暴風烈雨，高棉的殺戮戰場，十數年前南斯拉夫、非洲的互相族鬥。以此而論，五〇年代到七三年初的白色恐怖實在算不上什麼。連南韓濟州島、韓戰、越戰的互相殘殺，都比不上。

當時我不過是那大時代亂局的一個小小的泡沫。如一九四七年九月二十日，坐華聯輪由上海歸台，佇立在船尾凝視出現又消失的泡沫，形成一條白色的痕跡向北方的黃浦江口告別，而我的遭遇不過是這大時代的可有可無的小小故事。我對音樂差不多是近於音痴，但心喜愛音樂，尤愛法國小調，只是不會唱，偶而可以聽到輕而低吟的魏爾倫的〈秋之歌〉（Chanson d'automne）：

*"Les sanglots longs des violons de l'automne*
*Blessent mon cœur D'une*
*Langueur monotone….*
*Et je m'en vais au vent mauvais*

204 —編按：死亡營（Todeslager）是納粹德國在二戰期間為種族滅絕而設的集中營，又稱滅絕營。

*Qui m'emporte deçà, delà,*
*Pareil à la feuille morte."*

「秋日的小提琴的、長長的嗚咽，
以單調的弱聲，一切窒息而蒼白，
我回憶往日，我啜泣
我行走於疾風裡，
我被風吹去，忽南，忽北，
儼然一片死葉。」（胡品清先生譯）

確實在此，近三分之一的人，似這些落葉，在此殘秋，或將來臨的冬天散去。如此在這沉默的時刻，在這寂靜的秋天，我默默地傾聽這法國小調。[205]

事實上，十月下旬出去洗臉，已經會感到冷意；而且出去倒馬桶可以看到，有時候風捲

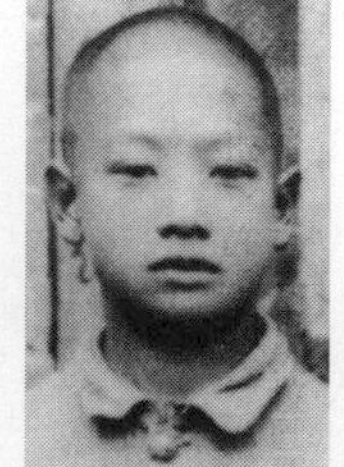

劉嘉憲（1931—1950年），於1950年11月7日被槍決。（提供／郭錕銘）

起青島東路上的樹葉，飛越那高高的牆，幾片、幾片的落葉就飄落到這無樹的特區。隨著一陣由大屯山疾落的朔風，落葉又輕輕地飄起，真的，有時候向北，有時向南，好似預告不久之後，一些生命將會如此地飄落。

於是十一月來了。我那一天早上也有些失眠，看了吳思漢，聽了鐵柵門聲又脫了下襯衫。看書還早，心內有一些鐵路案後一直去來的焦慮感。我知道這是為了幾位認識的人，許強先生、葉盛吉兄，甚至為那見了三次面的楊廷椅兄。以及在我前面還睡著的劉嘉憲，他還是一個剛變聲的小孩，萬想不到，他只能再活六天。[206]

心想快入冬了，我身邊有一件夾克，出去倒馬桶時會加上。那是一九四七年九月自上海回台時，二舅媽、外婆、五舅給我的零用錢多了，留著帶回台灣也沒有用，我少一件在台北冬天能抵擋寒流的冬衣，拿出三十萬法幣託淑貞姐買一件皮夾克，帥氣，冬天也可以禦寒。想不到她在忙註冊、開學，[207] 一忙把我的事忘了，等她摸到那包錢，只能買一件布的夾克，加上一本企鵝版的海明威《戰地鐘聲》。那件布夾克一九六四年一月廿一日由小琉球釋放回台灣時還穿著，一直到穿到一九六七年，前後近二十年。

**205**—13年後，我才有機會在新南陽看到《最長的一日》的電影。那時才聽到英國廣播中，諾曼第登陸之前，前頭兩句，用做準備進攻的訊號，後兩句就是進攻開始。那低沉的聲調，使我心中又激烈地重新地顫抖，而且與《阿拉伯的勞倫斯》一樣有映必看，都看了8遍。

**206**—李敖的文件中寫10月27日。我離開的11月1日，他還睡在我的對面。依據檔案，劉嘉憲的施部生案在11月7日，入冬那一天被槍決的。

**207**—淑貞姐那時候是同德醫學院四年級，以後不當眼科而當小兒科醫師。

十一月一日那一天平平靜靜、沒有早庭，吃了早餐，可能過了中午，看守進來叫名了。那時候已經習慣了，知道這是要到新店的看守所。由台北案楊成吳[208]先叫，呂聰明[209]沒有叫，然後叫學委案，叫陳子元、江源茂，又叫葉雪淳。他們帶著東西出去了，放在A區前面那片水泥地，那是許多人早庭走過的。而且我們每天早晨，洗臉時也走過的那片廣場。時間好似被凍解了，很久、很久沒有聲音。

心內想，可能是落到殘留班，如呂聰明兄。心內似有一份近於諦觀的感覺和心悸。B區仍有人出來，其實可能只是三分鐘的時間吧。最後看守又回來了，走到十號押房前，叫了我的名字，有一份安堵感，也帶著懺悔；盡量壓著自己的表情，慢慢地站起，整理一下剛才心內的紛亂，拿出襯衫和長褲穿上。我算是由A、B兩區出去的最後一個人。那時候的心態很矛盾又可笑，我實在不是文天祥或譚嗣同那一種料子，不是拿才華來比，而是對生死之間的超脫。也許外觀沒有什麼動靜，由那三分鐘的反應，我不過是沒有把對命運的一份期待，露骨地表露到表情或外表而已。就是在此地每一刻、每一刹那必得守分。所有離開這裡的人，不管是早點名，或到安坑，或調回情報單位，必得守分寸。對留下來的呂聰

208—編按：楊成吳，1927年生，台北人。涉1950年「台北市工作委員會郭琇琮等案」1950年5月13日遭逮捕，被判刑12年。1962年出獄。

209—編按：呂聰明，1930年生，台北人。涉1950年「台北市工作委員會郭琇琮等案」1950年5月13日遭逮捕，被判15年。1965年出獄。

210—編按：周春仁。

明兄，或那剛滿十八歲的劉嘉憲，還有其他的人，我只能輕輕擺手示意保重。

去的人大概已無早庭的憂慮，留下來的起碼是十五年。台北案在一樓留下二十位，去了十四位；剩下六位，十五年。我們的案只剩下一位無罪的周先生[210]和樓上的黃采薇小姐。其他十一位，十一月廿九日走馬場町：李水井、楊廷椅、陳水木、黃師廉、陳金目、賴裕傳、王超倫、鄭文峰、吳瑞爐、葉盛吉、鄭澤雄。黃師廉以一小組長或支部幹事，名列第四，甚覺意外，後來拿到判決書（十二月三十日黃昏），才知道就是口供中有「計劃成立武裝小組」；所以朴子其他三位，陳清度、張碧江、葉金柱都判十二年。我們案由檔案看，知道判決書被退回三次。第一次加賴與王兩位，第二次再加鄭文峰和吳瑞爐，第三次被駁回，六名無期就全去了。

拿著行李，也只是袍袱一個，到了外面，陰天，看不到烏黑的十號押房。遍看找不到葉兄、許強先生和北所A10一起的吳瑞爐兄，覺得熱淚似擠滿眼眶，趕忙用拂那般，用襯衫的上臂拭掉淚水。矛盾的是心悸似乎已經停了，這是很老實的反應；不過心內卻有一絲，類似犧牲了太多的朋友的那種罪惡感及不安。其實這場面，對我來說也是無可奈何的，我

張碧江，1929年生，嘉義人，時為朴子國校教員，與作者同案，被判刑12年。其大哥張璧坤、父親也在白色恐怖期間受難。張璧坤時為台大法學院經濟學系學生，因涉1954年「台灣省工委會台大法學院支部葉城松案」，於1954年2月8日被槍決，父親被以「藏匿叛徒」被判刑10年。（取自／「綠島人權園區」新生訓導處展示區「青春．歲月」展區）

葉金柱，1925年生，台南人，與作者同案，時為東石國校教員，被判刑12年。（取自／「綠島人權園區」新生訓導處展示區「青春．歲月」展區）

只是由網中脫出來的一條魚。

雖然是雲層很厚的晚秋，內外的亮度差太大，由這廣場無法看清押房前面的那走廊，押房內更是一片烏黑了。開始點名，而後又兩個人銬成一對。偏門上有部交通車，我們上去時上面已有近四十個人已坐著。每個座位兩個人一銬，在走道空位的，只好橫著，坐在人家行李的棉被上。我行李少，就一直站著，面向東，心想走羅斯福路四段可以看到台大正門。車內只有兩、三位憲兵而已，不像早庭那樣的大場面，反正這些人（台北案二十多位，學委案卅二位）近似逃了一劫，似乎拾到老命。[211] 就算是不銬，如以後在綠島，大致上也不會有人想跑了。[212]

車就駛開了我住六十個晚上、六十一個白天的青島東路三號。一直到杭州南路到南昌路，而後轉到羅斯福路，由景尾[213]入新店也只有這條路。過台大看得清楚，一百三十多天未見，沒有多大變化，路邊似多些攤位。我是六月十九日坐〇號公車來台大最後一次。車速大約四十公里左右。一路上沒有人對這輛交通車拋一眼，這不過是外表平凡的交通車，我們也只能默默地、又匆匆地，投射迅速而流動的眼光。我稍帶些依戀，掃過這一個也算

211—楊松齡兄判12年，1953年另判死刑，1954年2月26日被槍決。

212—綠島待了11年多，白天上山工作甚至無人帶差，只在碉堡衛兵處有個人帶到，簽名就去了。只發生一個例外，波蘭籍油輪「塔布斯號」的船員，懂得引擎及駕駛，航海也在行，卻不知道「綠島漁船歸來，舢舨要把舵拿走，動力船要把存油抽空」的規定，所以他們三位沒有成功，只好「成仁」了。

213—編按：台北景美舊名。

214—黃得時，1909—1999年。台北高校、台北帝大文政學部，專攻中國文學及日本文學，戰後曾為《新生報》副總編輯，後轉台大副教授。長於中國文字及中日比較文學外，台大先修班時曾教我們《孟子》。

215—文山以包種茶出名，我與文山茶相識倒早，也不是我自少有心品茶。父執吳先生對茶很講究，泡一壺茶就談茶經。說來有些玄，對茶一聞一

熟悉的城市的角落。也許大家心內仍惦念留在青島東路的朋友。我算在台北度了五年半，已經與台大失去關係了。當時傅斯年校長還活著，但高血壓、舒張壓常過一百三十，眼底的血壓及血管硬化的程度都已是最嚴重的ＫＷ４度，隨時都可發生意外。事實上他再活了五十天，就逝於他寫給黃得時[214]先生的《田橫之島》，台灣台北市。

已經是下午二點多，雲厚、微微有點冷意。車大約不到一小時就到安坑。

施琅入台是康熙廿二年秋天，自鄭成功一六六三年入台江鹿耳門算起，鄭明據台是廿一年。翌年康熙甲子（一六八四年），清在台置諸羅、鳳山、台灣三縣，並置台灣府在台南；日治即置台北州文山[215]郡新店街，舊地名有大坪林、龜山、直潭、青潭、安坑等五處，這一所看守所就是在安坑。我查不到新店的地名始於何時。

到了安坑，我們住在向西的一個押房。[216]沒有青島東路長，寬多了近一公尺，電燈泡也是新的，馬桶當然是新的。沒有用心數過，這裡大約有十二個押房。我們案子五位與台北案同住。判決之前，仍然不准和家人見面，大妹來時是坐新店線的小火車。新店線和淡水線已成為歷史了，新店線比淡水線早廢近二十年。





嚐就會記得什麼茶，但一時濃茶傷胃，我19歲就鬧十二指腸潰瘍，曾在綠島因濃茶傷胃開了十二指腸出血後就不喝茶；說不定我不該學醫，應以當品酒的師匠為職業；但這也難，我是體質不堪品酒，滴酒就臉紅。

216——幾位10年以下的在其他押房，當時不知道。

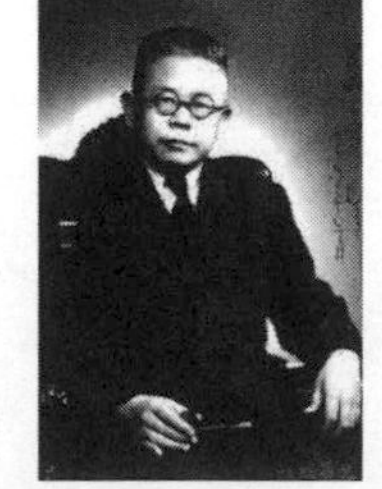
當年台大校長傅斯年（1896—1950年），曾為校內被捕的學生，向當局爭取權益。（照片引自／http://www.taiwan-panorama.com/show_issue.php?id=2003119211029c.txt&table=0&h1=%E6%AD%B7%E5%8F%B2%E6%96%87%E6%98%8E&h2=%E5%82%B3%E8%A8%98）

這裡以前是小戲院，向街那邊有半樓式的二樓，就成為辦公和看守住的地方，當然還有衛兵。後面有塊空地，是老式瓦磚，比較大而且近正方形，瓦磚上面有青苔，古色蒼然。在庭與房的界線有兩個窗口，就是當做接見的地方。街面也是瓦磚敷的。

新店我只到過大坪林一次，當時新店大坪林如台北縣的中和、永和一般，都是田庄氣味很濃重的地方，離經濟起飛和都市化還要一段時間。

在新店看守所，我反而不讀書，而下圍棋。十歲回台，大概十一歲，已搬到佛頭港以後，常去大東醫院當父親開刀的助手。莊孟侯先生才教我下圍棋，讓十三子還是輸。到了安坑拜邱媽寅[217]兄為師。初去，排九子還是輸的時候多；兩個月後，我早一步去軍監時，邱兄授我三子，偶而升二子。三十分一局的快棋，連勝三局就升一子，輸三局降一子；多的時候一天下過十局。邱兄不教，沒有棋書，就是由經驗的累積，在錯誤及修正的過程，慢步向前，偶而參加打三國（象棋玩法之一種）。心不能靜，不適讀書。自十一月一日到十一月廿九日夜，心內實在為葉盛吉兄等留在青島東路的熟人不安，大家都一樣不能自在。我就是如此除了寫信，看看有些膩而乏味的《生命的科學》以外，差不多是下圍棋度

**217**—編按：邱媽寅，1925年生，台南人。與作者同案，1950年3月2日被捕時，為台灣大學經濟系三年級學生，被判10年。1960年3月1日出獄。

**218**—編按：尤昭榮，1932年生，台中人。涉1950年「台灣省工委會台中武裝工作委員會施部生等案」，被判刑15年。

**219**—其實未滿18歲，1949年澎湖的流亡學生案就有了，以後美國也有18歲的少年在韓國、越南赴死。

邱媽寅，1925年生，台南人，與作者同案，被判刑10年。（取自／「綠島人權園區」新生訓導處展示區「青春．歲月」展區）

日。橋牌是去綠島拜林鍾鶴兄為師，又看一本原文的蓋巴遜的書差不多背上，才成為理論「專家」。表面上，室內二十餘人大約相同，大家扮著樂觀而自在，心中似有難以形容如鉛重般對朋友的憂慮，只是表面上裝著一副大家都相同的「我沒有事」的表情。

當時外面的種種消息與軍法處那邊的消息，如中共入西藏、蕭伯納死亡火葬、法軍撤離越南老街，到山地武裝工委案，八日早晨就傳到七日早上判決，包括那未成年的劉嘉憲，以及施部生、呂煥章、張建三、李金木、莊明鐘、林如松、彭沐興、黃士性等共九位死刑，十四人分別被判刑。後來火燒島種地瓜時一起的尤昭榮[218]，當時滿十八歲，也判了十五年。劉嘉憲剛變聲，我為此難過了幾天，心內很鬱悶。比新店沉悶的氣候更重一些，在心理上、生理上他還是小孩子。[219]

施部生的故事很多，只簡略記下一些。

日據時代台中商職畢業，當時當了記者。被捕時在山地的草寮，保密局早派人毒死他們放哨的狗；晚上本來有輪值守夜的，那晚上也睡著了。當卡賓槍吐火之前有人警覺被包圍，遲了一步，現場已被掃死大約五位。施部生小腿挨了三顆子彈。在保密局，他邊和莊



林鍾鶴，1914年生，浙江人。1951年2月23日被捕時為財政部台北關本口稽查員，被以涉「中共上海職委會潛台姚家本等案」，被判刑10年。（取自／「綠島人權園區」新生訓導處展示區「青春・歲月」展區）

尤昭榮，於2011年5月17日，參加綠島人權園區活動留影。（攝影／曹欽榮）。

西下象棋，邊讓醫官開刀。醫官似有意不用麻藥，最後還剩一粒子彈，推說難拿，可能是事實，也可能是台詞。不過人說，他如古代關羽，沒有縮過眉毛，當然也不哼一聲；以後他走路一邊用竹拐子，拐著走路。通常不用手銬，算是對英雄好漢的禮遇。不過去馬場町時是否五花大綁，沒有消息。現在檔案公開了，槍斃前後有照片，一看便知。[220]

他與楊廷椅熟，十一月七日他出了押房之門，走到楊廷椅的號子，用竹拐敲那鐵筋上，說：「大目的，我先走了，等你。」而後又是一跛一跛地走出去。

就是他們出門那一天，中共、北韓人民軍和聯軍三方面都證實，中共正在北韓，派出「志願軍」參與作戰。

十一月八日中共公開宣布「義勇軍（志願軍），已在北韓作戰」。十一月九日因貪汙案，朱冠軍被判死刑，十三日陳布雷逝世兩週年。十五日宣布：「潛台匪諜辦法延期十一月廿五日截止」。[221]

十一月十九日高雄案劉特慎、李分、朱子慧、丁開拓、何玉麟、陳山水、陳成法七位判死刑被槍決，十年十四位，五年廿二位，感訓一位。他們還有在桃園企圖逃亡的罪，有些

220—編按：目前此案的檔案中，槍決公文內無附槍決前後照片。

221—當時慣用這種詭異的文字。「潛」本來是大部分土生土長的。

支書判十年，有些死裡逃生的感受。當他案的人的評語是「還算便宜」。十一月八日，四位沒有傳到消息。十一月十八日，高雄案之前一天，應為蔡孝乾本身的案件，季澐、羅定天、王義火、黃石岩、賴瓊煙、徐淵深六位被處死刑，蔡孝乾、陳澤民、洪幼樵、許敏蘭等處自新。[222]

十一月廿三日，中共政治局社會部的陸效文、陳道東、周芝雨、陳昌獻、毛鴻章、栗歲豐六位，喪命馬場町。[223] 周、毛兩位之外是政大出身，陸效文為十一期，其他三位是十三期。

十一月廿四日，在月初遭狙擊後，美軍由華克將軍下令後退五十哩，這時候麥克阿瑟又下令揮軍北進結束韓戰。廿五日夜起，二十多萬的美軍、韓軍、國聯軍與三十多萬的中國、北韓軍隊遭遇，受到突擊的美軍與國聯軍，尤其南韓與土耳其部隊的損失甚大。而後在東線的美軍也遭到伏擊，有人形容為「美國陸軍史上最大的敗北」。其實是南韓軍先崩潰，美軍想加以制止，但無法阻擋，為了避免被包圍所致。加上氣候惡劣，空軍無法發揮，[224] 只好先退到漢城之線。

222—編按：省工委會季澐案，1950年10月2日判決。季澐（張志忠夫人）、羅定天（蔡孝乾的報務員）、王義火、黃石岩、賴瓊煙（羅定天夫人）、徐淵深等6位，1950年11月18日被槍決於馬場町；嚴秀峰（李友邦妻）、黃宗羲、曾來發等被判刑15年；黃財5年；張星兒3年；其餘5人無罪。

223—李敖文件的槍決日是22日，差了一天，是錯的。

224—其實空軍還是出動，甚至動用頗有惡名的汽油彈，有時候還誤投在美軍上面。（約翰・杜蘭著，孟慶龍等譯《韓戰，漫長的戰鬥》，下冊，第414頁，麥田出版1999年。

這些消息還沒有傳到，我們卻先聽到，台北案去了十四位。十一月廿八日天未明，郭琇琮、吳思漢、謝湧鏡、鄧火生、王耀勳、朱耀珈、許強、高添丁、張國雄、盧志彬、劉永福、蘇炳、李東益、謝桂林，共十四位。[225] 其中學醫的六位，所謂帝大出身的四位。只有陳宇一人以和尚洲支部書記判十五年。十五年有：陳宇、呂聰明、謝新傑、林從周四位。張秀伯、蘇芳宗兩人涉偽造身分證判十四年。十二年中的楊松齡，再另案發生，一九五三年由火燒島被調回，一九五四年二月廿六日與林茂雄，同時被判死刑。謝湧鏡先生在台大醫學院的熱帶研究所服務，研究免疫及血清的醫學博士，因涉及草山支部，名列台北市委吳思漢之後為第三名，有些意外。據說他們十四位被槍決當天，唱〈國際歌〉、喊口號，致駕駛出了一點小車禍，所以當天不准收殮，示眾一天。

示眾，這種封建時代的習俗，對現代人來說除了脅嚇以外，找

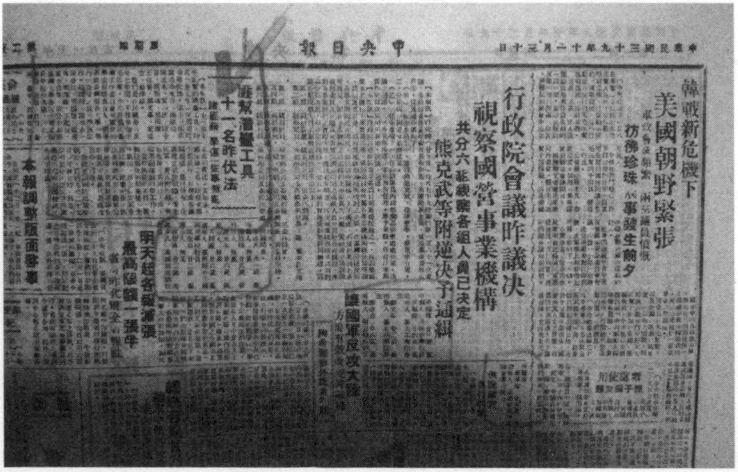
中央日報
中華民國三十九年十一月三十日
韓戰新危機下
美國朝野緊張
行政院會議昨議決
視察國營事業機構
共分六組視察各組人員已決定
熊克武等附逆決予通緝
匪幫潛台工具
十一名昨伏法
本報調整版面啓事

顏世鴻所購買的中央日報縮印合訂本，中華民國39年11月30日第二版報導顏世鴻所涉學委案槍決消息：「匪幫潛台工具十一名昨伏法 諸匪藉『學運』從事叛亂」，今昔對照，令人唏噓！（翻攝／曹欽榮）

不出其他意義。說封建當時還要插上那古老的牌子，也是很封建的。人死了以後再加什麼形式上的懲罰，並無什麼意義。清朝還行凌遲，台灣在荷蘭時代有五馬分屍，死的一剎那過去，五馬、六馬又有什麼分別。「示眾」只是對活著的他人有點教訓的意思。馬場町那一帶，白天甚少人路過，菜市場還有一段距離。菜市場開市早，大致人數一多可能聽到槍聲，一天行槍斃最多兩次十八人，有的案人數多分成兩天（如一九五四年二十人，分十二月四日及五日）。[226]

看判決書的檔案，台北案及學委案最後核准是十一月廿五日，所以我一直想是對十一月廿五日中共志願軍反擊的一種「挑戰與回應」。如今年歲一大，檔案出來了，現在已經看開了，無案不核，所以這不過是一種「方便」的作業而已。人命不過是作業流程中可有可無的做作，也算是一種悲劇，尤其赴死的是台灣及中國的菁英。



**225**—草山支部悉數死刑，這是一種威權政權的反應。

**226**—《不堪回首戒嚴路》及官方檔案、李敖文件。《不堪回首戒嚴路》，台灣游藝設計工程有限公司出版。

張秀伯，1928年，台北人。因涉1950年「台北市工作委員會郭琇琮等案」，1950年1月12日被捕，時為台北市城中區公所戶籍員，被判刑14年。（取自／「綠島人權園區」新生訓導處展示區「青春·歲月」展區）

# 拾、一九五〇年十月，葉盛吉在軍法處的遺書

十月廿四日，南韓第六師在雲山遭到中共伏擊，也就是鐵路案判決的十月廿一日後三天，葉盛吉兄在青島東路的廿七號押房開始寫了他的〈自敘傳〉，準備留給還沒有彌月的兒子。他知道十月二日太太生了一子，而且是難產，不過葉家有後了。自己的生與死，哪一邊重，自己也無法估量。當然沒有人會無端地放棄生存的機會，只要不違背做人的基本原則。不過就鐵路案來判斷，客觀情況愈來愈對自己不能樂觀。就是判刑後如不幸走馬場町，這些自敘定然要經過法官的審核，剛出世的兒子是否有機會看到，又是一個問題。所以要小心避開一些比較敏感的問題，是自敘又是遺書，而遺書又不能避開述志，字眼的選擇是極可能對軍法官放不放的決定，有直接的影響。而且軍法官可能考慮大環境下自己的立場，連自己的生與死，也許他也做不了主。葉盛吉兄的國語還不順手，考慮以後，他仍用日文寫下來。

(1923)

Autobiography（自敍傳）” 序

1.

私は1923年10月25日，その頃実父の居た台北市(?)か台中市に生れた。ぶくぶく太った
大きな嬰児だったさうである。実母はその翌年の初夏だったらうか私がまだその乳房
にすがって居た頃に長い熱病（恐らく腸チフスだったらう）でなくなられた。間もなく，丁度子
供のなかった叔父，叔母（その頃38才位）にもらはれて新営に行った。叔父はずっと20才
位の時から新営塩水港製糖本社に勤務してゐたのである。（それから1950年の夏に
老年の故をもって公司を辞するまで実に40数年の長い勤務であった。それも殆んど
人事課の忙しい仕事の中にあった。その辛苦は実に涙ぐましいものがあった。実に彼
の一生こそは台湾糖業の歴史でもあった。勤勉着実石橋をたゝいて渡るといつ
たやうな處生振りであった。）それから私は叔父を父，叔母を母としてその慈愛の下
に育ったのである。もっとも子供の頃はこの事情を知らず，親身のやうに育てゝ呉れた
父母も仲々真実を知らしては呉れなかった。公学校に上ってから通信簿に他
人とちがって「過房子」といふ文字のあったのを不思議に思った位である。もっとも
塩水の親戚の者が時々それとなくほのめかしたことも屡々であった。随分大食
だった乳児時代の私は，昼夜「ワシミルク」で育てられ，父母のその頃の辛苦は尋常の
ものではなかった！この事は後に，私が成人となってからも父からよく思ひ出話として
聞かされた。その頃子供のない淋しさから母の兄の娘（私より2つ年上の4つ）も
来てゐた。その子が母のまねをしてタオルで髪のくしけづりをやると，私ははって行って
髪の毛をひっぱりまじって彼女をして悲鳴をあげさせたといふ腕白振りは
後年[illegible]が私をたしなめる為によく引合に出された。勿論これらのことは私の記憶
にはない。ハンモックに寝て居た私がドスンと大きな音をたてゝヤモリのやうにたゝみの上
に落ちたことがあったとも父はよくいふ。そのおかげで，鼻が低くなったといふ。
私の記憶といふか印象といふか，頭にのこったもっとも古い思ひ出は，母のひざにだ
かれて見上げた緑濃いブドウ棚であった。それは家の縁側につゞいて張ってゐた。
それは全くおぼろ気な記憶であるが，あの緑色だけは脳裏に焼きつけら
れたやうに生々しい。大体2つ位の頃と思はれる。4つ5つになるとその記憶は
だんだんとはっきりしてくる。家の庭の大きなモクセイの木陰（母はモクセイの花が
好きであった。）にゴザをならべて，グリコをたべたのもこの頃だらう。あのハート型
のグリコが印象に残る。

97



葉盛吉在獄中所寫〈自敘傳〉，共計12頁。（提供／顏世鴻）

廿七號押房由門口算來是第二排，不算很亮，不過靠中間走廊那邊還有點光線，他計劃寫兩萬字左右。明天十月廿五日剛好是生日，就判決的速度來看，還是盡量寫快一些，慢了也許沒有寫完就得告別也說不定。（以下由我附註的會另加註明。）

*

我是一九二三年十月廿五日，在當時生父居住的台北市或台中市出生的，是相當胖的嬰兒。生母在翌年夏天，我還吃奶的時候，犯了很大的熱病（可能是傷寒）去世的。不久我就過繼給剛好沒有孩子的叔父和叔母，帶回新營。叔母那時候大約是卅八歲。叔父自二十歲就服務於鹽水港製糖公司本社（一九五〇年夏天退休，算來服務四十多年，而且在最忙碌的人事課。他辛勞的一生，真會使人感到辛酸，也可以算是一部台灣糖業的小史，一直過著敲著石板過橋的生活）。

自那時候起，我就把他們當成親父母。在他們的慈愛的照顧下長大的。當然小時候我不知道這些經過，只是由公學校[227]的成績簿上記載和人家不同，寫著「過房子」，自己也覺得很奇怪，以後偶而在鹽水的親戚，在談話中會洩漏或暗示一些事情。

嬰兒時代，我的食量很大。日夜以鷹牌的「煉奶」[228]養我。我父母當時的辛苦是很難想像的。[229]父親後來，我長大了以後，好幾次當回憶的雜談，提出來說過。

我還小的時候，因為沒有其他小孩，家裡顯得太寂寞。大舅的女兒，大我二歲，也來住在一起。表姐常學母親用毛巾梳理頭髮，我很頑皮，就由後面去抓她的頭髮，甚至拔起幾根，使她大哭大叫，這件事也成為後來常被形容小時候如何頑皮被提起的故事。不過這些事，在我的記憶中是空白的。

睡在搖籠裡，常常轉身掉到榻榻米上面，好像由牆上掉下來的壁虎一般很響，這件事也是父親常提起的。在我的記憶中最早的，就是被母親抱著，凝視那濃綠色的葡萄棚子，這些棚架在日式宿舍走廊的外邊。雖然是很模糊的記憶，不過就是那濃綠深刻地印在腦內，而且很生動。那時候大概是三歲左右了。四、五歲的記憶就逐漸增加了。庭園有棵木犀，

227 —顏註：台灣人唸的小學校稱公學校，日本人唸的是小學校。

228 —顏註：濃縮加糖的牛奶小罐頭。

229 —顏註：當時煉奶很貴，普通家庭是只有生病的人會用，通常探病就買這煉奶。

母親很喜歡那木犀的花，我常把花朵排在蓆子上面。嘴裡老含著牛奶糖，那種雞心形的牛奶糖，印象很深刻。

當時宿舍還有三棵棗樹，長形的棗子很大，在家的附近很有名。當棗子熟的時候，附近日本人的孩子成群地到家裡來要，我覺得很吵。這房子在我中學二年級時，附近發生大火災被波及，棗樹都枯死了，景觀都變。每經過那裡都會有一縷今昔的感慨。

昭和天皇大典[230]的時候很熱鬧。父親帶我去看各種節目，當時虛歲六歲，每戶在屋簷掛著很大的燈籠，入夜一片燈火的燭光。紅白兩色的牌樓，還用櫻花點綴，還有花車，這一些對小孩心中，刻下了華麗的回憶。尤其入夜，本來是一片烏黑的鄉下，這些出奇的燦爛給童心留下了深刻的憧憬，這是幼少時代特殊的事情。（一九五〇年十月廿四日寫）

母親那邊的表哥、表姐都是小時候的玩伴，而且留下了親密的感情。可能是母親介在這中間，而且都是在府城[231]長大，所以眼界也比較大，玩得比較開心。母親常常帶我回台南，到赤崁樓附近巷內的他們家，他們暑假也會到新營住幾天一塊玩耍。到台南去是我小時候最快樂的事情。

230—顏註：大正15年12月25日，大正天皇崩於大正15年12月25日，昭和即位，次一日是昭和元年12月26日，即位大典是昭和3年在京都舉行的。

231—顏註：鄭成功克台，在台南置承天府，清入台置台灣府，南部人以前習慣以府城稱台南市。

大概三歲左右，我溜到同歲的表姐房裡，吻了還睡在床上的表姐，被舅媽看到。這件事，後來還常被當做笑話的材料。後來母親娘家的經濟情況惡化。母親過世不久我就到了日本，以後互相就疏遠了。

有一次到台南運河看「划龍舟」，想要回想，卻沒有多少事留在心內。當時表哥對我很好，晚上會帶我到熱鬧的「夜市」，那些事情倒是還記得。

另一個記憶是有一次父親帶我到新營的餐廳，去的時候是中午，父親獨自喝啤酒，我在旁邊吃菜。然後來了一陣很大的「西北雨」，空氣忽然變冷，父親只好喝啤酒，一直到黃昏，我們才經過一段泥濘的路，回到家。

以後我長大了，回想當年在家裡，父親老是很落寞，酒似乎是他唯一的慰藉。有時候忖思父親的心事，就會想，要想辦法讓他快樂。而今如此，不覺淚水滿眶。[232]

一九三〇年春天，苦楝的紫色花朵散落的季節，我入新營公學校，校園中有棵大榕樹，下面排著小凳子，我們圍著老師坐著。陳帶老師問我們：「大家如果想出人頭地的請舉手。」然後環視這群小孩。

我實在還不知道什麼意思，看看後面，跟來的家長似乎要我們舉手，所以我也舉手。（陳先生是我三年級的老師，很受愛戴，不知是什麼原因，畢業後逐漸無緣了。）入學之前虛歲七歲，父親在厚紙板上寫了正楷的日本字母讓我認字，但沒有教過一句日語。我小時候對日文和日語比較突出，完全因為公司宿舍住的是日本人，而且受到讀每個月寄來的《少年俱樂部》的影響居多。差不多那時候鄰居吳先生的長子有空就唸《西遊記》的故事給我聽，一本書就唸了半年。這件事也使我對事物的發生，有很大的好奇心。附近大多是日本人，我的遊伴又很少，所以對我來說，上學校是和社會發生關係的開端，起初什麼都不習慣，一直到二年級，一切都不甚得要領，不上軌道。

這少年時代也有許多事情留在心頭，當然最快樂的是暑假。暑假作業對我來說是件快樂的事情，當時母親身體還好，對我很疼愛，而我很任性，有了什麼事情，容易衝動，一發脾氣就亂摔東西，有些癲癇性氣質[233]（我的生父似乎也有這種傾向）。這種性向到現在還是偶而會探出頭來。[234]

在許多節祭，我常站在旁邊看母親一直忙著。母親是古老的大家族出身，所以烹調方面

232—顏註：到這一段，他已經暗示死亡的機會大大超出「生」的機會了。

233—編按：癲癇性氣質與癲癇無關，指容易激動、發脾氣的氣質，如癲癇般說來忽就來。

234—顏註：我與葉兄相處近3年，沒有見過他的怒容，更不要說發脾氣。

是高手。尤其農曆年除夕和新年，祖先神位前高堆著柑橘的橙黃，迎著紅色的燭光，這是小孩子最盼待的日子。楊楊米也要換新的，冬至還有湯圓吃，吃了湯圓小孩子就是巴望著過農曆年。

好酒的父親，日本人同僚請客，或參加種種宴會，出去喝酒，常帶我一塊去。父親喝他的酒，我管吃我的菜。所以自小，不光對台灣料理，也對日本料理、西餐都不陌生。這一些在那寂靜的新營，尤其以公司宿舍為中心，進行的幼少的日子。初夏，有時候父親在下班的時候，從扶桑花的花叢裡抓了褐色或綠色蟬子回來給我。那時候父親還健康，只是已稍有些肥胖。

在學校，我的成績是出色的。當每年苦楝花開紫色花朵，就是學年結束的時候。我每年都帶著優等的獎品回家，而後是不大長的春假，也給我一段快樂自得的日子，那段時間糖廠也結束製糖，父親也比較鬆閒。

公司同事的女孩子（差不多與我同年級的）成群地到我家裡玩，父親對孩子很親切，常給他們一些糖果、香蕉，還會玩一些魔術讓她們高興。尤其棗子熟的時候，來的人特別多。我心內也喜歡她們來玩，而且都是好朋友。高年級以後，大概無形中產生了男女之分，互相有些不好意思，而後就逐漸沒有來往了。

鹽水鎮的故鄉，有自祖父的年代留下來的八卦厝[235]，因日本占據時，日本皇族「伏見宮」在此住過。二戰中，日本政府當做遺跡修理，光復後才回到葉家。祖父在世中，我家「聯成」是相當有名。（祖父當過新竹儒學正堂，賞戴六品花翎。）這樓房只是留下一段歷史，子孫沒落四散。有祭祀、婚喪，我才由母親帶去。那時候各地葉家後代都會回來，是相當大的一族。平時大而陰沉的古房，使孩子心內有些畏縮、害怕。可能常住慣了公司很亮的宿舍，所以心內也感覺不大舒服。在眾多兒童中我是最任性的，因為輩份高，大家都對我相讓，這又助長了那種不好的傾向。長著鬍子已經有兒孫的人，還叫我「七叔」。而且很貪吃，為這些壞習慣，可能給人家不少麻煩。

公學校的朋友中，一些人有相當交情。不過由我的環境，大體上反而使我走上孤單的路。儘管是如此，長大以後偶而回到新營，他們仍舊還是對我表達深厚的友誼。他們大都為了生計，已經要照顧一家人的生活，很快就已走入社會，形成這個地方的中堅分子，不

235 —編按：八卦厝或稱八角樓，在鹽水。1988年都市計劃曾面臨拆，建築界呼籲留下，結果不知。

過仍很念舊。在街上經營製冰的張先生，我與他在中學和留日時代，一直保持了深厚的友誼。

展覽會和游藝會等也有快樂的回憶。日語的演講比賽，我曾代表學校去台南。尤其繪畫是我最拿手的。體操、運動和音樂，我都不成。運動會，只有當觀眾的快樂。回家的時候沒有獎品，雙手空空，有些落寞。

二年級時為了看「櫻花展」到台南，因為是母親的故鄉，少時候常常去過，對幼少的心靈曾留下深刻印象。

一九三六年春天，又是苦楝花開的季節。完成了人生第一階段的學業，父親帶我到台北高等學校尋常科[236]，日語的功力不足而失敗了，不過不久考上了台南一中[237]，免去做初級浪人[238]。

入學那一天，父親帶我去台南。當入學典禮完了，又辦住進宿舍的手續。黃昏時候在宿舍走廊送走了父親，那股難忍的別情及莫名的悲哀湧上心頭，眼淚不斷地流下，這是第一次在陌生的空間、人群中離開雙親。我是鄉下公學校出身，日本話不算很流暢，而這個學

236 —顏註：台北高等學校尋常科，四年制，畢業後直入本科，每年取40人，台灣人大約每年取3人以下。

237 —顏註：日治州立台南第一中學，現國立台南二中，每年只取台灣人15人。

238 —顏註：沒有考上學校，再補習稱為「浪人」。也指失學者。明治以前是指失業的武士，後來也轉用到沒有正當職業的右派。

校差不多是日本人。這方面吃了不少苦，不過這對我是一種很好的試煉。在這裡學會了許多社會生活的應接。不過也因為這種環境，不知不覺地染上了日本人的性格傾向。不管如何，往後數年是一生最得意的時代。同時少年人的，也可以說年輕人的，稍帶甜蜜的，多情也悄悄地滲進我的性格。

早晨二樓可以在寢室聽到屋簷的鳥啼。黃昏時，夕陽沒入我們稱為「巨人草原」[239]的廣闊的田野。變幻多彩的景況，給我一種不可思議的愁情和憧憬所交織的氣氛。對逐漸步入老境的父母，也有股難以形容的憂患、離情及鄉愁。從秋天開始由新營坐火車通學，就在這時候認識了「阿多」，以後數年，我們一直是很好的朋友。互訴將來的希望，也去布袋的海水浴場，去關仔嶺，也曾到烏山頭露營。他是我在這個年代不能忘的朋友。中學畢業以後他唸了台北高等商業專科，而我去日本，終成永別。當時他抱著到東南亞的志望，對台灣人有同情心，對日本統治的台灣，有時候也談了一些他的批評及看法。

中學三年，我就在台南公園附近的日本人家中寄宿，對我的日語有很大的幫助。那一年夏天也參加了一個星期的臨海教育，所以以後游泳也有很大的進步。這也是值得紀念的，

239—顏註：在台南一中東北方，有數百甲的台灣軍、台南步兵第二聯隊的練兵場。

而且也是第一次搭上了大船，離開台灣島。

從三年級的冬天，每星期天，在台南永康機場，暑假則每天，參加滑翔機的訓練。那時候各種環境都還不錯，四年級時做了三百六十度的旋轉，五年級的時候經過了考試，得到二級滑翔士的證書。這滑翔機生活，在二高也有前後兩年的經驗。當年愛讀《少年俱樂部》月刊，對飛機模型的製作也有興趣，所以心內很想做一個工程師。

中學四年的夏天，由地理的老師內田先生帶我們到日本旅行。第一次看到日本美

就讀台南一中時的葉盛吉，是二級滑翔士。（提供／葉光毅）

麗的山河及城市的繁榮，使我內心有一股強烈的對日本山河的憧憬。可能在這一生，最能滿足我的好奇心。快樂的感觸也是一生的絕頂。也許十七歲這種年齡使然也說不定。事實上後年[240]去上海也是第一次，對新的地、人、事都已經沒有那種好奇心。

日本旅行是充分滿足少年人好奇心的行程。京都、奈良是古色蒼然。東京、大阪的繁華，霓虹燈閃耀發出的眩暈，都印象很深。在歸途的船上，甚至感到淡淡的一股，近似離愁的心情。**（一九五〇年十月廿五日寫）**[241]

受了戰爭的影響，軍訓的時間逐漸增加，使人討厭。[242]因此畢業之前，心想由此可能自軍訓脫身，感到快慰。但以後的發展卻不能如願。查閱、野外訓練是很吃力的課程。日本人學生每一班都有幾個留級生，年紀大，素行又不好。有時候罷課，到練兵場邊的棒球場會合，找看不順眼的人修理。這些加重的軍訓使學業荒廢。[243]升學率降低給我們很大的損失。四年級以後，我又回到宿舍，一直到畢業前為止。

前面也說過，二年級的時候，受到附近火災波及，我家也被波及，以後搬了兩次家。母親自此受了打擊，常常鬧病。我去日本旅行之前一時好轉，還為我縫了背囊。[244]我由旅行

240—顏註：1948年夏天。

241—顏註：這一天是光復節，正好是他滿27歲。

242—顏註：當時軍訓每星期兩小時外，尚有數日的野外訓練，查閱之前，甚至長至一個月，每天下課後全校都要集體操練。

243—編按：日本中學校以上男生的軍訓是宇垣陸軍大臣在華盛頓條約軍事限縮時，為了避免軍官失業想出來的辦法，以後卻成為中上學校訓練軍事幹部的養成教育，後來走火入魔，1923年以後更離譜。

244—顏註：受戰爭影響，市面上已經很難買到，不是錢可以解決的。

回來，她的情形開始惡化，在中學五年的初夏，五月十九日去世。我在化學的階段式教室前面接到電報。母親去世之前已住到鹽水那陰暗的祖厝，她去世之前，我回到鹽水看過她一次。母親似有點被害妄想，拒絕醫藥也拒食。因此去世之前很衰弱而且萎瘦。她在世時我很任性。我沒有生母的印象，偶而思及心中甚是難過。

中學生活的大半，都是在中日戰爭的那段時間，對我的生活和思想方面有些影響。與日本人的對立，使我陷入雙重生活的矛盾中。在民族意識的覺醒與從現實困境逃避之間，我仍是取後者居多。我的民族意識的開眼，是到了日本以後的事情。

一九四一年初春，我從中學畢業之前，二月中旬抱著希望到日本岡山市，考第六高等學校。因為這船程，二月一日的畢業典禮是父親代我參加，領回了許多獎品回家，高興地流下老淚。這是後來我的老師寫信告訴我的。後母也這麼說。（父親在我赴日那一天娶了繼母，是麻豆人。）

到了岡山，我有生頭一次嚐到寒冷的味道，而且岡山是沒有熟人、完全生疏的地方。這些條件相加，考試失敗了，就要過一年浪人的生活。立刻去了東京，不過仍然難忘那山紫水明的岡山。東京住的問題有困難，而且日本開始實施「外食券」制，吃的苦難與往日大大不同，甚不自由。於是四月初東京仍寒冷，心內很懷念暖和而糧食豐富的台灣。四月中旬又回到台南，公司的宿舍寂寥異常。五月上旬，去投考新設的台北帝大豫科，本來心內也不甚熱衷，結果還是失敗了。[245] 結果是毫無意義地，浪費了一個月的時間。這段時間與同屆的王兄、郭兄[246]住在煤煙甚多的古亭町，磚砌的三樓，就在這裡決心再赴日本重考。

五月廿七日中午，在豪雨中訪問了郭兄的家。那一天是為了想早一些去日本而去訪問的。那一晚就到夜市吃有名的台南小吃鱔魚麵，對當時郭家的印象模糊，不過還記得是幸町的巷內。

京都住的問題容易解決，不過吃的問題相差不多，也許還比東京差。而且補習班的素質是二流、三流的，集中於此地的重考生的質也不好，缺少競爭的刺激，這麼一來，明年還是凶多吉少，心內愈沒有自信。就在這時候，六月下旬德蘇戰爭[247]爆發了，越發對這種浪人生活覺得不是滋味，就在此時接到住在京東多摩川的郭兄、張兄的信，決心去東京。東京仍是很難找到適當住的地方。有時候住到電車路邊的貧民區，每到夜半就被電車的響聲

245—顏註：第一屆考生由全日本湧至，這一年低葉兄一屆的戴振翮考中醫類。

246—顏註：就是他太太的大哥。

247—編按：德蘇戰爭是由德國1941年6月22日突擊蘇聯而起，一直到1945年5月，德國投降。

驚醒，而且為求三餐吃飽，還得到處找「食堂」。以後這奔跑的辛勞，比花在準備考試的時間還要多，不過總不能鬆弛下去，已經無路可退，只得拚下去。人家說得有理，「浪人的心，如秋天的流雲」，前途完全是一片灰色。

那年秋天，我進入東京府立一中的補習班，對位於王台上美麗的建築，感到有一種類似權威的象徵。我們台灣去的學生，常住在「高圓寺」248附近，在那裡偶而會受到那些由中國大陸來的留學生影響，逐漸被喚醒了民族意識。因為印象太深刻，甚至想改考文科。因民族意識的覺醒和出發，心中又有一陣子的徬徨。次年春天又到岡山考第六等學校，很可惜又再度失敗了。249由此迎接了悲慘的第二年重考生活。

從春天到夏天，在「御茶水」250的「日進高等預校」251專心用功。這段時間常與考進「岩手醫專」252的張兄有書信往來。郭兄和我一樣，沒有考上理想的學校，正在「城北高等預備校」補習。「城北」是補習界的權威，升學率最高，要進去還得經過考試。如能進去，就似得到考取的保證一般。郭兄

1942年8月，重考生時的葉盛吉。（提供／葉光毅）

也是重考，我們兩個人有時候約個星期天，到和泉多摩川會面，互訴重考生不幸的遭遇，有時候就在那裡游泳、散散心。

秋天我也入「城北」補習。郭兄在市谷附近找到租房，受了他的誘勸，我也由高圓寺搬去與他同住。我們常在市谷一帶的食堂走動，想辦法把肚子填飽。那時候已經是有寒意的晚秋，我們的房間又陰暗，見不到太陽而覺得寒冷。我是在這裡度過了最後的冬天。郭兄受了他的親戚嘉山兄的影響，對第一高等學校和海軍有特殊的鍾情。我曾和他到過「富士見町」的教會兩次，這是我生活中初到教會的經驗。

太平洋戰爭是發生在前一年年底，當時戰爭已經是日本很大的負擔，年輕人悉數被徵召，所以我們這些重考生失去了去處，東京的生活逐漸變成越來使人難受。我們房東的女兒「志那子」，給我兩、三個較深的印象，她以後考上了上野藥專[253]。

我們在這荒涼的二樓，迎接了新年。當春天的陽光照亮我們住的房子，我幸運接到「二高及格」的電報。我們在市谷的八幡神社相別，我向二高所在的仙台出發，郭兄考一高又失敗，還特地到上野車站送行。我心內有對未知的世界的憧憬，及對朋友失敗的那難以形

248—編按：高圓寺本是寺名，後轉為地名，甚至車站名，約在新宿西部，下高井戶北邊。

249—顏註：第一段考試通過，卻在第二段考試的口試被刷下來。他可能沒有六高校長對台灣人頗有偏見的情報。

250—編按：御茶の水，在文京區的西邊，護國寺南，早稻田大學之北，有御茶水女子大學，也指附近一帶地名。

251—顏註：預備校，就似台灣的補習班。

252—顏註：在岩手縣盛岡市。

253—顏註：在東京。

容的悲情，錯綜共在。當時已經廿一歲。郭兄以後讀東京物理學校，未能貫徹初志。（他連考了一高三年。）他的委曲及無奈的心情，我是可以體會到。走在如一片毫無生氣的東京，生活對他已變成一種沉重的負擔，不勝同情。

一九四三年春天，踏著尚未融化的雪到仙台，搬進第二高等學校的「明善寮」。年輕的日子，那使人陶醉的高等學校生活，也因為戰爭的種種外來因素的壓力和激烈的軍事訓練等，使大家被慌忙的生活步調所驅使。入寮的歡迎會是徹夜的。每天早晨長跑，下午又是在宮城平原做滑翔機的訓練，還有各種負荷過重的種種比賽，只有歡櫻會是比較輕鬆的節目。尤其五月五日端午節[254]，舉行寮的話劇，那真是會使人疲累不堪的。這段時間，上級生的叱責漫罵以外，剩下不多。相傳當年高山樗牛[255]曾在那裡瞑想的「小台原」的松樹獨木，我們一聽到「休講」，帶著飢餓的肚子，不敢學古人去「逍遙自在」，大家都跑到仙台的番町一帶去找吃的，先把肚子餵飽。朝晚被迫唱寮歌，嗓子都走荒嘶啞，以致唸不出德文的課文。在重要的上課時間，卻因睡眠不足而打盹。那時候的老教授都是很好的，這是很可惜的。所以到現在，物理、化學和數學的基礎都沒有打好。動物學的木村教授把重

254—顏註：日本是以陽曆5月5日作為他們的端午節，不是農曆。

255—編按：高山樗牛，本名林次郎，1871—1902年。評論家，研究尼采及日本佛教的日蓮寺，倡日本主義。

256—顏註：現為國定公園，在仙台之西。

點放在實習，所以對蟾蜍、蚯蚓、貝類的解剖，勉強地在一年級做完。在冬天嚴寒，沒有暖爐，冰硬的手握著解剖刀和鑷子，一直到黃昏，也是一段深刻的回憶。這一工作使我對生物的興趣變為決定性的。對軍訓還是很討厭，不過比中學時代是好一些。五月到附近的農村——南鄉村去幫忙插秧，這是在日本農村的最初接觸和經驗。在多種層面，都有深厚的意義。我們返校那一天，他們還特別搗米，做糕餅送我們，在鄉下我們吃了很多種點心。自此以後，我們就常到農村工作，這對當時無法吃飽的宿舍伙食來說，也是有很大的幫助。到了六月我們宿舍的人去爬藏王山，返徑經由山

葉盛吉1945年考上東京帝大醫學院，學生證上的名字是：葉山達雄。（提供／葉光毅）

形縣，飽吃了櫻桃，那時候才對寮的生活有點適應力，心內也逐漸覺得輕鬆一些。

暑假沒有事做，[257]我志願到函館（北海道南端的港灣，現在與日本本島的青函隧道就是由此到青森。）擔任港灣的工作，只有兩個星期，全國專科以上學校，每校一個人，所以我才有機會去北海道。不過也只侷限於函館附近，無緣體會北海道雄偉的景觀，心想以後還有機會，而回到東京。因此失去了一次機會，這是很遺憾的。[258]

在東京會到久違的郭兄，當時住在代代木的佐田家。我們在食堂找吃的，也談了許多事情，而後我回到明善寮，想不到這是我和他的最後相聚。在這孤獨的旅程中，又訪問了同班藤本兄的家，受了她母親和姐姐的款待，這時候才深深地感覺到家庭的溫暖，對我是很美的一個回憶。

隨著秋天的來臨，仙台的天空就更高更美。短艇的競漕、游泳大會，一切都顯得悠然，還帶著滑稽的味道。以前老是持老氣橫秋姿態的高年級，這時候也變得頂有人情味，互相談論種種問題。

宮城平原的胡枝花抽出長長的花穗，秋天更深。常和朋友去看月亮、喝酒。有時候縮在

257—顏註：1943年夏天，局勢尚不到頂緊張。

258—顏註：由這一句話，明白地假設他自己無法逃脫劫數。

一個棉被，談到天亮。無端地心中有股對人親慕的感情，在心內湧出。對利府（地名）梨子也覺得不錯，也吃草莓。曾去盛岡訪問岩手醫專的張兄，嚐了那很大又好味的地利金斯的印度種蘋果，很大很大一個。那一段日子的回憶很多。平泉的藤原三代繁榮的故蹟，在一片芒草之中。[259]思及當時的榮枯盛衰，實互為因果。那時候有兩位朋友使我難忘。一位是鈴木兄，人不高，偏愛文學，對人生一直認真探討。另一位是淡水出身，本姓楊，當時改為中目，回台以後也一直往來，可說是肝膽相照的朋友，對我的思想影響最多。

秋天的「寮祭」[260]，尤其那一天演話劇和盛大的晚餐，真是就當時而言，可說是豪華版了。由這些活動，住在宿舍的成員，互相融洽，做到能以友之憂為己憂，以友之喜為己之喜的地步。在這裡產生的友誼，互談對人生和世界的抱負。（就是戰爭那麼亂了也無妨。）

一九四四年一月，郭兄以海軍軍屬的身分到南方[261]，我寫了一封勉勵與盼他自重的信。在東京過了一段孤獨與徬徨的日子後，他極想打開一條血路突圍，想不到這一選擇卻成為永訣了。他可能去拉波爾或托拉克島一帶，那一年春天，他從防空壕微弱的光線下，寫了

259—編按：平泉藤原氏，俗稱奧州藤原。11世紀經清衡、基衡、秀衡三代富霸日本東北。1189年藤原泰衡被鎌倉源賴朝攻滅，平泉的繁榮歸於灰燼。

260—顏註：寮是宿舍，祭是紀念日，合而為學生宿舍的紀念日。

261—顏註：可能是托拉克島或塞班島。

兩次信給我，而後一切都不明了。在信中他反而對東京的天空感到鄉愁和留戀，和他這種信的往來，想不到又成為日後另一段緣分。[262]

春天，我成為一寮[263]的委員而兼明善寮的庶務幹事，就在這種不安定的生活中，戰爭一刻一刻傾向覆敗。在這種生活氣氛中，不得不受到它的影響，而最後被動員到火藥工廠做工人，一切都已經是為了戰爭了。這一冬天到「作並」溫泉，倒是一個例外的回憶。白銀的世界，冬天的淒美，這是愈到了北方，才能體會出來的。

一九四三年冬天又到「志波姫村」，去刈稻、打殼。在那裡我住在老詩人伊藤直志先生的家，他給人的印象很深刻，很有人情味的老好人。

一九四四年夏天學徒[264]動員令下來了，我們是被派到仙台附近的「船岡海軍火藥廠」擔任工人，一直到翌年一月，期間大約半年，我們住在員工宿舍過日子。做棉絲的工作要在如強烈煙霧一般的強酸和混酸下進行，還要擔任硝化的棉絲的搬運工作。工作分日班、小夜班、大夜班的三班制進行。尤其是冬天的大夜班特別辛苦，那是超越了寒冷，只覺得很痛的感觸。在零下十五度的野外，拖拉那雙輪拖車的柄，只有做過的人才會體會到那味

262—顏註：指和他太太的緣分。

263—編按：二高明善寮又分一寮、二寮、三寮。

264—顏註：日本人大專以上稱學生，中學以下叫生徒，學徒是讀書中的人的統稱。

道。

一九四五年三月畢業才離開工廠的時候，雪還沒有融化。離開的前夜，和同室的鈴木兄、中目兄到船岡的二高先輩佐藤先生家訪問。他家是地主，有很大的房屋，在深進的客廳圍著「圍爐」，和佐藤先生的母親談了很多。[265] 她以熱牛奶和柿餅招待我們。夜已很深，我們心中卻感到溫暖，過了那麼多辛酸勞苦日子的船岡，它的天空、山川，這時候留給我們甚多留戀。

回到宿舍，學校低年級的已準備送別學，因為戰爭，我們三年的學制已改為兩年。不過這兩年中經歷了許多事情，不盡的別情，喝了苦澀的蘋果酒醉了，大家合唱〈中杉山的別離歌〉[266] 時，我還掉下眼淚。

東京帝大報到之前，我們一直在明善寮過日子，低我們一屆的人，替代我們，輪到他們去船岡的工廠。我們這批畢業生，就在寮中的一個房間，煮大鍋飯，臉上都是煤煙，好像是一群山賊，狼吞虎嚥。

當時東京遭到三月九日夜到三月十日的大轟炸，市區被燒去三分之一，死者逾八萬人。

265—顏註：她是女子大學出身。女大只有一家，在東京，學制上是屬於專科。不過和奈良女子高等師範，已是當時日本的女性的最高等學府之一。

266—顏註：二高學生的送別歌之一。

仙台的春天到了，不過更走近戰敗的日本，到處都是黑暗的。有時候到二高的先輩許兄的家，受他母親款待。「森林的都市」仙台，我就如此和它離開，算來是短暫而匆匆的兩年。

在此以前，一九四四年三月的春假，我和二高的朋友，冒著擁擠不便，到京都、奈良、大阪，而後到宇治山田[267]，又一次經過了美麗的故蹟。戰後又去一次，這一帶我算走了三次。在旅途，給朋友的家增添許多麻煩，尤其那是糧食很難入手的時代，他們都歡待我們。在靜岡縣清水的鈴木兄家，我們就吃了很多蜜柑。他母親和氣又爽朗，給我很深的印象。自少缺少家庭溫暖的我，一直對這種生活心內很羨慕，或許我心中那時候正覓尋母愛的溫暖。

一九四五年三月下旬，我到被戰火燒成瘡痍的東京。東京大學附近都被戰火燒光，它本身還勉強保持了原貌。沉著而偉風堂堂的建築群，路兩邊的銀杏樹亭亭而立，在鐘錶台前的「安田講堂」，具備日本最高學府的風格，踏著一步一步走進這片地，心內有一股我終而達到長年願望的安堵和喜悅。不過日本戰敗的陰影，又濃重地投影在那上面，處處有房

267—顏註：伊勢神宮所在地。

屋被延燒，而破毀的地方也不少。我暫住在本鄉先輩租的房子，有時候就住在來不及拆光的舊時木造的病房，和別的學生混在一起。

從四月開始授課，為了要應付什麼時候都可能被中斷的課業，所以一切課程都進行得很快，到六月底，基礎醫學六科的學課都結束了。[268]當時差不多買不到醫書，而且肚子太餓，像解剖的實習，我也常蹺課。[269]不過教授們卻很沉著，在空襲警報下，他們也不停地講課。每天下午五點才下課，年輕人實在耐不住饑餓，似乎都餓得難受。（當時缺食油、脂肪，所以易餓。）在這段時間，小川教授和緒方教授的講義，印象特別深刻。

在這段時間也遭到兩次大轟炸，正被戰火燃燒的東京，我是親眼看到的。七月暑假，所以我們都疏散了，和東大的林兄、劉兄、阿栗到芝姬村，而後我們到十和田湖一帶就食、避難及遊玩。時局太緊張又太混亂，本來打算一直躲在農村，八月十五日，戰爭結束了。再過了幾天，我們回到東京，不久美軍也進駐了。戰後的日本情形太混亂，而且吃的問題無法得到妥善解決，而且台灣也無法聯絡上。在不安定的生活中，我們日日遙望台灣的天空，等待著，不知道什麼時候才能回到故鄉。（**一九五〇年十月廿六日晨寫**）

268—顏註：為了趕進度，5科的學習都省略了，他們回到台大才補了實習。

269—顏註：由這段記述，我才知道葉兄在我們腦神經解剖時來旁聽的原因。

*

日本的戰敗及中國的勝利，給我們在主觀上和客觀上，非常深刻的影響。而且，今天仍在繼續地進行中。

獻給忍苦的我妻，還沒有見面的我兒光毅。父親字。

（S.Y. 1950.10.27）

*

先後約一萬五千字，譯成中文加附註得一萬二千字。這是他由十月廿四日寫起，花了三天，在十月廿六日完成。廿七日可能他要寫最後一段，考慮到所處的種種因素，以總結的形式，僅

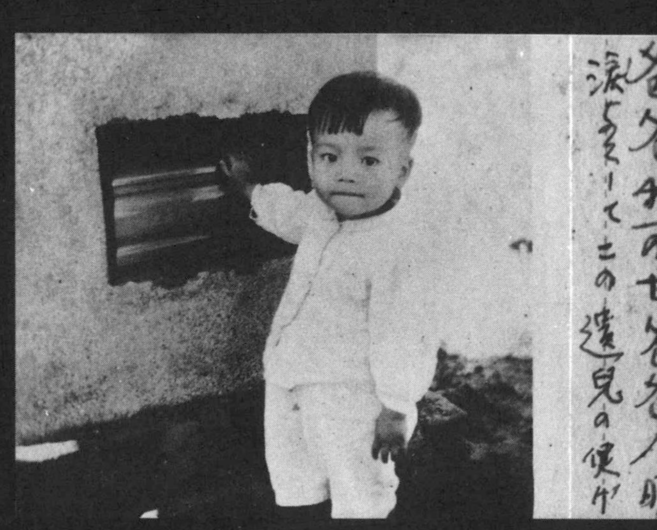

1952年11月，葉盛吉下葬封壙前，年幼的葉光毅在父親葉盛吉骨灰前留影。（提供／葉光

以三行結束，而最後附上了對夫人及公子的獻言。

這自敘的影印本與他的日記抄本（我用了兩個星期，邊看邊抄）放在一起。他寫任何文字，字體都是很方正，而且自敘自頭到尾，似乎沒有改字，是一口氣寫下來的。以當時他所附註廿六日晨寫的，大約一小時要寫一千三百字左右，也許要寫一千五百字。而且他所處主客觀的環境，普通人要集中注意力寫下這篇是不易的。雖然看他自中學的一切記載都是這麼整齊、有序、不亂，也許已成為一種不會被環境侵蝕的規律。我自己自二十歲左右常寫稿，打稿、清稿要兩倍時間，後來也通常不打稿，直寫下去。不過就是這種六百字的稿紙，不改一字是罕見的。由這一篇來看，他本有腹稿，但最後可能時間上太匆迫，而且由於環境上的考慮，回台以後的部分也難下筆，以三行文字代替。除一九四八年日記缺以外由日記、雜記及一些札記，或由私交過程，勉強填補上去。

目前這一篇文字，是五〇年代軍法處過客中，除被迫寫的自白書以外可能是最長的，而且由於種種原因能留下來，甚是難得。另有數百字對我的遺言，是屬於我與他間的私事，不再在這裡發表。我附下的註是說明給沒有經過日治環境的現代青年而加上去的。

# 拾壹、

# 一九五〇年十一月，追憶死難者

葉盛吉兄寫的中國姓楊的同學，我初想或許是楊廷椅。光復時楊廷椅本人確實在東京，但讀了自敘全文後知道不對，在自敘中不可能寫到連累到別人的事情，最主要的原因楊廷椅是香山人，不是淡水人，而且也不像是二高出身的。我本身是台北帝大豫（預）科第五期，也算是舊日高等學校、豫（預）科出身的一分子，但我們一入學就去當兵，甚少有他們的十足派頭。不過算閱人多了，知道楊廷椅可能讀日本私大。而後讀葉兄的日記才知道，「中目」的中國名是楊威理，光復後也歸台，在台大醫學院是同班，他是東北帝大醫學部，後來考公費留學生，去北京大學讀經濟系。中學是讀大連三中。以後他自己的故事，在岩波新書《私の昭和史》讀到了。一九九三年有緣通信，因他要寫葉兄的傳記，我把未清稿的《霜降》影印，託人帶給他。他在岩波現代圖書系列出版了葉兄的傳記，前後兩版只銷五千本；在台灣由陳映真先生翻譯，戴國煇先生過目，由人間出版社以

**270**—編按：周慎源，嘉義人。遭圍捕擊斃當時為師範學院的學生，24歲。

**271**—編按：葉城松，1924年生，嘉義人。涉1954年「台灣省工委會台大法學院支部葉城松案」，於1956年9月26日被槍決。

**272**—編按：張璧坤，1924年生，嘉義人。涉「台灣省工委會台大法學院支部葉城松案」，1954年2月8日被捕，當時為台大法學院經濟學系學生。1956年9月26日被槍決。

**273**—編按：翁文禮、梁培鍈二位為台南市人，涉省工委會案，1955年8月31日被槍決。

**274**—編按：指綠島再叛亂案、安坑軍監再叛亂案。

《雙鄉記》之名出版。

有一天葉盛吉來我家，曾與家父談了幾句。他歸去以後，父親還嘆了一口氣：「**可惜，難得的人才。但聲有鬼聲，壽命不長。**」父親只對我說，我未曾對人說。他學的雜學太多，甚至自己算壽五十九歲終。

前面累次說，人生禍福真難預料。在台灣長期封閉的「戒嚴時期」，尤其五〇年代，除非「自新」，只有兩條路，一條路如周愼源[270]那樣遭圍堵於荒山野外被擊斃，另一條路如葉城松[271]、張璧坤[272]、石玉峰、吳東烈，還有我中學同學翁文禮、梁培鍈[273]，死於馬場町。翁、梁兩位，我知道是獨子。學委案王超倫是三代獨傳，父親每晨在馬場町探看，直到他上刑場為止，所以他實不願死在馬場町。

甚至除了新生訓導處案、軍人監獄案[274]以外，楊松齡初在一九五〇年十一月廿八日被判十二年徒刑，廖金照在「張伯哲案」也判十二年，以後他們又重回軍法處。楊松齡與另一位林茂雄在一九五四年二月廿六日被判槍決，廖金照於一九五六年歸廖學銳案被判死刑。

十一月廿八日早上和廿六日韓戰的消息，我當天下午就聽到了，消息由何處來不知。那

王超倫，1927年生，與作者同案，被捕時為台大文學院學生，1950年11月29日被槍決於馬場町。（取自／《戰後台灣政治案件——學生工作委員會案史料彙編》）

張璧坤，1924年生，嘉義人。因涉1954年「台灣省工委會台大法學院支部葉城松案」，於1954年2月8日被捕，時為台大法學院經濟學系學生，1956年9月26日被槍決。（提供／張瑛玨）

天晚上台北案在安坑的人有判決，但未發判決書；這一點可能因為核定而改判，有些人被改為死刑，判決書甚至來不及重寫。由北面的台北案的押房傳來〈安息歌〉的歌聲，好淒涼：

「冬天有淒涼的風，卻是春天的搖籃，
安息吧！死難的同志，別再為祖國擔憂，
現在是我們的責任……」

傳說，詞是郭沫若寫的，曲的來源我還不知道，本身是好淒涼的歌；而唱的聲如低泣，如孤獨的老人，在生命的深奧處向自己獨語，但堅持的調子又似生命對生命永恆的心誓。

那一夜我又失眠了，如前所說自十月下旬有這種毛病，失常地無法控制失眠。廿九日，我心緒不安，和邱兄下棋，嘴裡還哼著往日的流行歌〈巴黎的街路樹〉、〈日落黃昏〉、〈青草芳春地〉、〈雨夜花〉、〈椰子之實〉，反正一首又一首地哼下去。那天的棋子下得不好，邱兄也下得沒有往日精采，有時候也似一點恍惚，由他看我大概也是如此。

到了晚間，我們案子被叫去開庭，我是和其他七位上去。其他的被叫到法官前面，而叫我一個人在旁邊等著。七位是張坤修、謝培源、黃玉坤、洪天復、葉雪淳、葉傳樺、王乃信，他們被判十五年徒刑。他們下去，只剩我一個人，與法官相離不到兩公尺；我看到第一頁五個名字和次頁六個名字，用紅硃畫半圓弧狀，而上面寫一「仝」字，左邊下面，還是用紅硃寫一些小字。我已經由此知道留在軍法處的十一位都遇難了。這時候另五位上來，我站排頭，葉金柱、陳清度、張碧江、林榮輝、紀經俊判十二年徒刑，褫奪公權十年。然後我們下去，另外十四位上去，這就是徒刑十年了。我們房子就是這廿七人，淚水不斷湧上，強忍哭泣的聲音。五年四位及八年的黃正道兄似乎在別的房間。

*

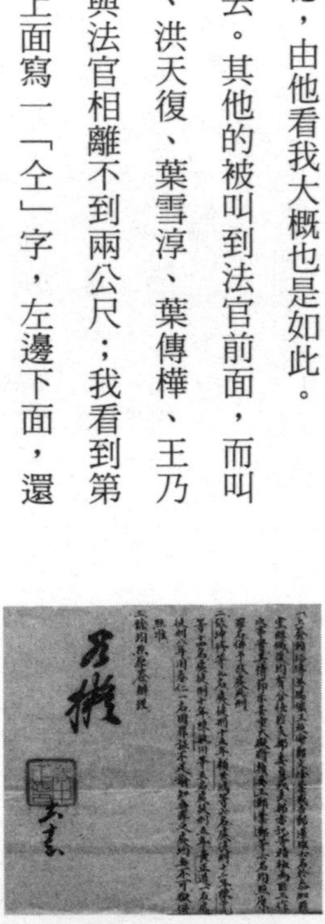

賴裕傳、吳瑞爐、王超倫、鄭文峰、葉盛吉、鄭澤雄6人改判死刑簽條。（資料來源／檔案管理局）

十一月廿九日，五點多，天未破曉，下著毛毛雨。軍法處看守所的押房開始點名叫人了。第一個李水井、再來楊廷椅、陳水木，一直叫到王超倫。王超倫當時與葉盛吉兄都在廿七號押房。

王超倫聽到看守唱出自己的名字，並不慌張失措，只是熱淚奪眶，猛用右拳激打左掌說：「**我實在不能死，也真不想死在馬場町。**」

這句話不是真性情的人，不會說出來的。一生只有一次的舞台演出，也許會被視為怯弱的表現，有些人不敢如此吧。同房的人已經知道，今天早上他的父親仍會帶著雨傘，站在馬場町的河堤上，正在等候椎心的一時一刻。那種場面如何去敘述呢？王家三代單傳，於是要絕嗣。在中國這也是平凡的故事，但事經五、六十年，我的心仍為淒絕的場面顫抖。如用某將軍的話：「**錯殺一百也不能漏過一個真的。**」[275] 還有人說：「**一路哭，不如一家哭。**」[276] 他也許少讀歷史，自魏晉之後，到五胡亂華，在帝王之家，恩德仇恨，報應不誤。也許無法解說稍偏封建迷信，但蒼天還是公平的。

我們這一代還恪守「父母在，不遠遊」，何況在亂世，照理是更不應走這條路。這是在

275——編按：這句話出自在1947年任台灣警備總部參謀長的柯遠芬，在綏靖清鄉會議上所說的話。

276——編按：出自范仲淹。

277——編按：劉嘉武，1925—1951年，台中人，劉嘉憲之兄。任國民學校校長時，因1950年「省工委翁子支部」案被捕，1951年1月31日被槍決於馬場町。

278——編按：謝桂芳，1926—1951年，高雄人。1950年3月26日被捕，時為台中省立農學院學生，涉「台中案」被判無期徒刑。1951年7月26日病故於綠島新生訓導處，到綠島還不到兩個月。

279——綠島新生訓導處的墓地，在訓導處東，近燕子洞的小山坡。新生俗稱為十三中隊，因為訓導處編制是到十二中隊。十三之數也算是有些偶然符合。

這種還未十分開化的社會，一種以生死押注的遊戲，輸者要永離人間。

葉兄過房到叔叔家也算是獨子。王超倫外，鄭文峰、鄭澤雄[277]也是獨子而無後。施部生案的劉嘉憲有位哥哥也走馬場町，兩兄弟都死。台中案謝桂芳[278]判無期，因肝癌死於綠島，成為綠島十三中隊[279]老大，哥哥謝桂林[280]醫師死於台北案，也是兄弟雙亡。如以歷史來看，中國人，或擴大到世界人類，無後的太多，尤其目前少子化的社會。[281]

王超倫出了房門，一時B區可能聽到楊廷椅喊口號，其他的人默默無聲地聽，好似怕撕破這片沉默。葉盛吉兄已把衣服穿好，手放在李君的肩上，手微微發抖，心跳很快。大家都把視線自他移開，心內大家盼望看守不要再回來。時間覺得很久，看守要把人銬好，交給在外面的憲四團；其實時間可能不到

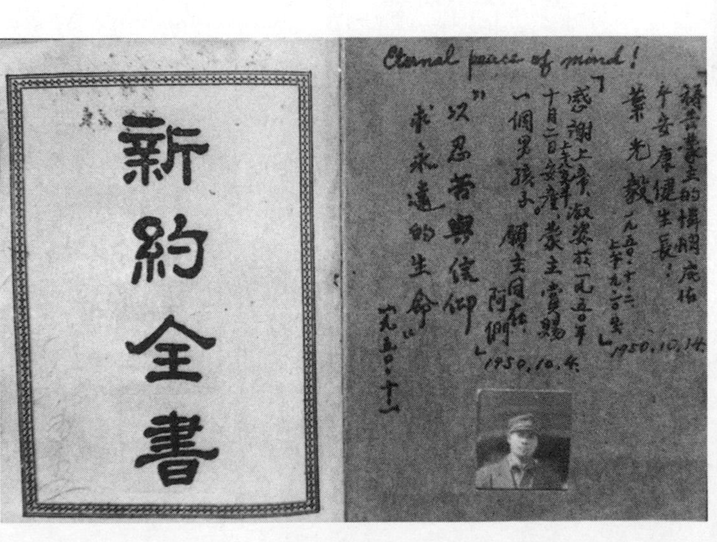


這一小本聖經陪伴著在獄中的葉盛吉，他在獄中寫下：「以忍苦與信仰，求永遠的生命」等字句給未能見到的兒子，連同小本聖經、第五封信一起放進領帶，藏在腰間，帶往刑場。家屬收屍，才得以發現。（提供／葉光毅）

兩分鐘。看守又回來，叫了「葉盛吉」；就在這時候發抖的手自然地停了。他早已穿了衣服，領帶放一本小聖經，自敘就放在聖經裡面，當腰帶，穿上了鞋子走到走廊。大約一分鐘又走回押房，大家以為有救了，不過他只是來提走一個小袍袱，而後又走了。

以前讀夏目漱石的《道草》，裡面有一段介紹法國哲學家或心理學家的學說，以後也聽過類似的說法。年輕人甚少思考已經過去的日子，因為他們眼前還有甚多的未來。可是一旦生命的前途遭到破局性的限制，思維自然地迅速流向既往，甚至已遺忘的瑣事也會湧現在眼前。

至於當時他想到什麼事，我如寫小說插了一段，現在心內認為不應該如此。那一天細雨濛濛，王超倫的父親看到了這群十一名青年中有他的獨子，當了六個月的囚犯，外觀有些拓落，而且由於昨天的台北案臨刑前唱〈國際歌〉、喊口號鬧了事，所以他們口中都被塞了布塊。除了李水井以外，都不到三十歲，而到了生命終點之地。而且昨天早上出門的十四位，仍躺在那河畔的沙灘之地。到昨天已經在那裡倒了一百二十名以上。王超倫的父親見證這十一個人在那裡的遭遇。

**280** —編按：謝桂林，1920—1950年，高雄人。涉1950年「台北市工作委員會郭琇琮等案」被捕，1950年11月28日槍決於馬場町。

**281** —周恩來有一子，長征時寄人，不知在何處，等於是無後。據台灣於90年左右的統計，八對夫妻就有一對無後。河洛人是孫中山先生的忠實信徒，專注於興亡繼絕，很怕絕祀。

一九五二年的春天，當時綠島新生訓導處，報紙還未開放，書經過檢查，蓋上「准許閱讀」的印，就可以看。隊上每天只有自行油印的《新聞簡報》，以後臥龍生的《王釵盟》上報，我們才准看《中央日報》，以後才准看《新生報》。

有一天風平浪靜，我到訓導處北邊的海岸倒垃圾，撿到了一張特別由報上剪下來稍已發黃的舊報紙。這件事太巧了，當時處部處理舊報紙很嚴格，韓戰正在談判，濟州島的戰俘營正在大鬧，這片舊報由何處流出能停留在這海灘？不管如何，很巧。因為我倒垃圾是偶然的。那是王子英兄自新後寫的一篇〈我們的前途並未被杜塞〉。知道王子英的故事的人，這裡可能不到屈指之數，偏偏讓我看到。不到一千字，迅速掃一下，也不收留，拋回海濤中。我當時還能輕輕一笑，雖然年輕，仍可以瞭解當年選擇生存，有時候要多一些面對現實的艱難和勇氣。不然人家不會說：「**死亦我所惡，所惡有甚於死者，故患有所辟也。**」而恰恰有些生，比死更有所患，不得不強忍下去。[282]

由王超倫之死，想到他三代單傳而絕嗣。又無端想到，王子英不逃，王超倫不必接這支部書記。在台大自聯會，認識在逃的陳實、簡文邨，留在台灣的王子英、葉城松、簡文



**282**—《趙氏孤兒》的故事正是如此。戰國時代的「俠者」，對此意境曾有很多突出的表現。《游俠列傳第六十四》，司馬遷下筆說：「韓子曰，儒以文亂法，而俠以武犯禁，二者皆譏。而學士……今游俠，其行雖不軌於正義，然其言必信，其行必果，已諾必誠，不愛其軀，赴士之阨困，既已存亡生死矣，而不矜其能，羞伐其德，蓋亦有足多焉。且緩急，人之所時有也」做開端。當年李陵底事久存於心內久矣，縲紲之災，法家之酷，受刑之辱，亦為其不能忘。武帝妄信人言，誅李陵全家，連老母也不能免於被誅。以致李陵已無可歸之家，無可忠之國。李氏三代何其不幸，都是武帝之世，豈漢之三憾的「李廣不侯」而耳。

宣。再想到王子英在報紙上寫的文章，又寫下我自己的感想。但自一九六四年一月廿一日回台灣，我未曾問過人家，也沒有聽過他的消息。有一次有人談到，他曾在駐日大使館當參事。王子英不涉及成功中學及法學院案就不必逃亡。王超倫或可以不必在老父眼前吞彈而亡，這些自己的心路既多餘而且是甚幼稚的。本來，英雄時代就是悲劇的時代。我又搬出自己的幼稚思路了。

不過有些年代，愛國本身是值得死的罪愆。事實上很多倒下去的那些青年只是想做一個平凡而正正當當的中國人，不會再被輕侮的中國人。而當年的這一《臨時條例》，依大法官解釋，是唯一沒有時效的，可以推及終身的臨時刑法。美國報導界，曾在濟洲島、越南對這種恐怖時代有報導。不過麥卡錫不可一世的年代，正義本身已經重病了，要到六〇年代才有人注意到台灣的白色恐怖。

如果把歷史當做「過去與現在的對話」，就等於給我們拋下如禪宗公案式的提示或註解。如孔夫子河邊之嘆，給我一份嗟嘆又能如何。自去綠島我把自己放下、在腦中記下一些大事記，不敢用寫。如以前日本的「語部」[283]，或小說《根》[284]中非洲部落有專司部落

283 —語部（カタリベ），日本古代，由記憶口承，把宮廷或有力氏族的系譜及傳說，來繼傳的部民，後來由此編《古事記》和《日本書紀》兩本史書，後者初為漢字，兩篇多少有出入。

284 —由非洲裔美國人追根到非洲，由此他到美的祖先的故事才有了著落故事。《根》是好時年出版社，張琰譯。也有《根》的電影。

285 —醫務室，就是綠島的醫院。可以收容30多住院病人。由故胡鑫麟醫師主持，有兩位衛生士官。另有幾位「新生」在此服務。應可以收容36名，每室6名，雙層的床位。共8間，一間為醫務，一間胡先生住，似乎一間是服務（廚房、清掃、打雜）的新生所住。剩下5室只可以收容30名。

的歷史，由唱歌式的傳承，我只是默默地記下來。一九六四年回家花了兩天寫下來，如女生分隊歸台就和她們之中偷偷記錄下來有不同。（當時我因十二指腸出血住在「醫務室」[285]。）

不過母親那邊我稱為「抗日世家」，她三位舅舅（林有、林長、林茂）為抗日而亡。兄弟、堂兄都為抗日及台灣的光復而奮鬥奔走。而祖父曾在劉永福將軍當義勇，赴蕭壠一戰，敗而逃回台南。父親在「台灣革命同盟」的內命下，攜一家人歸台，始終受監視，甚至幾乎把一命拋在拘留所。自戴振翮兄急逝於香港的一九八八年一月八日起，心內才決定不管自己不成熟的史觀、文字和邏輯，開始寫下那近三十年的「白色恐怖」時代的故事。而這一段十一月廿九日是一段高潮。一九五〇年十一月，光馬場町一地就有五十七人被處死刑。





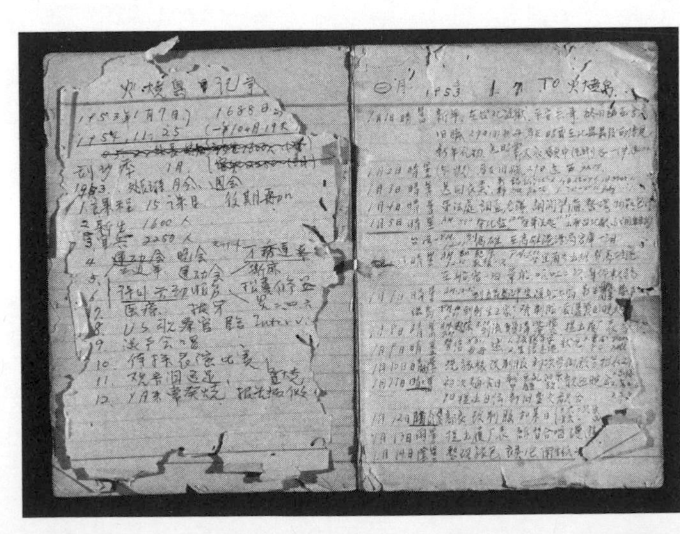

女性政治受難者陳勤於火燒島的日記，簡要記錄1953年1月1日到1955年7月21日女生分隊及個人記事。日記上記載女生分隊1954年11月25日自綠島送回台灣本島生教所（台北土城）。（提供／陳勤）

# 拾貳、

# 一九五〇年十二月，重回青島東路

葉盛吉的公子，葉光毅君去日本留學，唸完大阪大學的博士學位回到成功大學當教授。他是為了想讀及了解父親留下的日記、札記及雜記才去日本留學的，回來把這一些整理為二十多本。託時代的方便，影印已經普遍，也做了影印本。可能近一九八〇年，我才有機會讀葉兄的札記及日記。我也留下日記的札記及一份自敘傳。札記及雜記中會插上他的素描，他的素描可以稱是專家了。

以前找資料難，現在不難；但不住台北，事事麻煩人家也難。如《中央日報》縮小版，還報導學委案，十二月份起似乎不報了。十一月份五十七位，十二月份卅五位也不少，可能示眾的目的已經

2004年7月13日，顏世鴻（左）於葉盛吉之子葉光毅（右）家中，同時接受採訪。（攝影／曹欽榮）

達成了。蘇藝林案少一個于凱[286]變成十八人，我只記得廖學銳案十七位是一個記錄。如一案分兩天（一九五四年十二月四日與五日）是共二十名，陸軍十九軍四五師為主。[287]鹿窟一地數百人被捕，是二二八以後的一個記錄。馬場町的記錄以後，由一九五二年十二月，于凱與其他六位高雄縣[288]共七人的十二月二日開始，到十二月三十日的六位，共六十二人。一九五三年五月，五十二名。一九六〇年起一九六九年止，四十六位中本省籍六位，無記載一人外，其餘都是外省籍。七〇年代除去泰源監獄五名外，共廿三人，除台北市籍陳辰雄外都是外省籍。

母親那邊二房是福建籍，算華僑。三舅、五舅似一度放棄台灣的籍貫成為福建籍，母親與父親是台南市籍。當時二舅張錫祺先生在高雄開光華眼醫院是福建籍的華僑，一段時間還負責僑務。何義麟先生《二二八事件》[289]中，稍提他們的活動。因與謝春木、王學文等人有關，可能父親因此一直不提是「台灣革命同盟」派他回台。所以歷史有些偶然涉及的事實。一九三七年八月廿三日中午，我如果沒有躲到那客廳鄰室的個人病床，[290]聽到他們所談的話，這些事實就永遠沒有人知道。父親光復後再入國民黨時寫自傳，對這一段也不

**286**—編按：于凱，1927—1952年，山東人。台灣大學文學院歷史系二年級學生時，因「中央社會部潛台間諜蘇藝林案」被捕。該案被判死刑者18人（蘇藝林、孫玉林、陳平、周一栗、安學林、張慶、嚴明森、田子彬、劉維杰、徐毅、余熙、葛仲卿、譚興坦、林振成、簡桂生、馬學樅、李學驊、白靜寅）在1951年6月29日槍決，而于凱另於1952年12月2日被槍決。

**287**—編按：指1954年台籍陸軍林敏雄案。該案有24名被判刑，其中20人被判死刑。陳淵明、蔡進添、郭國良、白水吉、顏再來、施清祥、呂多論、曾仲修、邱金塗、陳清祥、陳貴森、賴伸和、游和順等13人，於1954年12月4日被槍決；林敏雄、許復興、楊登惠、許媽送、黃秀庚、張春印、陳阿喜等7人，於1954年12月5日被槍決。

提；然而一九四九年九月，在莊孟侯先生告別式中的祭文，他也說謊，說是由日本人押回台灣。對莊孟侯的祭文可以說，反正莊孟侯先生與他相處是起於一九三五年左右，歸台後又相處七年半。但他們是至友，可能無事不知，所以公開性的祭文要符合父親一直編的故事。當時三舅張邦傑先生已失意在台，他們自有默契，三舅未曾寫與這有關的文字；反正父親是否被日本押回，張家的人應都知道。如果台南警察局的特高有一九三八年的檔案如存，也可以證實；無奈日本人回去以前，燒掉了太多太多的資料了。

一九五〇年十二月，我們在新店安坑。新店似乎天天下雨，新店近山。有些部落就在山地，比台北的雨多。台灣當時平地是基隆的暖暖雨最多，而我心中也老是烏雲滿天，下著毛毛雨，進來的消息都是使人洩氣的占多。

對韓戰，我自有對戰局的大致概念，當時蘇聯在極東的海軍與美國比，微不足道。美國空軍已動用F86、軍刀戰鬥機，控制空權不是困難。但B29的時代已近結束，飛彈似乎將取代機槍及機砲的時代了。中國志願軍和北韓人民軍將不致於六月、七月猛攻。朝鮮的分離線卅八度線，附近多山，是韓國最窄的地方。當時似已知蘇聯援助有限，北韓可能單打

**288**—編按：指高雄李武昌案，該案共有16名被判死刑。其中有6名（林東福、朱新登、蔡水岸、戴秋霖、戴水德、許火樹）於1952年12月2日被槍決；李武昌、蘇文安、張崑泰、李東鍊、林昆烈等5人，於1952年11月29日被槍決；陳見、張駕、張耀宗、劉森田、林紹華等5人，於1952年12月5日被槍決。

**289**—東京大學2003年3月出版，也算是他的博士論文。

**290**—謝春木也住過，而黃埔一期生的劉戡將軍也住過。

南韓軍，圍攻速退，我心內認為要有持久戰的打算。之後到綠島，有人認為和談成立，第七艦隊必退出海峽，我卻持反對的看法，認為五角大廈不會輕易撤出海峽。許多人都把我當做悲觀主義者，直到一九六〇年中國與蘇聯鬧翻，有人認為是演戲，我卻是認為是玩真的。兩國不同的「存在」，已經有不同的對世界局勢的看法。就是在這種情形下，我們被送往小琉球。那時候我也是「悲觀主義者」。不過通常，我只是把自己的想法，收在心內。

在新店有空不是下棋，就是默默地坐著。十二月上旬，圍棋是進到四子，下旬進到三子，偶而擺二子，也偶而落回四子。宛如韓戰老是在卅八度線一進一退，由這種情況要進步到定先[291]，是最難的。

十二月十九日傅斯年先生急逝，我早知道他是惡性高血壓，已經隨時會侵蝕到他的生命中樞。當時的醫學界能耐，只能對本人或家屬，說明可能只有六個月的餘命。四月胡鑫麟先生給他做了診斷，勸戒不要發怒，避免用鹽等鈉離子高的食物。因為傅先生在美國做的檢查也是如此，所以他很信任胡先生。當時舒張壓一百三十以上的人，實在沒有什麼藥物



291—編按：定先是圍棋比賽時，棋力較低者，執黑子先走。

可用。門診對惡性高血壓可以做些控制，是這三十多年來的事情。四月做的檢查，十二月十九日去世，雖然是一件憾事，但已超出平均數兩個月了。當時台大師生對郭大砲[292]甚氣憤，但客觀的事實是如此，他本來就隨時會發生生命的危險，而且也可能是動怒。

判決之後，我們可以接見了。接見的時間是三分鐘到五分鐘。人多，有時間限制也是公道的。就是三分鐘到五分鐘，你不準備一些腹稿，可能講了三句話就沒有話題了。就像南宋尤袤的詩：「**胸中襞積千般事，到得相逢一語無。**」

我見到久違的大妹，朋友林丕煌兄、柯兄，冒著毛毛雨坐新店線來看我。現在的北新公路是豪華版了，又有捷運。從前柏油路只到台大過去的公館，以後就是碎石路。冬天雨一下就是一片泥濘，當時我常穿著木屐，很討厭那季節的台北鄉下馬路。

接見時，四眼相對，三句話後就沒有材料了。有些話又不便說，一些話又不敢亂說，如此話一停就甚尷尬，總不能光說：「**大家都好嗎？我很好。**」傻笑一下，很浪費時間。他們到此是那麼辛苦，辜負人家的好意。林兄、柯兄兩位都開始寫畢業論文了。往時我有一部手搖的計算機，常替人家做統計分析的工作，這時候幫不上忙了。

292 —編按：郭國基，1900—1970年，高雄人。曾任省議員及立委，有「郭大砲」之稱。

林丕煌兄畢業後留台大醫學院病理三年，後又轉到內科三年，後轉回台南的省立醫院內科兼病理診斷。我一九六四年歸台南後，他才在台南市民權路開業。他以心臟內科為專科，病理也是。我遇到幾例白血病都經他診斷，而攝影是他的另一專才。

柯兄是一九五一年台大畢業後，一九五二年考中公費留學。為了趕俄亥俄州立大學註冊，借了九百元美金，約當時三萬六千元台幣；由台北到沖繩島，飛東京，再飛阿拉斯加，而後飛舊金山，再飛芝加哥，而後坐火車到俄亥俄州的可侖巴斯。一九九一年由電機系主任退休。我體會到人生最緊要的不是權力、財富甚至智慧，而是能使這一切能發揮更有價值的心理及生理的健康。

我十二年刑期出了意外。在綠島已耽誤了一個月，還被送到小琉球一年半。本來是一年三個月應該可以走，主辦的人去受訓，一誤三個月。起因是一九六二年五月，蔣介石準備利用大陸饑荒及難民潮，要反攻大陸。當時有些軍隊已經上了船，後被美國阻止。隊上新來輔導員由此藉題恐脅，並由一位分隊長開口說結婚五萬聘金，少兩萬要我幫忙。我不能在綠島創先例，以馬上要反攻大陸，他的妻子在四川等他為由，予以拒絕。翌日夜開會就決定將我送往小琉球，所以十二年硬是變成如民雄那位盲卜者所言，雙重官符，應是十三年。

我所得到的教訓，忍耐功夫不好，人的性格會變。我變得容易焦躁、灰心、失去自信，甚至無端地加重了本來就有的心身症。對人生的看法變得消極，而且有關於自己的事，都要多一份保證的雙重安全才敢放心，可見這件事對我的打擊甚大。

一九五〇年、一九五一年我迷圍棋，就是那段時間迷於橋牌一般，現在回想是一種逃避及解憂的方法。不過在新店，我內心也確實難受。葉盛吉兄及許強先生的死，對我的打擊太大，好像我生命中的一部分也陪著他們已經死亡。自小養成看書時集中注意力，會暫時讓自己忘了那悲傷的風蝕力，如一陣風在一個角落裡躲過。而在被送小琉球那一段時間，只有橋牌，十三張牌一展，可以暫時忘掉一切。有一段時間，吉他也可以讓我忘憂，但這深刻的打擊，吉他已經做不到這地步。我的音感不好，律動的感觸也比人家遲鈍，要做到忘我、忘情、忘憂相當困難。

寫稿時不能讀書，時間過得似乎很慢。我在新店是自十一月一日到十二月三十日，剛好六十天。少看書，時間也覺得過得比軍法處看守所慢。但日子總是會過去、也會來，只要你能等到。十二月三十日下午，台北案十二年以上的，學委案十五年再加上我，共廿三人，也包括楊松齡兄。

我們去軍監的時間似乎太慢，也可能聯絡工作沒有做好，辦公人員下班了，只剩一位上校醫官顏世綱先生。他看我的名字一怔，同是世字輩。問問我的健康情形，他蓋下章，我看顏世綱三字也是一怔。而後各自拿了自己的判決書，上面已有各人以後在軍人監獄的囚號，我的就是1154，葉雪淳是1153。軍監因我們去時過了辦公時間他們不收，他們只好把在軍法處A區二十號押房的外役，搬到外面過夜，空了他們的房間讓我們住一夜。我們只有廿三個人，不擠，就好像客人一般住了一個晚上。

對面的房間有鄭海樹[293]，他是台南市委書記，我不認識。還有于凱。于凱與台大自聯會[294]沒有關係，他與「麥浪歌詠隊」[295]有關，我常去台大本部開會，我只是認識陳實、簡文邨、劉氏兄弟，而且我的國語很差。于凱似乎認得我，他們的案我可能只認識姜民權。他開口說：「**你是台大的嗎？**」我點一點頭，他自我介紹後，問我是否是顏世鴻，再問我有

293—編按：鄭海樹，1922—1951年，台南市人。涉「台灣省工委會台南市工作委員會支會案」，於1951年6月17日被槍決。

294—編按：全名為「國立台灣大學各學院學生自治會聯合會」。

295—編按：終戰後，台灣大學學生文藝社團。1947年成立，成員大多是台大理工學院學生及部分青年軍，多數為外省人。

沒有判決書；就如此我交判決書給他看，看不到五分鐘，可能他也是快讀的。而後隔著走廊，我們輕輕地談了二十分鐘左右，談了一些新店看守所的情況，談了傅校長的死，當時台大學生盛行「傅校長是被郭大砲氣死的。」—[296]郭大砲的公子在工學院，我也聽說過。據說郭大砲帶兒子去拜奠。至於告別式，台大學生那麼多，是否去了我不知道，于凱也不知道，只聽到十二月底舉行。于凱是一九五二年十二月二日被槍決。其他人是一九五一年六月十日，約慢了一年半，這一年半可能不好過，而他已經對本身的生死不存僥倖了。

鄭海樹與台北案的熟人談話。我與不相識的人，不會插話，而且看了鄭海樹似未做完赴死的心理準備。我也不想說什麼，也說不出什麼話。他們需要在短短時間內培養到與死亡接近的心理準備，這裡不是敘舊的時間及空間。

在這裡多談，甚至多見面，心裡難免多一層痛苦。人可以死於所信、所愛，甚至為了一些抽象的理想而赴死無悔。只是我們這一群剛逃了一劫過來的人來說，對正在做這種努力的人，如吐絲成蛹的努力，這是一種似近於殘酷的現實與過程。

我又回想往時，一九三八年父親第二次被特高警察拘留，我並不以此為恥。但家裡的三

于凱（1927—1952年），山東人，被捕時為台大二年級學生，1952年12月2日被槍決。（提供／郭錕銘，數位複製／台灣游藝）

**296** —人傳人的話由來不敢輕信，這是一個必發的事，發生的時空是偶然的。就算是郭大砲的話過分了，一切歸於郭大砲也不對。許多醫師常勸他不能發怒，一發脾氣，血壓再升，危象便到。

餐都是糝入地瓜簽的稀飯，不能帶便當。班老師是張北山先生，也是莊孟侯先生「大東醫院」的房東，多少知道父親的事。我就向他報告：「老師，我家裡經濟狀況不好，不能帶便當。」老師點頭默許，我就成為全班唯一回家吃飯的學生。

自那時候，我已經體會，有時候人根本沒有餘裕，或可以說根本沒有資格，對自己有憐憫之情。這種經驗使我用在許多生活的曲折上面，也知道有時候這些情愫，反而會成為生活中太沉重的包袱。總之我們多了一種經驗：在A區二十號押房過了奇異的一晚。

次一天早餐，我們用完早飯，與他們匆匆而別。我只對于凱說了一聲保重，就一切省略了，我內心是近於一種逃避的心態。當年至今五十六個年頭了，夢裡還偶而回到A10或A20。夢裡有時候是主角，有時候當觀客；有時候自己似是勇敢，有時候怯懦；有時知道不實在，這是做夢；而夢中或白天或黑夜。除了早庭以外，夢得次多的是考試被當。心內自認為一切無悔，但心內更深一層的潛意識內，可能與此生不斷地纏伴下去，只要生存於此世一日，它仍會潛存在那黝黑的意識的邊緣地帶，偶而探出頭來探看，甚至會吵嚷、搗亂。夢醒常覺一絲慘然的苦笑，究竟人生的日子就是那麼一次流程。

我們到軍監，分了黃色號衣，每人兩件，到了二樓的新一房。除了聲音很大的擴音機，太吵，我的左耳就因此有點耳鳴以外，一切算是不錯的。

軍法處與軍人監獄，其實是同一塊地，隔一道牆而已，而且牆中有門，還可以自由往來。那一天是十二月卅一日，是一九五〇年最後一天，也是傅孟真[297]先生告別式的日子，我們還加菜，約半手掌大的一塊五花肉。當時中國志願軍稍過卅八度線，停軍整頓。彭大將軍尚打長電報告，經毛澤東同意，最深是進入卅八度線之南十三英里。這一天在軍法處也無早庭，是一平凡的歲暮。自九月三十日到十二月廿六日下營陳窗、姜炎坤案[298]，三個月共一百二十位赴馬場町。

我們新一房除了昨天由安坑來的廿三位，還有一位姓金的外省人，在那房間等我。新一房是老的，水泥地上約五、六寸敷了地板，前面近門留一尺餘的水泥地，放各人鞋子的寬度，所以馬桶就在後面的中間。睡覺時不會像軍法處看守所，會碰上對面的腳。樓上濕氣也不重，走廊那邊有窗，由我們前面的牆可以看到日據時代的女子第二高女，再過去是醫學院，當時醫學院頂高到二樓，此地被擋著看不見。

297 —編按：傅斯年的字。

298 —編按：下營陳窗、姜炎坤案。全案14人，1950年11月12日判決。姜炎坤、陳窗於1950年12月26日被槍決。

到了這裡，就要先安排十二年刑期的頭一段日子。當時還不知道要去綠島，家裡自九月起，每個月寄兩百元給葉秋松先生，現在坐牢定了，家裡實負擔不起這兩百元。[299] 以後時間漫長，先和雪淳兄商量，經他同意，中止送菜，然後我寫了三封信，一封給葉先生，一封給父親，另一封給大妹。

由張少帥、楊虎城的例，對這十二年不敢存僥倖之心，為了省下家裡已是侷促的經濟負擔，做了安排。讀書以後要慢慢地計劃。當時邱兄還沒有來，以後在自四房，也不同房。新一房意誠兄稍遜邱兄[300]。蔡意誠[301]授我二子，一天頂多三局。他有一本線裝的日本老棋書，略有簡單的批註，當時《棋橋》雜誌是否出版不得而知。《棋橋》是去綠島後，父親替我訂的，當時的棋力可能是七級左右。

姓金的外省人，身分不詳。他的任務當然大家知道。我是對他算不錯，有的人不客氣給他白眼。以後住了不久，他可能住得不大舒服，自動請調，調到其他的號房去了。我們少了一個麻煩，我們大約在新一房過了那一年的冬天。

新一房不但寬，還可以看到窗外的青島東路，而且還可以看到中山南路的一角。有一天



**299**—因為當時母親不慎被酒精爐火燒，受了甚重的燙傷。每天打盤尼西林。父親還要為母親換藥。以後51年，是年年負債，借錢返債的連續。

**300**—邱兄目前是台灣業餘三級。

**301**—編按：蔡意誠，1927年生，台中人。1950年5月13日被捕，以「台北市工作委員會郭琇琮等案」被判12年；1976年又因「陳明忠事件」再度被捕，被判15年。

還看到高我一屆的鄭兄和他的女朋友（現在的太太），走過我的視界。這一帶以後成為名噪一時的「來來飯店」[302]，當時是台北市內人跡相當稀少的路。早點名的人，應該是由此經過。當時我睡在內側，拂曉時分，天色還暗，路燈又不亮，不是存心，不易看到。

許多同班的同學，連大妹高三時的女同學，在師範學院的也來這裡看過。父親只來一次，當時母親不知我的情形，我也不知道母親的火傷約及全身的百分之七十，一度相當危急，一直由父親照顧。要到母親去綠島接見，我才知道。家裡兩人有難，父親當時可能心內憔悴，頭髮全白。

在這裡出了房門，一定要穿囚衣，那背上有1154的號碼。有一個好處，洗了曬在外面，有了號碼，不會有人拿錯。下面是軍事犯，向東有優待的小套堂。李玉堂[303]中將，也許記錯了，曾有人看到他住。中將以上才有資格在此住。軍監以後就搬到新店的龜山，就是有不少故事的「龜山監獄」。

軍監每一星期有三十分鐘的活動時間，我們整隊跑二十分鐘。[304]而後各人做各人的體操，每個月有一次加菜，就是五花肉，而且可能記錯了，不是十二月卅一日，而是

302—編按：目前改名為「喜來登飯店」。

303—編按：李玉堂，1898—1951年，山東人。因1951年「華中軍區社會部策動李玉堂等案」，1951年2月5日被槍決於碧潭刑場。

304—這裡也不准帶錶，理由可能是擔心犯人間互約時間，或當做換錢的物品。

305—卡遜（Rachel Carson），1907-1964年。1961年才寫《寂靜的春天》。我1964年自小琉球釋放，9月轉學到台北醫學院後才買了這本書，已是1970年了。今天許多由蚊蟲傳染的病在第三國家，仍成很大的社會問題。印度、非洲、南美，瘧疾仍很凶，而且以前的奎那、阿的平已有抗藥性，所以用不用DDT，在那些地方仍是有很大的爭議。卡遜，由文學轉海洋生物學。1941年發表《海風下》。《寂靜的春天》在1962年出版。曾受甘迺迪注意，不久甘氏死亡，卡遜也由癌症死亡。卡遜文章很美。

一九五一年的一月一日。

當春天到了，我們學委案加上台中市案，移到自四號。第一個晚上跳蚤多，大家不能入眠。沒有辦法，由我提出ＢＨＣ，由林榮輝兄寫報告，買了一盒用了兩次。第二夜，我們就不被騷擾，可以安眠了。當時ＤＤＴ、ＢＨＣ未被禁用，對肝不好的常識也沒有。305台中案謝桂芳兄，患肝癌，當時黃疸已重，已有腹水。我在台大醫院病房看多了，腹水一出，大約只能活六個月。他以後到了綠島不久，在七月廿六日死亡，埋在十三中隊。之後母親和太太來綠島，隊上同學幫忙火化，她們帶他遺骨回台。當時還不知道台灣肝癌是由Ｂ型肝炎來的最多，而Ｂ型肝炎病毒可由排泄物經口傳染。如知道這一點，反而多一些知的痛苦。當時同房中只有洪天復兄，坐滿十五年回家以後，才因肝癌去世。不過綠島的難友，到十幾年前，死於肝癌的人甚多。

無知常有無知的好處。在綠島，Ｂ型肝炎的傳染率很高。在一九六五年至一九七五年過世的，差不多是肝癌。只有王荊樹兄到了日本，做了門脈繞道手術，多拖幾年，才活過一九八〇年。我做過檢查，表面抗原已無，而表面抗體陽性，表示曾染過此病。不過我曾

謝桂芳（1926—1951年）被送到綠島不足兩個月病故於綠島新生訓導處，兄長謝桂林因台北案，於1950年10月28日被槍決於馬場町。（提供／郭鋸銘）

經在綠島，屬生產班種菜，無知常打赤腳，患了十二指腸蟲，曾用兩次四氯化碳打蟲，第三次才用四氯化乙烯。當時已知道四氯化碳是猛毒，以後知道兩種都是致癌物質。[306]自四房走廊狹窄，隔窗可以看到軍法處的法庭及二樓辦公室，如稍爬高可以看到廣場的情形，甚至可以把早庭的情形看得清清楚楚。這種動作如被看守逮到，總是會找麻煩。也只看了一次，實在多了一次內心的痛楚，以後就不看了；不過那時候就在心內累計一些數目。

我已經說過我有《中央日報》的縮版，自民國卅八年下半年到民國四十年。如十二月十一日王再龔案[307]，十二月四日下營陳窗案，十二月八日張伯哲案[308]，不見報；十二月十九日簡吉案[309]，簡吉先生以下十一位共五次執行死刑：十二月十九日、一九五一年三月七日、四月十七日、一九五三年二月四日及一九五四年八月卅一日，這案也不見報。可能心內厭了，我也停止再算的工作。每一數，都只是增添心內的痛。

不過由這一看，大概知道早庭從人進去，五花大綁出來不到二十分鐘。而且人數視外面的中型吉普車的數目和憲四團出差的人數，就知道大約幾人。一部車頂多能載兩個死囚和

306—綠島舊曆9月，風大浪大，補給不易，要多藏一些米，而且地濕，易發霉。當時也不知黃麴菌對肝是致癌物質，以後才設打米廠。王福青兄一段時期就是做打米的工作。稍知十二指腸蟲壽命只有3年，打蟲藥猛毒，以後在菜圃是一直穿鞋，自己的不夠，就收人家不要的39碼的舊靴。（當時軍中黑色長統布鞋有36到41碼。）

307—王再龔案：王再龔、李金良、魏源溱、謝奇明、林寅吾、翁德發等6位，於1950年12月11日被槍決。稱「王再龔中部民盟武裝案」。

308—張伯哲案，台中市以張伯哲、陳福添、鄧錫章、李炳崑、陳孟德、李繼仁、簡慶雲7名死刑，12名被判無期徒刑：謝桂芳、劉貞松、王為清、王德勝、張彩雲、謝秋臨、江漢津、李振山、王永富、吳約明、陳列珍、王如山。

四名憲兵及一位駕駛，前面可能坐一位軍法處派出去的軍士和軍法官。

到了軍監學會了一件事。軍監發了一種調查表，要填寫一些意見和感想。反正對此判決已經厭透了，就在感想處寫「沒有」。隔日我和張碧江[310]君被召去見上校政治室主任，被他訓了一個早上；他還把別人填的讓我們看，都寫著「**感謝政府寬大政策，要重新做人**。」千篇一律。

由此次經驗，才知道難怪我會被判十二年，我才領會「無意見」就是有反對意見。以後到了綠島，被迫寫稿，也為賺一點稿費可用，十篇、五篇，總得寫一篇這種歌頌聖德的。有一位海寧陳家，與表妹鬧翻，不去升大專，入十萬青年十萬軍，做到上尉補給官，被判十年，一直謹慎努力，結訓時在第一組的朋友悄悄對他說，總評是一句：「偽裝」。偽裝歸偽裝也順利走了。他在綠島這份勞動把身子已經搞壞了，不到六十歲就因腎臟不好過世了。（可能連他比我大幾歲也不知，但十萬青年是比我大兩歲以上。）我的事，開會時有人反對，說我性直，搞不好會跳海。這種說法也是公允的，如不兩人扣在一起，我也許想跳海也「不是不可能」。

**309**—簡吉案，分5次執行：1950年12月19日黃雨生、林立、卓中民、楊熙文、黃天等5名；1951年3月7日簡吉；1951年4月17日余大和、魏如羅；一直到54年8月31日陳顯富，全案死刑11名。

**310**—張碧江，1927年生，朴子人，學委案，兄張璧坤屬「葉城松案」死刑，父親亦判10年。歸後，因心肌梗塞過世。

任他們送去公文後，有一日來到小組討論，我就背一大段民生主義第一講，還有各家的見解附上去，讓他聽聽。當然那是無話找話，我也是不必去用這種方法去挖苦他，其實是多餘的。那時代對這種貪瀆、不要臉的人，我實在愚蠢，想不出對付的方法。

那時代就是這種充滿了矛盾的時代。所以硬要說些非心內的好聽話，而後表演出色的，也認定是裝出來的「偽裝」。這分明是一種變態的心理。文明愈高，這分歧可能會更多。古代孔子的時代還做結論「**民不可無信，無信不立**」。我們可不同，自己的朋友那麼多已死別，自己活下來還得感謝不殺之恩，這是法治國家少有的現象吧。當時的台灣不算有法治，《憲法》是一九四七年一月一日政府公布，同年十二月廿五日實施；然而一九四九年五月二十日又宣布實施《戒嚴令》，一些《臨時條例》，可由軍法判決；憲法第七條、自由權一切無關了，連第九條「**人民除現役軍人外，不受軍事審判**」，已經是對我們絕緣的世界。一九四八年十二月十日聯合國簽署了《世界人權宣言》：第三十條：「**本宣言所載，不得解釋為任何國家、團體或個人有權，以任何活動，或任何行為破壞本宣言之任何權利與自由。**」

日據時代的平地武裝反抗，以一九一五年噍吧哖事件做一個句點；山地一九三〇年十月十七日的霧社事件，以日人嗾使（挑動）第二次霧社事件而告一段落。所謂政治犯，歐清石初以不敬罪被羅織判死刑，以後改為無期徒刑，卻死於一九四五年五月卅一日台北監獄內的空襲轟炸。楊逵先生在日據時代累次進進出出監獄，不及以後八百字〈和平宣言〉換來了十二年的十分之一。

楊逵先生判十二年，也坐了足足的十二年，在綠島總算學好了國語。來過綠島的人應知道，綠島的日子不輕鬆。如念完初中、高中、大學、研究所，共須十二年，我以後又多了一年七個月，也許勉強可以讀個博士。張少帥撿了《宋史》，他到台灣可能運氣算好。林書揚兄、李金木兄還好。當時綠島除B型肝炎及寄生蟲，沒有什麼了不起的傳染病。一九五八、五九

楊逵（1906—1985年）在日治時代多次被捕，戰後卻因〈和平宣言〉被判刑12年。照片是楊逵攝於綠島新生訓導處舉辦的運動會馬拉松比賽。（取自／2002年《人權之路》）

年的流行感冒，流行過，沒有死亡案例。「綠島熱」是地方性斑疹傷寒的一種，除年老的人以外，病如傷寒要約四星期，但沒有傷寒的危險後遺症。以後知道氯黴素、四環黴素有效，幾天就好了。有一位南日島的戰俘，得了腎變症候群，胡鑫麟先生還特地由家裡寄來當時還很貴的副腎荷爾蒙，盡心醫治，約半年後去世。有段時間胡先生心情不好，連話也不說。當時我是中了「綠島熱」，約住院四星期。

五月上旬，在軍監、看守所就交代把棉被等不用的東西暫時送回家。本身無棉被，而且除了向醫學院借的書，札記之類也不容易寄回家。我們當時已經有綠島正在建立營舍那一類消息，大家知道可能要移動了，留下那麼多札記、筆記，實在不智。不過家裡寄來的信沒有丟，現在還留著，這是一件很好的事情。我的行李估計一下，約略四十公斤，實在是不智。但札記、筆記也不能燒掉。還有葉盛吉兄老丈人郭孟揚先生給我的《新約聖經》、《聖歌集》，都留在身邊；還有同學送我的日本剛出版的《公共衛生學》[311]也不放過（現在也在書架中）。這要由中寮過公館，過那段甚難走的沙灘過牛鼻洞、三巖[312]那一帶進退兩難，才知道自己少了先見之明。花了一個多小時，走了三公里路，才到新生訓導處，實

311 —《公共衛生學》為50年版，約近2公斤。

312 —編按：指象鼻岩（或稱鬼門關）、三峰岩。

在有疲累及很慘的感覺；不過為自己留下了記錄，也算不錯。

要移動的日子總是到了。五月十三日夜，看守真正來吩咐收拾個人的行李。我將東西分兩包，一大一小。有一手一定要被銬的。過了十點各人發了三天份的麵包，三天的路程當然是去綠島。而後一批一批地動身，下樓才知道，兩個人一銬，排成了十排二十人，成為一長方形，外面的手由繩子串連起來，各人打一結。這二十個人一群，由兩位憲兵前後照顧，從軍人監獄走到樺山站。偏偏銬的是右手，只好由左手拿重的行

內湖新生總隊。（提供／唐燕妮，數位複製／台灣游藝）

李。樺山站是當時火車貨運總站，一九四五年急赴淡水也是經過此站。到了樺山站，繩子去掉了，剛好兩個人一座，都有座位。破曉的時候，載這八百位穿號衣的和八十多位憲兵的車才出發。天亮時，火車才停在基隆碼頭的一個角落。

內湖「新生總隊」的人早來了，穿著藍色的制服，胸前有「新生」兩字。他們正在做朝操，離我們約三、四百公尺，好似對我們示威。女性早已送到內湖的女生分隊，她們在這旅途中，沒有遭到太多的苦難。

當天由軍監去綠島的人，以後分在三、四、五、六、七隊，約八百人。判感訓的原則上早去內湖，就在那藍衣人的裡面，是二隊、六隊的一部分及附屬六隊的女生分隊。當時感訓為主的一隊早去綠島，是先發隊，他們才是真正第一批去綠島的新生。

# 拾參、

# 一九五一年，火燒島記憶

我們並未在碼頭移交給新生訓導處，新生訓導處是由新生總隊升格，所以一路由憲四團的一個連陪我們到綠島才點交。船是美國一九四二年以後用的舊ＬＳＴ，應叫做戰車登陸艦吧，是二戰時代大量生產的，與自由輪、勝利輪，輔助性航空母艦一樣用電銲法，快速大量製造。當時初期還不牢固，壽命稱十年。所以一九五一年的五月，已經可以稱之為老身了。進了船艙，才發現帶的三天麵包已經發霉了；我在沒有發現以前已經吃了一個，味道有些不對勁。

船底有一層微帶紅色的鐵鏽，只好敷一些東西（我是用一件囚衣）坐下來。而憲四團分了開水，把發霉的麵包收走，抛到海裡去。基隆港離台北三十多公里，不遠，但當時我只去過五次。第一次是由廈門歸台，可能住進基隆市公會堂，真是席地而居。第二次是國小六年級北部旅行，坐火車走了一趟。第三次是為了找在基隆醫院實習的陳兄。第四次是由此去上海，也由上海歸來到基隆港。這次看到無數被擊沉在港內的船和軍艦。還有一次，一九四五年十月到此歡迎國軍來台，下來的部隊，挑大鍋、衣服不齊、步伐紊亂，不似早年看到十九路軍。大家失望，我卻安慰他們，八年抗戰，的確是很辛苦。這些部隊去山東參加戰爭，三個晚上，三個師被新四軍吃掉。

那一天基隆沒有下雨，也不是放晴。基隆還有當年被炸的殘影，周圍的山巒也帶著不大快樂的灰色色調，港內的水也帶著綠色的混濁。

我們仍是兩個人一對戴手銬，去綠島時如此，與葉雪淳兄一起；後來離開綠島赴小琉球也是如此，與王嵩岳一對。目前美國的ＬＳＴ都是萬噸左右，當時由二千多噸到三千多噸，我們坐的是三千噸級，我們不過千餘人（連上面穿藍衣沒戴手銬的、憲四團、新生總隊的官兵、登陸艇的乘員）。以後這種ＬＳＴ流落到許多國家，包括「西方國家」及「第三世界國家」，甚至蘇聯以前登陸千島列島，也由美國供給這種ＬＳＴ吧。

在船上也許有人帶有糧草，我們著實一直餓到五月十六日夜新生訓導處的第一次晚餐。其中有一次憲四團看不過去，用他們的米，煮了一餐稀飯，讓我們止餓。當時許多人暈

自海上望向綠島。（攝影／陳孟和，約攝於1950年代中期）

現在的綠島中寮港一帶，是1951年5月17日第一批政治受難者抵達綠島上岸的地方，圖為中寮港清晨望向東邊的公館鼻、牛頭山。（攝影／曹欽榮）

船，沒有食慾。我是不怕坐船，但叫苦也無奈何，忍著餓。由此知道，餓三天、有了水也不算什麼。

艙內有一絲悶，但還算可以，就是沒有廁所。要大小便都得先報告，兩個人一起到甲板邊搭的臨時廁所，大便還要踩在可以看到船捲起白色海浪的板上，不大方便。兩個人一起行動，所以能忍就忍。開水由憲四團供給，不會短缺。為了上下甲板不方便，盡量少喝水，而兩天半我們只上去六次。船一直到十四日才開。大半的人會暈船，許多人都吐了。我自少坐慣了船，這種風平浪靜，未曾暈過。只是麵包霉了，實在有些餓慌了。

這時候過了立夏，不到小滿。東部海岸正是天氣頂好的季節。那些在上面穿藍裝的人，如果太陽兇一點要躲一下。他們訓導處也嗇氣，捨不得撥出一點米讓我們止饑。在台灣東岸之東，可見古時讓葡萄牙人高呼「伊拉，福爾摩沙」的美麗風景，而且是一路兩百海浬。這ＬＳＴ的船速只有五海浬，到火燒島要近四十小時。十四日夜由基隆出港，十六日破曉我看到有人喊：「火燒島」。到天亮了，在中寮外海停下來，藍的天、綠色的島、白色的沙、青色的海，五月中旬綠島實在中看。我內心想反正要住十一年。但這種想法其實是錯的，五、六月雖頂好，七月以後颱風多；舊曆九月起，風大捲起浪霧侵襲島上，經太陽一曬，樹都焦萎了。火燒島的名稱來源之一，由此來的。

當時賞美的心情不多，想到十一年要住此島，心有點鬱卒。當時除了在東海岸成功港、南方澳討海的人以外，留在綠島只有三艘五馬力的船，其他是不少的舢舨。我們到達當天，動員了不少舢舨載人。綠島[313]鄉民都被告知，新來的人是比殺人放火還凶的犯人，不准與我們說話；現實上，我們要向他們買許多東西，如魚、豬、雜貨、蔬菜。他們自日據就看過流放到此的囚犯。現在有些老人回憶時說實話，我們這一批人，總的來說，是他們見過的外人中，最老實而最和氣的。

一次頂多是一組人下船，廿二個人，一來一回要四十分鐘左右。下船時還戴手銬，我還帶四十公斤行李。上了岸，謝天謝地手銬去掉了，還好當天沒有聽到有人落海，穿藍衣的人先下。女生分隊還坐有輪無輻的牛車。還好謝桂芳兄也坐牛車。

當時我們身邊沒有帶錢，錢是由軍監交憲四團，以後憲四團再交新生訓導處，而後各隊登記錢數。每星期發一次三十元購物券，購物券是分十元、五元、一元、五角、一角，共

313—1949年已由火燒島改為綠島，紅頭嶼改為蘭嶼。如草山也改為陽明山。

314—編按：指綠島帆船鼻。

五種。需要多，如買書，有時要打報告，有時交購書匯款單就可。

手銬以後還有緣，去小琉球時，還銬了一天半。好歹這時沒有手銬。把東西再分三，重的背在肩上。往新生訓導處有三公里路，只有老百姓牛車過的約寬三公尺左右的路；沙灘上沒有路，路是以後我們動手做的。

這段路以後常上下午來回各走一趟，甚至走到南寮，有時候要走過南寮漁港去綠島南端的龜鼻頭[314]。路走慣了，一天走三、四十公里也不會累。在台北市也常走一、二十公里的路，不算什麼。不過已近一年沒有走遠路，將近一年的牢中生活，腳力差多了。我去台北、回台南也常背四十公斤，餓了兩天半，體力衰退。渴的問題倒好解決，就在附近的水井喝水，當天綠島老百姓實在給我們很大的方便，雖然不准說話，不過不禁止我們要井

火燒島以前只有公館到南寮的碎石路，直到「新生」到了之後陸續修路，交通工具也只有牛車。照片上的牛車，是受難者就地取材所做的克難牛車。（提供／唐燕妮，數位複製／台灣游藝）

水。而且每口井的味道不一，有的鹹味頗重（當天浪靜，還不厲害），而且他們會自動幫我們打水，我大約喝了三次井水，最後一次在公館。

過牛鼻洞那一段沙灘，沙地無法著力，走個一百公尺，就停下來大喘。當時心內對自己討厭透了，如果沒有帶書，可能輕鬆多了。以後一直到一九六四年一月廿一日回家，粗略估計，我走的路可能超過八萬公里，約赤道帶繞兩周。一九四五年五月九日我們部隊由成仔寮走到下埤角，也背了四十公斤，還有一支四公斤重的三八步槍，偶而輪流帶九六輕機槍，重量九公斤；不得已在路上拋掉了許多書，只剩下一本《步兵操典》。連一塊約三公斤的炸彈破片，差一點奪命，也拋掉了。這時候還算好，到最後不丟一物，花了一個多小時走到離三公里多的目的地。

1951年7月，顏世鴻25歲，攝於綠島新生訓導處。（提供／顏世鴻）

憲兵連的兩位憲兵，過了四天也熟了，一個在前帶頭，一個跟最後，他們也辛苦地陪我們走了這段三公里多的路。稍停下來，望山、天空、海、礁岩都很美。

當時還未完工的新生訓導處只有一個大門，有「新生訓導處」五個大字。處部在西邊，東邊第一大隊，南邊是第二大隊，西邊第三大隊，還沒有完工。每大隊，前面是大隊部，而後東西一排空的，各端有個士兵的房間，然後有四棟就是各中隊。各中隊前面是軍官的臥室兼辦公桌處，以後是新生寢室，最後面是廁所，各大隊模式一樣。

我走到時離黃昏還有一段時間，最後一批人到齊已在夜色中。開了發電機，才在電燈下由軍監的人與姚處長本人點交。由二隊開始，三隊、四隊，而後才輪到五隊。唱名的時候還要點軍監的囚號。我們五隊是以麻豆案、玉井案、台北案、學委案、高雄及基隆案的一部分、宜蘭案，加上一些小案組成。我們點完了名，被帶到五隊營舍的東北邊，先吃了十四日早上以來的第一餐。菜是蘿蔔絲、梅乾菜，有一湯。飯已估計四天沒吃，不限量。吃飽了，臨時編班，分了鋪位各自就寢。五月十七日晨，拂曉時有些冷意，而且知道，當夜我們沒有被蚊子咬到。[315] 我們當夜的飯是先來的第一中隊，派人幫忙做出來的。當時伙

315 一一直到兩年後，我們自己排水系統沒有做好，蚊子才漸漸多起來。我們也帶來臭蟲，成為大患。以後用馬拉松農藥，打了幾次才絕跡。

鄭添泰，1922年生，台中人。因涉1950年「台北市工作委員會郭琇琮案」被捕，時為省立台北醫院圖書管理員，被判刑10年。（資料來源／檔案管理局）

房有一位伙夫兵，第一位伙委是台北案的鄭添泰[316]兄，好運動，柔道二段。倒立能撐半小時以上，但可惜十年後歸去就病逝了。

綠島及小琉球一年半，共十三年七個月。索忍尼辛寫《第一層地獄》的故事，可以將一天廿四小時發生的事情，化為一長篇小說，因為要創造一、二十個主角不難。在綠島的一天也可以很容易寫成一篇小說，但這裡說說平靜沒浪的日子。

綠島的面積不到十六平方公里，大潮及落潮時，差異太大，一大片礁灘，大潮時在海水之下。島有兩山，阿眉和火燒山，高都在海拔二百八十公尺左右。火燒山稍高。曾有人以千里達島（Trinidad）與綠島、蘭嶼相比，千里達與托貝哥（Tobago）約有五千一百平方公里，蘭嶼不過四十多平方公里，相差太多，幾近一百倍。綠島在台灣本島外，面積排第四，蘭嶼排第一，第二澎湖本島，第三也是澎湖列島的老二漁翁島。

火燒山有噴火口，長滿了樹林蔓藤，無路，下去不易。當年只有如尤昭榮兄那一類年少力強的少年人才敢去探底。我們去也不過在火山口稍下去三、四十公尺處，找些要帶的東西；有一次稍深入，上來暈倒兩次。

316 —編按：鄭添泰，1922年生，台中人。1950年5月13日被捕，被判刑10年。

綠島由噴火，珊瑚礁、地形隆起而成。地形隆起有三次，每次七、八十公尺。所謂八德坡那一條線，就是最後一次隆起。第二次隆起是我們稱順田山一帶，數次可以看到，很整齊。最初的隆起近火燒、阿眉兩山，太平洋板槐與菲律賓板塊相擠之處。

剛去時還有健朗的九十多歲老人上山砍取鹿草，他們記性好，耳目尚聰，向我指點一九〇五年，俄國波羅的海的艦隊，由此經過，總數五十艘，十六萬餘噸，是當時在亞洲海域最大的艦隊；而且除了四艘經蘇黎士運河，其它都經南非，遠途而來，當時是綠島人初見的偉客。一九〇五年五月，不過是不到五十年前的故事，老人邊想邊說，還說到一九四四年十月，美國五十八機動艦隊，以空母（航空母艦）為主力大襲台灣的機場、港灣。當時美國的艦隊在綠島附近，而後還有參加琉球之戰，一千多艦艇也經過綠島，到先島列島的東海。故事仍未完，以後第七艦隊一直由此向北向南，任一場景況都是盛大場面，他連看五次，實在難得。

我常在阿眉山附近看海景，四十萬噸的大油輪、第七艦隊的航母群，都見過。遠遠望去，有時候好像看人家玩的軍艦模型。

《台灣府志》記載，嘉慶年間有人見到東海有噴火。[317]小琉球的陳必先漁船被風吹漂到滿島熱帶林的島上，以後三姓[318]的人到此，而後小琉球的漁民陸續到火燒島。當時雅美族人住在此地。有一次衝突，雅美族人退回蘭嶼，這大約是兩百年前，火燒島歷史的開端。

綠島有一條早年也不斷水的鱸鰻溝，以後我們改稱為流麻溝，三千多人賴它生活，上天的恩賜吧！綠島多井，各井不同，有的井水不錯，有的鹹味太重。以後各隊的廚房都有井，海潮大或颱風時鹽分太重，不適合做豆腐，可養豆芽菜，或菜湯。要去流麻溝挑水，來去兩公里。我曾當伙委，當時初到，幫廚的人有許多人不會挑水；我早學會了挑水，有時每天自己挑十八擔水，就是如此日日走過三十公里路。

關於南島語系的遷移，現在還沒有正式的定論，台灣極

1955年2月，顏世鴻攝於綠島流麻溝旁。（提供／顏世鴻）

317—林再復，《閩南人》，第148頁，自費出版，第七版。

318—我只記到田與陳姓。

319—編按：綠島人稱樓門岩。

320—編按：林正忠，1921年生，高雄市人。涉「高雄市工委會劉特慎等案」1949年11月8日被捕，被判刑10年。

可能是他們的出發地。達悟族人五、六百年前由巴士海峽的巴丹島再回到紅頭嶼上，部分人可能到火燒島，好似排灣族人也曾在小琉球。綠島海邊有甚多小島、巖石。安山岩附在珊瑚礁上。最大的島，可能是綠島北端東邊，中間有黑潮一支流約與綠島相隔一公里。我們慣叫鬼島[319]。我們常游到鬼島再游回，黑潮流速近每小時三海浬，而且日日孜孜北上，不小心人會沖到北方，不過北方還有幾個大巖，林正忠[320]兄有次差一點就成為海龍王的女婿。

我們去的時候，綠島鄉有三村，人口三千。到現在仍是三千，不是沒有增加，有了錢，就想去後山（台東）的人多。這裡有所綠島國中，寒暑假期我們也開補習班，我參加當理化、數學老師。台東高中的程度差。五十年代有一位去高醫唸醫，歸來在綠島服務。

我們這邊有醫師八位：胡鑫麟先生是眼科專科，在醫務室處理病人；外科林恩魁兄；婦產科王荊樹兄；耳鼻咽喉科蘇友鵬；皮膚科胡寶珍；牙科林輝記[321]兄；內科呂水閣[322]先生；細菌有陳神傅[323]博士。還有兩位內科是日據限地醫師，還有光復甄訓出身。人材濟濟可成立一所綜合醫院，當過護士的有數位。唸國防醫學院兩位，唸台大我一個。剛去小開





321—編按：林輝記，1922年生，嘉義人。涉省工委案，1951年7月8日被捕，被判刑12年。

322—編按：呂水閣，1917年生，台南人。涉1951年「台灣省工委會台南市工作委員會支會鄭海樹等人案」，被被刑10年。

323—編按：陳神傅，台中人。涉1950年「中部地區南投區委會洪麟兒等案」被判刑12年。

林正忠，1921年生，高雄人，因涉「高雄市工委會劉特慎等案」，被判刑10年。（取自／「綠島人權園區」新生訓導處展示區「青春．歲月」展區）

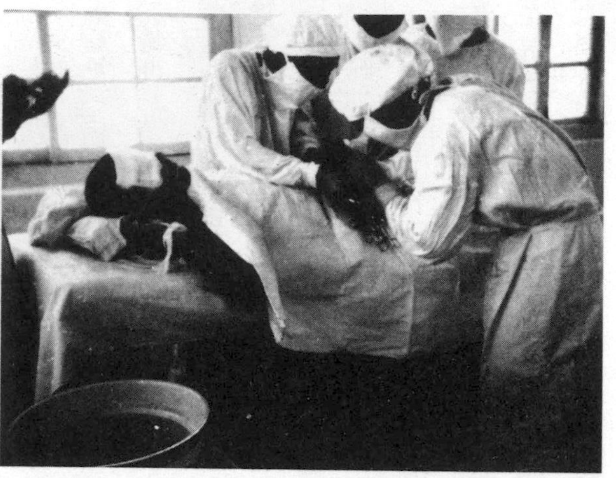
新生訓導處醫務所克難開刀。（提供／蘇友鵬）

以前的綠島，不少已婚女性夏天不穿上衣。（攝影／歐陽文）

刀及牙科的器材都沒有，以後才有初步的器材，盲腸開了幾個例。

我們初到綠島，已婚女性，夏天是不穿上衣的；以後台東的流行，馬上就傳到島上。我在綠島十一年多，上山有時候沒有人帶，大家都約束自己，未曾發生任何不愉快的事件。只是有段時間要去金門的職訓隊的人在綠島集中，如女的上山工作，都要幾個男的做陪。男人的職務是海的獵人，可能相當傷腦筋。不過文化的衝擊總是難免的。當我離開綠島集中營時，她們打扮入時，衣著和台東差不多了。生活水準提高確實是一個重要的因素。對島民來說，連官兵、眷屬在內，共近兩千人的生活及消費，對三千人的漁村影響很大。雖不富，不過對當時半封閉的漁村來說，光生活的提昇就有很大的助力。我們的伙食費一直與普通的兵員相等（士官、軍官也一樣），我們自選伙委，還自種菜、餵豬、羊、火雞、兔等。當時伙食據說在陸軍是很好的，過年還辦十二道菜，加兩瓶酒。志願端菜的人，每桌另加兩瓶酒，這是年菜的豪華版。

綠島到紅頭嶼當時是台灣的漁場之一，如飛魚、沙丁、鬼頭刀、鰹魚的漁汛；要帶到台東，船要油，魚貨要冰。鰹魚當然可以做柴魚，量大就難處理。沙丁魚起初賣一公斤五角，鰹魚一元。我們初去時，漁船只有五馬力的兩、三艘；當我們要回台灣時，五馬力到十馬力的動力船已近六十艘；這小船通常乘員兩到三位，作業種類不同而稍異。舢舨是圍飛魚，釣鰹魚大群時出動的人就多，多到魚太多了，有些人要下海，這種鰹魚都是離岸不遠。

一九六〇年我當伙委，以我們的副食費只能買到八元一公斤的鮪魚，所以大鮪魚、旗魚、破雨傘之類他們都運到台東外港的成功去賣。如三百公斤的黑鮪魚，對他們就是大大發財了。

每隊五個人要輪流到處部幫廚一個月，二個人可以住到廚房的倉庫，其中一人磨豆漿，還要採買、記帳，管倉庫物品出入。每人每個月可以拿到四十五元。麻豆案沒有接濟的人多，就做這份苦差事。早上三點多起來磨豆漿（當時沒有電動的），還要自己杓豆子。另一位是起火，先做饅頭；等我豆漿磨完，頭一鍋開水好了，

1953年6月，顏世鴻27歲，攝於綠島新生訓導處。（提供／顏世鴻）

**324**—編按：黃伴，1916年生，台南人。涉1950年「台灣省工委會台南縣麻豆支部謝瑞仁等案」，1950年6月1日被捕，被判刑12年。

燒豆漿。我就用約四十五分鐘把水井打滿。這時候起床號吹了，另外三位才會到。我的會計工作簡單，用累計，一個月到了，帳也算好了。米、麵、黃豆、食油都可以移交別隊。不過採買要提早一天，參加下個月採買的開會，商量殺豬的日子，各隊要借什麼肉多少，前腿就前腿，五花就五花。最初連處部八個單位，以後是十二個單位，平均每隊殺豬三次。完了下一天要辦移交，其他人可以休息一天。採買苦，冬天等漁船歸來，天色已晚，吃飯、洗澡、記帳（連主食、副食）做好了，就該睡了。

處部不種菜，就跑到各隊的菜圃買菜，甚至自己不餵豬到各隊買豬，有時候到外面買。能殺多少肉，就靠各人的經驗累計了。伙食好不好，吃的人自知。不過主廚那一位是重要的，什麼事靠經驗。如芥菜的鹹菜，黃伴[324]兄只教我一次，他就誇說我做得比他好。一次鹹菜是用數千斤的菜，我看過麻豆鹹菜的大木桶，可能算萬斤

「新生」向綠島居民買魚。（攝影／歐陽文）

的，我們只用大水罐。芥菜要小曬，老的與嫩的不同，要靠踩在腳底的感覺，配合放鹽的量，只能意傳。去小琉球時芥菜種多了，我也做了一次。

每隊廚房有兩口水池，可以容四十擔水，打水井要一小時左右才打滿，初去打不到十分鐘就要換人，久了差不多一個人可以打到底。磨豆漿做豆腐也是如此，那種大磨沒有用慣肌肉的人，十分鐘就累；練久了，一個人可獨磨一、兩個小時。跑長距離，長泳也會有這種經驗，開始當然不能太用勁；到了一段時間會覺得不能撐下去，可是忍下三分鐘到五分鐘，人就變成機器式的，能再適應一段時間；而後又會來一次耗乏期，很難忍受，不過再忍過去，還能撐一段時間。我曾在綠島火燒山（二百八十公尺高），從噴火口下去，無路開路，砍了七十公斤左右的木材；上來要邊開邊爬，所帶放鹽的開水喝光了，暈過去兩次。夏天死火山口無風，我醒來喝了石凹上的積水，還是把木材運到山頂。有人說可以再撐一次，我沒有經驗不敢亂說，而後平路有風，運這木材走三公里的下坡路本身算不了什麼。

綠島的水田，約四十甲，看天田就不止，集中在觀音洞泉水出處及中寮靠山處。因為綠島比別處颱風多，去巴士海峽，去恆春半島，去太麻里、台東、成功，去玉里一帶，去花蓮、宜蘭，去先島列島而後北上到九州，甚至由此轉北直取日本本島，甚至取北北東到千島列島，在此處轉向最多。看天田就要靠天。只有一次寡颱年也無雨，綠島民眾到觀音洞祈雨。綠島人以前除短期的芥菜、蘿蔔（綠島人稱菜頭）外也不種菜。在山中凹地種佛手瓜（或稱香櫞瓜），味不好，但遇到颱風就要靠它與南瓜、冬瓜、地瓜；等到初播白菜等，能去變一部分當菜湯。鹹菜、菜干就是在綠島提防青黃不接的日子；還有做豆芽菜，快。我們初在沙地上做，以後就用木桶，底打小洞。夏天三、四天就可以用。黃豆也可當颱風後應急的菜，如空心菜、莧菜，可以割齊，等雨過後發芽也勉強可以度。其實地瓜葉也是甚好。

我們到綠島，創了防風籬笆種菜，由高漸低，以後就大約二尺七到三尺左右就可以，澆水時稍不便。以後老百姓也學了，自己種菜。我種菜數年，種地瓜約一年，只對瓜類、番茄多熟一點、多懂一些。如天氣順，菜多消不掉，也可以到老百姓家賣。大約一把一元為準（在處部是一斤三角）。豬也買巴克舍、桃園種來生產小豬，賣給老百姓。這也是綠島豬種改良之始。我們中隊菜圃三區，地瓜園一區，一半是向老百姓租，租金是以米計。

為了防風籬笆，需要不少稻草。菜圃的人都為了稻草，要去把割稻、打殼、裝稻的工作包下來，只要他們的稻草。所以菜圃的人一年要二十日左右為割稻、曬稻草、堆草屯忙碌。老百姓只派一個人，頂多供給開水。流汗多，我們都會帶一點鹽，滲在開水。曬乾稻草，紮成一把一把的，然後用牛車載回，做草屯。黃伴兄是老手，未曾出問題。種菜有工作獎勵金，一個月十五元到二十元左右，對不抽菸的人也夠了。大妹每個月寄一百元給我，稿費五、六十元，種地瓜時買糖，其他是初期買菸；以後就給結訓的外省同學，或本省沒有接濟的同學，送個一百元權當路費。

我們養豬，初向老百姓買小豬，兩百斤的豬要餵一年半以上。以後我們買桃園種配巴克舍（Berkshire）公豬，小豬也賣給老百姓；飼料

新生訓導處「新生」種菜的情形，菜圃周圍有防風籬笆。（提供／唐燕妮，數位複製／台灣游藝）

有限，不能如台灣平均一天增一斤。每隊平均每個月消費三到四條豬，所以平均每人每年消費二十公斤，比老百姓消費還多。每個月供給一條，過年過節另議，舊曆年曾經一口氣供給三隻。

綠島老百姓似澎湖，以漁、地瓜、花生三種搭配，看了九十多歲的還上山刈鹿草，似乎對健康甚好。如今四十年了，文明的傳播，好的不易，這種形而下如水銀瀉地，實在快得有時候會使人心裡生怕。台灣近年來的疾病及死亡原因的變化，大概是走西方國家及日本的路，只是慢日本五年至十年，心臟疾病比較少，癌症也沒有西方多（但乳癌的增加是怕人的），肝癌與檳榔演成的口腔癌是世界聞名，還有ＮＰＣ。[325] 當美國自八〇年代為了改善年達六十萬人因心肌梗塞的死亡，想學東方五十年代以前的食譜，而且也確實改善甚多；東方卻正流行美國垃圾食物，是時代反諷。

一九六二年七月要去小琉球時，當時盤尼西林油質千萬單位還是一瓶一百元，台北市敦化北路、南京東路仍是一片水田，高雄市人口未到四十萬，台灣在困苦中已漸走上了尹仲容先生「起飛工業」的路上，食可飽，衣可蔽身，好的一面沒有喪失。現在的經濟掛帥、

325—見《台灣府志》。ＮＰＣ是鼻咽癌簡稱。

消費領先的社會仍未形成，農村仍留存故日的樸素、淳厚、勤儉。所以如要拿那一段日子與現在做比較，如只根據數字有點困難。綠島當時有電晶體的收音機，新生訓導處有兩部發電機，我們寢室也有二支日光燈，這是綠島後期的故事。

最近綠島已向外公開，成為遊樂休暇地區。以前是如要塞地區，禁止攝影。歐陽文、陳孟和兩位是有福利社攝影師之便，攝了頗有紀念性的照片。歐陽文有女性不穿上衣的「艷照」，而陳孟和主要攝些地誌有關的。一九九五年朋友一家去綠島歸來，照了一卷錄影帶，給我一份，就有今世總要走趟綠島的舊地之感。總之，二〇〇五年綠島行總算完成了宿願。

當年女生分隊，附屬於第六隊，算是第二大隊最西側

2002年3月29日，新生訓導處唯二的攝影師（左起）歐陽文、陳孟和攝於新生訓導處僅存的一段圍牆遺址前。（攝影／曹欽榮）

1956年6月，顏世鴻29歲，攝於綠島新生訓導處。（提供／顏世鴻）

1959年9月，顏世鴻攝於綠島新生訓導處。（提供／顏世鴻）

（八隊位置）。伙食由六隊供給，人多時六十位出頭。一九五五年五月六日，離開綠島去生教所；而後八．二三颱風把五隊房舍吹塌，七隊去用女生分隊，六隊用七隊，五隊才搬到六隊。八隊以後才知道是台北市留守，專收要送綠島新生的業務，所以在綠島始終沒有第八中隊。

八．二三颱風，我們五隊被吹垮了，卻增加了不少自做的吉他，還有人自刻了小提琴。一本吉他的教則本花了三個月，除了幾個難曲算練完了，不經師匠教的不算數。我的生活除了讀書、橋牌、圍棋之外，就是寫稿；尤其在地瓜園為了買糖，寫得最多；他們往往說，他又在製糖了。這麼忙的生活又增加了吉他，但千錯萬錯沒有學好英語。

在綠島十一年，如有計劃專攻一、兩種外語及一門專業，應該有很大成就。我在綠島也許買書最多（某保防官之言），結果都是速讀，一無是處。馬昆泰[326]兄，十年自學代數、幾何微積分，我尚可以教一教；微分方程式、數論，只能共同研究，以後就甘拜下風。他獨自完成數學系的課程。不過沒有經過考試，沒有證書，在職業市場要有一立腳之地不易。有位外省籍朋友學日語，我做過老師之一，勸他寫日記，幫他修改，讀一本破爛的日本雜誌，居然能與我說日語。十一年過後，到台灣，他用日語對付開業醫的外務，是成功的一個例子。國防出身的本是同學，以後小富了。甚至有人不大會英語，從ＡＢＣ學起，十二年成為翻譯專家。

在綠島《壁報》及《新生月刊》，寫了一些文字，每月有個六十元左右收入。算是訓練國語及文字的鍛鍊，兼賺一點稿費。壁報千字三元、《新生月刊》千字六元，綠島十一年的稿費大概是如此，一直沒有變動。

《壁報》、《新生月刊》與論文比賽獎金平均一個月近六十元，菜圃的工作獎金近二十元，所以還可以做些幫助別人的工作。

離開綠島是一九六二年七月廿八日。當時台灣正在爭論節育，衛生署是默默地悄悄地開始做了。六〇年代初一年人口增加卅五萬，約等於高雄市的人口，而四十年後高雄人口約此數四倍半。初到綠島無人談人口，只有我一個不識時務，也不知自己處境，寫了〈由社會問題看台灣人口問題〉，剛好卡在廖派手中，自處部第二組歸隊，自此去地瓜田。

當時我不知台大還留學籍，已經接近十年了才知道是「曠考退學」，但學籍還在。那時

**326**—編按：馬昆泰，1929年生，高雄人。涉1952年「李武昌案」，1951年7月13日被捕，被判刑10年。

為了回去的職業發愁，有外省朋友說可以「試」專欄作家。專欄作家需要文筆之外，還有雜學。實在動心，泛買濫讀所得不多。胡先生臨走也盼我用功，才以英文讀解剖學、藥理學，和《讀者文摘》的英文版。醫學書，專用名詞習慣易讀，文藝難了。也在這一段時機，官長沒有移動之前，把家寄來的信提出審核，順利寄回家。其他如一言盡之，書多、讀快成災。書如不看可以寄回去。家裡寄來雜誌居多，《棋橋》、《文學雜誌》（只欠第一期）、《純文學》、《中外文學》及《台南文化》。《台南文化》在父親過世後就中斷了。自小琉球歸來插台北醫學院，專欄作家的夢早已破了。筆不如人，關係不如人，這不是那麼容易混的職業。

一九六六年七月，就在父親光復接收的台南市救濟院成功醫療所當醫生，其實學籍屬七年制，畢業證書還得等一年，而偏偏那一年醫師要考試了，還好內科四題猜到三題，共考四科三百四十六分，一試而過。於是老是纏伴不去的高血壓自然回到正常，沒有值院醫師，我每夜七點，休假天早上七點也去查房。到了古稀之年，才想起重寫《霜降》。

# 拾肆、

# 一九七一年，霜降，追憶馬場町

插入台北醫學院是幾位台大時代的老師勸我的，我學籍屬第三屆，而我台大那一屆是五年制，所以徐千田先生折衷讓我跟六年制的第二屆生上課。畢業後沒有留在台北，唯一的原因是母親老了，已六十四歲（我八十歲回憶母親稍有一種尷尬的味道）。父親光復當時接收的成功醫療所薪水並不多，回到台南初任薪水是兩千七百六十五元，從一九六七年七月一日開始。

一九六七年六月廿九日我離開台北時，台北正要升為院轄市，當時台北市人口不及現在的一半，交通也還沒有這麼複雜；我常騎著林榮輝兄送的腳踏車去實習，實習醫院常常換，北醫當時還沒有自己的附設醫院。我騎腳踏車機會較多，當時中午很少在外邊吃，太貴，自己買兩個饅頭便是一餐，一九六六年八月底去當實習醫師，把車轉送給難友田慶有[327]兄。

327—田慶有，1928年生，遼寧人。涉1952年「侯殿權等案（孫立人相關案）」1951年11月29日被捕，被判刑10年。現住台北市。

328—康熙23年，置養濟堂，內有施醫所，也是免費服務。

還是一九四五年光復當時的舊樣。一級貧民內診、住院免費；二級貧民是特別半費，只收四分之一；三級貧民是半費。[328]而且免費、特別半費、半費、準半費外，還有十分之一費，收費為十分之一。除了貧民，有社工員可以實際觀察，有的長期病，已經家財散盡，也可以免費。而且尚有二十張免費住院及三百張內診免費的義診券，當時病房有限，住院大約最多卅五位。住院免費的義診券是有效期三個月。

許多腦中風、癌症、白血病、紅斑狼瘡、側索麻痺等長期病患，錢用完了就流落到這裡，所以許多這種症狀都可以看到。當時只有我與黃酉時院長，而且休假早上黃院長與我查房，而每天晚上七點我再來。甚至如有急患，值班人會來叫我去處理。也曾為了硬膜下出血的病人，我在院

顏世鴻37歲自小琉球出獄（1964年1月），1964年6月，就讀台北醫學院前的照片。（提供／顏世鴻）

裡住了四天。

一九六九年底，流行感冒大流行，我自己也中了。而院長赴美剛請假三個月，我獨自一個人，不但朝夕查房，早上、下午門診二百五十號，回家五點到七點，八點到十點也要應付一百人，自然也被香港A型流感帶上了。好幾天要頂「逼步」，斯爾匹林（Sulpyrine）加類固醇打靜脈，329 我只好撐到底。至今已經過了卅八年，想起來也會怕怕。兒子那一年一月九日生，未週歲也患上香港A型流感，因此留下氣喘毛病的他，也為此煩了近三十年。

一九七一年，我偶然於十月廿三日到台北出差，當天辦完了事，買下午四點回程票，有點空檔，我坐公車在廈門街下，一直走到馬場町那一帶。太平洋戰爭末期，這附近做了一個簡易飛機場，泛稱「南機場」，有一大群高樓公寓在北邊。以前那一段我不陌生。330

那一天我穿著廿五年前擺路邊攤時為自己留下的草色風衣，細雨霏霏有點像一九五〇年十一月廿九日早晨，那一天日出是上午六點廿一分，不過我在安坑沒有看到太陽，他們來到此地，報紙上寫上午六點，應該沒有太陽，而且雲層很厚。看到檔案裡，槍決死後的相片還用手電筒照。路邊是水泥壩的堤岸，我獨自佇立二十分鐘，任細雨淋濕了滿頭、滿

329—家裡沒有人會打針，只好自己打，右手拿針筒打左手。

330—過了長橋是中和庄，老林擁有500張以上的古典唱片，有一部電唱機，常伴失戀的老郭去那裡聽唱片。老林的電唱機和唱片也是日籍的女朋友回國時送他的。我們在這裡度過一個星期天下午，再回宿舍。不好意思說出來。他以後以宗教的獎學金去美國，結果是做一位不大快樂麻醉科醫師。

331—編按：乃木希典，日本山口縣人。1896年10月任第三任台灣總督。1898年2月任近衛師團長。日俄戰爭時為第三軍司令官，於此戰失去二子。他作了二首漢詩，除了長男乃木勝典歿作之外，另有一首次男乃木保典在二〇三高地歿作：爾靈山嶮豈攀難，男兒功名期克艱。鐵血川無山形改，萬人同仰爾靈山。

臉。

忽然耳朵聽到自己正唸著詩，也許是一種可憐的殖民地人民的潛意識。唸的是乃木希典在金州城外唸的詩。他的兩位兒子，長子死在金州城外，次子死於二〇三高地的戰鬥。這首七絕是以前常聽到日本人唸的詩：

**「山川草木轉荒涼，十里風腥新戰場。**
**征馬不前人不語，金州城外立斜陽。」**[331]

乃木將軍不是出色的將軍，日露戰役時，率第三軍攻旅順要塞，失去三萬兵及二位兒子，他只有這麼兩個兒子。詩中可以意會到悼亡氣氛，他的詩如夏目漱石一樣，不太有日本人寫詩的味道，有點像中國人寫的。

一九七一年到馬場町，我身淋細雨，大屯山掃下的風，秋末已有冷意。那時，中國整體的形勢也是那麼一片涼意。一九六六年文革起，對岸正在經歷一場風暴。二舅已經大動脈

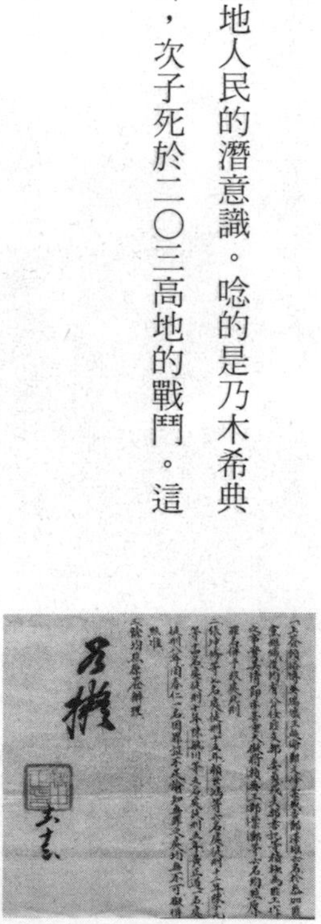

賴裕傳、吳瑞爐、王超倫、鄭文峰、葉盛吉、鄭澤雄6人改判死刑簽條。（資料來源／檔案管理局）

剝離而去世，五舅為了潘漢年、楊帆、董慧案判無期，人正在青海過日，一家人四散；而台灣正處在工業起飛的初階段。我獨自一個人來到馬場町的真意，是來確定當年難友遭難之地的周邊地形。

當時中國的環境看來還是如此可憐，再往前觀望，自己參與而失敗的過程，不過是為了肯定自己、肯定中國。在漆黑之中，凝視那一片烏黑，也得有一絲與歷史約定的光芒，這不是為不化的自己詭辯。自己邏輯不好，長期預估的判斷，自信應該相差不多。當他們三千青年（就是年老，他們的心還是年輕的）倒在此馬場町時，超越感情的悲慟與悲苦，我與他們已經約定，立一個「勝利、自由、新中國」才能完成給我們的叮嚀及責任。「現在是我們的責任，去爭民主自由。」民主、自由來自一七八九年，[332] 而「勝利、自由、新中國」，不過是把聯合國的「新世界」改為「新中國」。我們追求的不是宣傳的口號，我們在新的時代，走過那時代的烈火試煉。他們年輕的血不是白流的，應超越感情的格局，走向理性的世界。

我那一天看的新店溪流，已經不如一九四九年，我與郭君去林兄家聽音樂時，看到溪那

332—編按：1789年有關民主、自由重大事件：美國核准憲法及新的權利法案、法國大革命。

333—編按：指韓國在美國軍政時期（指1945年8月15日韓國光復，至1948年8月大韓民國政府正式建立期間，由美國軍事統治，稱為「美軍政時期」）發生在濟州島的「濟州四三事件」，是韓國現代史上人命受害慘重僅次於韓戰的悲劇性事件。事件的背景相當複雜，簡言之，以1947年3月1日警察的開火事件為起點，並民眾抵抗警察與西青團的鎮壓，以及反對單選、單政。在1948年4月3日由南勞黨濟州島黨部武裝隊武裝起義之後，到1954年9月21日漢拏山禁足全面開放為止，在濟州島發生的武裝隊與討伐隊之間的武力衝突，以及討伐隊在鎮壓過程中造成無數居民犧牲的事件。（資料引自：http://www.rickchu.net/detail.php?rc_id=1396&rc_stid=14朱立熙的「台灣心 韓國情」個人網站）

麼清，不像今天西部河流那麼汙染。我早就聽說，新店溪已經釣不到香魚了。他們亡身之地對面成立青年公園，在此地倒下的夫妻、兄弟、姐弟與兄妹，還有父子，例子我一時想不出來。只能想到《生命》雜誌一九四九年報導，楊虎城抱著夫人的骨罐被埋，幼子就死於他身旁。殺人，據說有時會成癮。差不多是那時候，我也看到南韓在濟州島的屠殺。[333]那殘酷，絕不輸中國。

自二二八到一九四九年開始的白色恐怖，浴血死亡的人士及以後的年輕人，甚多是台灣的菁英，有些人是十年才可一見的卓越之士。他們為台灣、為中國更好的一天，而成為撫平眾神之慍的鮮血，棄身馬場町。他們如果活著，我相信，他們仍然是台灣、中國的菁英與卓越分子，而四十餘年過去了。

自那一天憮然歸家以來，我想到我自己過的那一段流浪自棄的日子，也只能保持緘默。索善尼津（索忍尼辛）的《古拉格群島》，不只是俄

1950年代白色恐怖槍決地點：馬場町的新店溪旁一帶，現已設立紀念公園。（攝影／曹欽榮）

羅斯才有；雪地的冬天，多了一苦。其實不分民主、極權，不分東西南北，如此情況世界各地盡有。我自己的結論，對四十年前的自己，也是有一點意外。我們考慮的目標如果是可以拋下恩仇和各種意識形態的巫咒，只要符合多數中國人將來最大的幸福，就是好的；這應該是當年大家原始的祈願和動機。我認為人無判人生死的權柄，所以為你們的死亡，寫下了這麼冗長的、幼稚的篇章。

隔天一九七一年十月廿四日，霜降，日出五點五十七分。

# 拾伍、

# 二〇〇六年，回顧一生

已經八十歲了，剩下的時間不多。

有時小聲哼哼，舊時舊片舊歌，如德國片《Die ganze Welt dreht sich um Líebe》中的歌，我改譯為：

**「在生命中只有一次，決計不會再來；**
**好似每個春天，只有一次五月天。」**

人生決計不能再來。如一棟建築物，你有構想，做了許多基礎工作，需要多少主觀和客觀的努力去完成。完成後，時代進步比預期的還要快，你已經無法更改。我們這一輩的人生，在世界及國家動亂的年代中，被迫拋棄太多。有一段時間，可以說是全球性的拋棄。如一九三九年到一九四五年「時間被掠奪而失去自控，生命遭到不能自主的種種死亡的威脅。」我們在一九二六至一九二九年左右出生的台灣人，如非很努力，沒有一種可以表達自己思考的正確語言，不論母語、國語、外語。

我們這一代人，學習的時間被剝奪好幾年，如果有幸而大亂不死，又因為前十年的人很多在戰亂中死亡或殘障，使我們又被迫提早好幾年、甚至十年，去擔當應該是那些先輩擔當的過重責任，也就是一九一〇至一九二五年出生的那些前輩的責任。日本人戰後常常說：「昭和個位數的人，生命特別脆弱。」而昭和元年是由一九二六年十二月廿六日算起共七天，這句話是指一九三四年之後出生的男性，往往比我們這一輩的人少一份老成、穩重，而我們比年少一輩的人缺一些完整，這些人在白色恐怖時代落難的比例就更高了。

一路發不平之言，牢騷發到此要做一個結論了。對自己這種性格也很討厭，再過幾天，二〇〇六年將告終，再過九個多月，自己就滿八十歲了。以前六十歲叫「還曆」，七十歲叫「古稀」。過

2012年3月28日，顏世鴻夫婦合影於台南安平家中。（攝影／曹欽榮）

七十歲翻了辭典，「古稀」不是孔夫子說的。實在很不自在，也不好意思，如我買了這麼多辭典之類的書，去翻辭典的人可能很少。這一次，我發願每一段比較重要的都找罕出典源，寫下註解。

自從一九四二年冬天以後，我們的生活日日少些實質享受，多些苦勞。「奉仕作業」增加，跑警報增加，而年輕的老師去當兵，而後連中年的老師也走上戰場。英文老師是一位「初老」、唸德文的老師。還有一些改行的老師，我們的英文老師是一位本來教漢文的老師。我的英文發音那麼差，就是沒有老師教過正確的發音。二年級課本跳著讀，大概只唸了半本，三、四年級就更少了。

教數學是一位老老師，和一位「過中年」的老師。所以台南二中的數學，當時相當好。這位「過中年」的阿部浩先生，四年級時也去當兵。換了廖繼春先生當代班導師，這些老師只有小山先生去巴士海峽的巴當島，其他大部分在島內，似乎沒有如被徵召的老師戰死。

這是教育的空洞化的現象，數學、理化還有趣，所以自己讀。希臘人的名字很難記，歐洲中世紀的國家分合，帝王故事很難記，只重法國大革命以後的歷史。地理本來有興趣，尤其有些統計數字，我不知為何喜歡背。當時對在中國大陸的戰爭的報導漸少，但父親似乎只關心中國戰場。我自中學二年級搬到台南自強街，就不去醫院當父親的助手。所以歐清石、莊茂林、許丙丁、林茂生、王鵬程諸位先生的言論，也沒有傾聽的機會。那時候，父親是眼科的時醫，有時候病家超出兩百人，眼科站的時間多，一回家就說腳很累。收入增加了，但已經是有錢買不到東西的時代，在黑市買的差不多是吃的，米、豬肉。只買到一次白布，染成草綠色做了一件我的制服。學校裡軍事訓練很激烈，尤其常常匍匐，衣服容易破。我穿的老是像丐幫，補了又補。有補就成，那種時代穿得破爛，不會有人笑。當兵反而不換了，反正我們至少操了四年，淡水、十八份，每天都是挖、搬石頭，或土方。十八份山上還種了地瓜及金瓜。那一帶紅土帶，水少，土中砂質少，種東西不容易，整片山是種茶。在塔寮坑的吉田隊，打下一架低飛的P51，中隊贈了一條豬。卻惹來美國派P51、B24來炸射三天。那時美國戰鬥機駕駛員來台灣好似打獵一般，防風玻璃甚至沒有關，才被九六輕機槍掃射，打死駕駛員，離我們山頂二十公尺左右，實在太大意。我們也打，打時卻閉上眼睛，尤其初次打實彈可能又怕又緊張。

＊

心內總是有一個願望，要看看二〇二〇年的中國如何。一個出生在日本殖地台灣的人，自小已經自認為是中國人，不是想看中國如何強大，心內如今仍是期望中國人能正正堂堂的為這世界和平做一份貢獻。老話，十三億人的中國沒有和平，這個世界哪來和平。

未滿三歲就去深滬，還談不上什麼意識。一家的副食是一塊豆腐乳和魚。我會走路以後，端著竹鋸的飯碗出門，到處就食，母親則忙著張羅四十五元的死會錢。我喜歡吃魚的習性可能就從旗後開始，當時漁村，我以一個小流浪者帶碗到各家就食吃魚養成的。時常被魚刺插到咽喉、食道，似乎事後小心一點，只有魚可吃，無所選擇，那時還沒有意識形態的刺激。去泉州學會了寫「**打倒日本帝國主義**」，我還沒有上學的這種初級意識流，由何而來，如何形成也不得而知。到五保溪畔玩耍，那時候標語很多；早上喝「土豆仁湯」

加油條，風角車頭邊的電柱就有貼口號。父親不會自動對小孩灌注什麼主義，什麼意識。睡在他們旁邊，就曾聽過父親向母親說「（**共產黨**）**共妻是假的，不過看病不要錢**」，很快我就混睡過去。當時環境共識的社會存在，影響到四歲的幼童意識，才會用粉筆寫下「**打倒日本帝國主義**」。去廈門，讀旭瀛書院，常被表姐、表妹奚落。她們是找不到適當對象，只好找我，一種間接式的洩漏一些「忿怒的中國」即將爆炸的「長城意識」，偶向我發洩而已。我頂不高興，卻沉默，忍受這份「民族的怒意」。如今淑貞、惠貞、惠蘭，三位都到她們天上的國度了。

某些人勉強可以當代罪羔羊，回台後一群與我相同的「清國奴」、「支那人」、「廈門仔」，不是頂乖的一些孩子開口罵我，於是每天演出十幾個、二十幾個對一個打架。四年級我當了列長，有一次張北山老師，以曹操的兒子量象體重的例子，要我們想如何把大樹木的體積量出來，我馬上舉手回答，先問游泳池有五十公尺長可以不可以用，就把問題解決了。所以這一群會欺生兼欺侮的人，似乎被我壓著了。支那人也好，廈門仔也好，比他們懂得多。反正問大家不知道的，輪到我，差不多都有解答。家裡沒有報紙，學校的公告欄上有。我每天看報，在廈門就如此，中、日的報紙都看（五舅訂《朝日新聞》）。

到了台南二中，台灣人占百分之九十，剛好與台南一中相反。台南二中是與台北二中、台中一中齊名，敢和發罵的日本人挑戰、打群架的學校。到二中，我反而閉嘴，已經看慣了；最後到校方、警方，勝者都是日本學生，台灣人不是記過，就是開除。在台灣被開除，連私立的淡水中學、長榮中學也不能收你，只有去日本的私立同志社中學等校。當時我還要背著父親被特高盯視的現實問題。

也許受旗津漁村對老人及窮人的影響，自少就對貧窮本身親近也同情。對十九路軍的好感，從那赴刑場的泉州東門城外馬路好漢的悲壯豪情，終而一直對歷史本身抱著疑問，才會因此在台灣白色恐怖時代，走過北所、青島東路、綠島、小琉球才回到家。

一九六四年一月廿一日黃昏回家，在台南南郊看到父親的墓塋，他如活著不過是剛滿六十歲。他一生苦難，冒著生命的危險回台，卻是徒勞無功。有功者，如小舅張錫鈞（大江）人稱「長江一號」又如何；那時候他還在青海勞改，不能歸；十年後他才看到離開二十年後的上海，他的人生終劇也已近在身畔了。人中難得有如此之輩，為民族、為國家，為一口不能吞忍的為人俠氣，空身赤拳，深入龍潭虎穴，一為報乙未之仇，一為光復父祖立身之地。

但是，他在中國，我們在台灣。在祖國蹉跎、失秩中，各人不得不棄世而去，他始終念著苦難中的祖國、家人，心中難捨，眼睛難閉吧。人間一世，戲終落幕，不得不歸。當時，我當然不知道五舅之後十七年的故事。父親之墓在此，已略略感到中國將有一場暴風雨。自那一天以後，又經過四十三年。看過「中國文化大革命」，令人心中憂患的大難，許多人倒下，許多人遭到苦楚。一九七七年，周恩來、朱德、毛澤東相繼去世，鄧小平復出，但四人幫被捕，小舅仍要經歷一些周旋。

馬克思、恩格斯的主張，在蘇聯的嘗試也算不上正統，在不適宜的社會條件下，主觀上的一些成見，形成結黨而爭。成者是正義，敗者是叛國。甚至史達林也落到納粹的反間計，清算杜哈捷夫斯基元帥以下為數甚多的將領、校官被肅清。朱可夫也是其中一員，幸運地存活下來的，在列寧堡、莫斯科、史達林格勒等危戰之地，苦撐不潰，而後才得勝機。今天的西方世界，自一九八九年，就判馬恩已經死亡。

我不敢冒然，不識大體自稱是馬恩主義者。我是無一可取的平凡老百姓，在哲學知識上甚至在一般常識下。但生逢此世，在資本帝國主義下，趁蘇聯、東歐崩裂之際，經濟金融世界大大舉行鯨吞的不義，自美國、日本等都看到中產階級的衰退，甚至落為一群無產者。美國、日本、台灣不算是「福祉社會」，而自己的一生福祉是要自己保險，醫療是要依靠社會保險（健康保險）。加拿大是全民醫療保險，為了選擇醫師的自由，一年有成萬婦女自願自己出錢到美國生子。英國自女首相以來也開放了，成為全民保險以外的「開業醫師」並存的制度。這種北歐的福祉、社會主義國家，都是人口不到千萬的國家。由這一甲子的經過，我們可以看出，人有兩種典範的類型，尤其在比較傑出的各種人可以看到：一為可以為大眾服務為先的，也有主張自己應有優異的生活享受的。

中國自六四以來十七年，在上的領導階級貪汙，現在仍然存在。但無能的官員，對人民的遺害大於貪汙。一些報導界的品評不能說完全是意識形態的攻訐。我去過五次上海，稍知所謂官場，那不過是利用官方開銷的一種享受，不算貪也算是一種浪費。目前中國社會還不能容忍完全沒有約束的報導，及網路的遊戲規則。「事無美惡，過則成災」，差不多是這種意思。至於應該如何，我不知道。這是要集眾人之見解，還要經過一段時間的實踐。社會主義的市場經濟也可以說，對社會走一步棋。集金錢如似集郵那般可有可無的一種生活的習癖，實在是對社會毫無好處。生活過儉是對自己，而豪奢是對社會的一種犯罪。二〇二〇年如無戰爭，或大亂，中國不管外國的褒貶如何，應是可以建成一個小康社會。這是我的祈望也是信念。

二〇〇六年十二月廿六日夜

青島東路三號

# 附錄一

（一）不確定的年代
（二）日記·憶家族
（三）雜感

# （一）不確定的年代

剛過世不久的經濟學家，加爾布雷斯（John K. Galbraith）有本書名為《不確定的年代》（The Age of Uncertainty），最後一句是：

「如同赫魯雪夫曾警告，當第一枚飛彈互射出後，將分不出哪個是共產主義的灰燼，哪個是資本主義的灰燼……在這事事物物都不確定的時代裡，只有一件是確定的：我們必須面對這個『不確定』的事實。」[1]

這部書出版已經近三十年了，這個事實仍是存在的。當蘇聯分裂為十三個共和國之後，有四個國家有原子、核子武器，這時美國才知道，原來還有這麼麻煩的事要解決；後來就由俄羅斯一國獨自擔當了。不計英、法、中國及以色列所擁有的核子武器，當時的核子彈頭就能毀滅地球數十次，而且印度、巴基斯坦兩國都擁有核子彈頭及飛彈，北韓也試爆，伊朗似乎不理美國嚴禁的警告，仍然不停止「擁核的步伐」。美國本身容許以色列「擁核」，所以就難以禁止其他國家擁核。以色列曾經攻擊人家的核子設備，如今巴基斯坦有了，伊朗可能也有了。小小的以色列，不堪遭到兩個「廣島級」最原始的原子彈。這種麻煩的事就是人類面臨「最原始」的絕滅戲碼。人類會落到這種「不確定」的危亡狀態，當初參加曼哈坦計劃的科學家可能沒有預料到。自此以後，一直到最近都有人提出「科學倫理」的評論。不過在名與利之下，就是超級知識分子，仍會有人想做一些不正常的動作，何況當原子彈才實驗成功。

一九四五年七月十四日，邱吉爾、杜魯門和史達林出席波茨坦會議。美國軍政部長史汀生，把那寫著「嬰兒順利出生」的紙條給杜魯門，杜魯門邀請邱吉爾，另有馬歇爾和李海海軍上將做了會商。邱吉爾對原子彈的使用，七月四日已經表示原則上同意，所以沒有多言，李海的感想是：

**「由於我們第一個使用，也就使我已採取一種於黑暗時野蠻人的道德標準。我所受的教育是從未教我這樣的從事戰爭，而毀滅婦孺也不可能贏得戰爭。」**[2]

有部分科學家也上書反對，因為將來國際管理的困難，犧牲全世界輿論，在此情形下投下了廣島原子彈，不應再投長崎，而且只隔三天。所以戰爭談「仁」，似乎不通。

杜魯門在朝鮮戰爭的一九五〇年十一月第二次戰役中，也喊出原子彈的脅迫，再加上一九六〇年以後蘇聯的態度，才使中國加緊趕出了「原子彈」，並在一九六八年也做了「核子彈」。蘇聯甚至曾邀請美國，參與對中國的原子設施做先制性的攻擊，演變成了中蘇邊境一時甚緊張。

大家有了原子彈，就要多一層戰略上的考慮，才有所謂「恐怖平衡」。但是美國仍在各地打戰，以前是抵制「共產主義」，現在是對付「恐怖集團」。在阿富汗、伊拉克打的戰爭，死的大兵不多，還是要用錢。而阿富汗被蘇聯、美國打了兩次，伊拉克是被老子及兒子打了兩次，要恢復到以前的情形，要多久都沒有定論。

目前論經濟規模，中國雖然在近三十年，有了很大的改進，服務業的規模只有先進國家的一半左右。[3] 農業人口還太多，每人所得一千四百七十元美金，只有美國的百分之十四點九（還是算購買力）。要趕上美國的水準，很難估計，因為變數太多，而且物價水準不一樣；還有，中國的沿海地帶與西部相差太多。各國都有窮與富的差別，如東京與沖繩縣所得就有二倍以上，美國最富與最低的州（康乃狄克與密西西比）也約二倍。中國西部與沿海所得差兩倍半。

我自外島歸來後，前後七年去了五次上海的感覺，我如要留在上海生活，房租不算大約千元人民幣就夠了，主要是基本生活費用不高；但如要高級一點，恐怕一萬元也不夠用。我們曾四個人在外灘一次便飯就用六百元，在豫園一次午餐也差不多用了那麼多；可是一套燒餅油條只要一元，豆漿鹹的、甜的一律五角。如換在台南，現在要四十元台幣，一換算是六倍。所以不算房租，最起碼的生活費用，有些人是不到兩百元人民幣。不過這幾年工資可能漲了，大陸就是空間大，所以不可能如台灣、南韓，有時增加那麼快。九〇年代初，我的薪水就增加了不少，可惜已經要退休了，所以舒服日子過得不久。除了買書、衣食住都不在意，所以也不懂得去用錢。只是所得一多，所得稅一年近四十萬，心很痛。也曾經因公司用掉增加設備的錢，用在虧損上面；被追繳稅金也近四十萬，根本沒有領到一毛錢的稅；差不多三天幾乎想哭，那是不到一九九〇年，錢還很大時，所以不敢投資的原因是怕透了。

一個人如果能度兩世，我是不後悔這麼過很多失意的一生。第一是種種因素，使家境一直窮的日子多，好的日子幾乎沒有。父親有時候管得嚴，他自己的生活太忙了，也管不到，而且也不教誨我們好好過日、日月是一去不返的道理。我最大的打擊就是被迫走到以醫為業，當然歸來之後，我可以不再讀醫，但是當時選擇的自由度已經太少了。所以不如意的一生，也是種瓜得瓜的結果。最不該是自己浪費了在綠島的日子，如果我的心態不那麼拗，多多在英文上用功，應該是可以改變自己的命運，去美國讀一個免疫或生物化學，也應該有一個像樣的人生。當時出國也許還困難，不過一九六八年已經有人出國了（我學籍是七年制，一九六八年才有畢業證書）。但綠島混日子，英文仍是說不出、聽不懂，ＥＣＦＭＧ[4]的聽力部分就不易過了，所以知難而退。一半的原因是當時認為虛歲六十四歲的母親已經老了，反正這一輩子也為別人幸福而奮鬥過；為了家，在我的能力所及的範圍內努力。約略估計，我可能盡了自己的所能達成的三、四成左右。人大概是如此，能發揮自己潛力的六、七成就不錯了。

一半玩、一半讀了不少書，就是速讀害了我不少，只能看到很表層的東西。在綠島那大環境下的十二年只好忍受。而後在小琉球的一年七個月，心內不甘願也很在意，而且受的心理打擊很大。「馬桶未來學」也許是一種自我訓練，有時候比人家看遠了一點，而惹的是非反而比較多。所以在綠島就感覺到多數不一定是正確的，而正確對人生不一定是會有正面的結果。如簡單的例子，我被送小琉球，有一些人心內覺得是活該的，如沒有王福青兄的正義一言，可能我就如此被種種的推測而淹沒了。以後綠島還派官員到小琉球查我和張碧江兄兩名，是否當時有人索賄。當時我們兩人分別被問，但都不敢說真話，知道已經報結訓了，事情鬧大，如官官相護，吃虧仍是我們自己。有人心內想是我自己寫了那篇〈人口問題〉惹的。問題重點是鈔票，不是其他。報的原因說看不起政治教材，這個問題前面做過交代了。只是不妥協的性格，事事處處吃虧。老了，如今遠離是非，也少說話；卻在這裡批評領袖及一些同志，是否黑白分明，這絕不是好的作風。

前面說了朱敦儒，他一時和秦檜關係好，所以才吃了虧。中國人的「關、岳心態症候群」是相當重。北人的馬在淮河以南，水田、河沼多的地方是很大的阻力，所以能有東晉、南朝、南宋的局面，就是如此。而自清朝末葉長江天險就不靈了，太平天國、日本侵華，到中國內戰，渡河雖是可以一阻，已不算是天險了。南宋經濟雖好，一些資料顯示並不是日子好過，尤其窮民，而且當時武將並不是人人能體恤農家之苦。秦檜主和，其實一半來自高宗。岳飛、朱仙鎮的勝，只是那一時空的一種結果。事實上在北方之戰，南人不一定有利是第一；欽宗如回，高宗要如何自處是第二；軍費是否可以負擔是第三。關羽傲物，致荊州失，鼎立之計毀。但一部《三國演義》，使他以後封王。處理岳家軍的事不必取殺，不過是誰主動殺岳飛父子，仍是有不明之處。就是由秦檜立案，若無高宗默許，誰能殺岳飛。如白色恐怖的檔案所示，都有批「准如擬」，下面就不必說了。

朱敦儒無大局觀，不知與秦檜和好，後世的文人如何看，所以朱敦儒的心境可憐，不過一半是自己的錯。不知道中國人的後歷史觀的「利」與「害」。我也是由自己的「侯贏症候群」致使有許多不應該發生的事情都發生了。不過心底仍對金庸的「無悔」之名，有些同感，自己決定的事，自己負責，所以我不敢推卸。

至於自己做的事不一定都是對的。在北所與莊西說的，說簡單一點，不去連累別人。如單說對敵人過於坦白，沒有這麼簡單。我八、九歲就會說三國的人，如錯只有自己的邏輯與他的可能不投合而已。不過對於軍法處的法官如取決權大，應該是那時候我不能增加葉兄的麻煩，臨時創造一個「理想的社會主義者」，那簡直是一個敗筆。我也相信他們多少存有對我們的敵意，不過看他十一月廿九日對我們判決時，已經沒有審問，那種威權者的得意。以後看了檔案一再被駁回，至少三次，做那種職業是毫無尊嚴可言。

為了趕完稿子，我放棄了許多書，找書花了太多時間。我約有書兩萬（其中約半數，我歸家時就已經有了，這四十二年多，大約只增一萬二千左右），相當留心放的地方。有些事沒有根據不敢說，就是一句邱吉爾的話，「我不敢杜撰。」只好找有關的書翻讀，浪費了不少時間，如季辛吉那本《核子時代的外交》，也是找了很久沒有找到。李梅的書也是如此。布爾辛斯基的《大棋盤》也找不到，在綠島時買的麥欽德《民主的理想與實際》也是如此。如裝到厚紙箱的，實在沒有那種耐性，也沒有那麼優閒的時間，翻了幾箱，太重，又要卸下、裝上。做了兩個早上就不再去理了。書多，分類存放要緊，不然索性不要多書，住到比較大的圖書館附近去。但如成大的圖書館，我沒有資格可以混進去；台南市的圖書館不可能有太多又齊全的書。沒有資料要扯下去是很困難。

我很用心留下在軍法處、軍監、綠島、小琉球時代的信，而且怕以後麻煩，也提早寄回家，而家裡也存我寄回的信，一部分在妹妹家中（不好意思去要回）。我曾回來以後不久就著手整理，寫了一部《三地集》。完成了這工作，也該去找出來，不要像石田山人的山水畫，都被蠹蟲吃到肚子裡去。

**注釋**

1—加爾布雷斯，《不確定的年代》，杜念中譯，聯經出版，民國69年5月，第419頁

2—李德哈特，鈕先鍾譯，《第二次世界大戰史（三）》，軍事譯粹社出版，民國64年，281—282頁。

3—服務業就業人員約29％，製造工業22％，農業49％。英國服務業75％，美國80.6％，法國服務業74％（參考《經濟人》雜誌社的Pocket world in Figures 2007）

4—編按：Educational Commission for Foreign Medical Graduates縮寫，「國外醫科畢業生教育委員會」。

# （二）日記・憶家族

對我被燒掉的七年日記的執念，做一段悼忘錄。

離開廈門歸台，也就是三舅要父親歸來工作的那一天，是一九三七年八月廿三日。自一九三八年起升國小四年級的四月一日開始，到一九四四年十二月卅一日的日記，都在一九四五年五月一日，B24對台南市一次燒夷彈轟炸，和我當時擁有的八百本書，連父親埋在我房子地磚下兩磅硫酸奎那的原末，一概歸於灰燼。

一九五〇年六月二十日到一九六四年一月二十日也缺日記，不過這一段日子是留下了一直用心記下來的大事記。說大事記也小題大做，只不過是羅列發生的事序，而不涉及感想。

根本從頭到尾不超過三十頁，不過是小琉球歸來後花了兩天才把這件事做完，因為我稍用了一點花招，利用了《西塞爾內科學》[5]的一千兩百頁，把一些不重要的事記下來。判刑十二年之時，這本書出版就買下來，想剛好可以記十二年，當然重要的不能記。如八．二三颱風，就在八十二頁的第三行，寫下T50，就表示八月廿三日颱風，最高風速五十尺，是一種類似兒童的遊戲。

父親是光復以後才寫日記。他有一九四五年到一九六一年九月，他過世前四天的日記，另有詩稿一本，他拿手的對聯卻沒有留下稿子。日記也很簡單，是小月曆寫的多，連買正式的日記簿也捨不得。也是只會買書，家弟那裡有他留下的《大藏經》，可能花最多錢。

我自歸來以後也天天寫日記，近來偶爾忘記，翌日補寫。而且為了方便，也用一本筆記寫下大事記，也是簡單地列發生的事，不同的是會寫下用的錢。自有收入以後也寫下收支及定存、保險等支出。這是在以前寫日記就有的習慣，父親的日記少這一些資料。

父親光復以前不寫日記，想是當然耳，他也算地下工作人員。地工的第一守則是不留下任何寫的東西，但他還留下詩稿。甚至他在一九三八年十一月出獄，搬到佛頭港，吳定吉先生家後的平房，不但請今日寫真館的老闆照相，當時他瘦了二十公斤以上，右上以橢圓形留下他胖的時候的相，左邊還印上一首七律，〈自題病後像片〉七律一首，註已卯七月未望一日，就是一九三九年，農曆七月十四日，也就是陽曆八月廿八日。[6]（應該出拘留所時更瘦了。）

那堪回首憶前因，隔歲形模判兩人。
不堪於心蒙恥辱，耐寒將竹比精神。
閉門聊可安清淡，處境奚解歷苦辛。
讀罷醫經無箇事，小盧睡足寄吟身。

當時是一家最窮苦的時代，五十一日後么妹出生，，家裡的一切才上去了。不過已經是有錢，不一定買到東西的時代了。以後搬到有竹籔、菜圃的自強街，一家八個人分住三處，連一個蚊帳也沒有，實在相當狼狽。點著蚊香抵擋一下，有時候連蚊香也沒有，大熱天全身蓋毯子，鼻嘴地方剪個三角形，讓呼吸舒服一點。反正泉州、廈門的時代，身為反日的台灣人，也不能大意。有時候大禍從天來，躲得過是好運氣。那時候殺錯一個人不是什麼大事。我們歸台後，一位皮膚科的醫師，被當日諜判死刑。他還有一忌，娶日本人的太太。

二舅本來在台是華僑身分，舅媽是日本人，為了這件事，是否遭到麻煩，沒有聽過，不過實在不敢問。

在廈門的台灣人，有些的確是很壞，嫖、毒、販、走私等的例子太多。一九三八年要去上海請護照，父親就被拘留了。不過聽以後回來的人說，台灣人甚多狼借虎威，做壞事的人更多。不過中共渡江以後，沒有回台的台胞，每次有什麼運動，台灣人都受到「照顧」。當時所謂「為非做歹」的台灣浪人早已經逃回台灣才對，所以遭到不公平待遇的人，冤案可能多出一些。有一些例子是特殊的，如謝雪紅就是她本人脾氣硬了一些。

進入「統制經濟」的時代，似乎一步一步來，米、肉的統制是連小孩子都會知道。米當時大口二合七勺，小口二合三勺，日本人三合三勺。當時地瓜沒有被統制，所以常買地瓜，或是地瓜簽，一買就是一麻袋。肉，我常去永樂町市場去排隊買肉，買約半斤肉要排隊一個多小時。父親被關進拘留所時，虱目魚似可以隨便買到。「五尾斤」，一台兩是七厘；「三尾斤」以上就要貴一些。那時候豬肉還沒有納入配給，下午敗市一斤五花肉是兩毛五。

很小的油條（大約不到現在油條的五分之一），一條五厘。當時還沒有回鍋油的知識，還欣賞硬邦邦的回鍋油條。我們由大陸撤回來只帶四件行李，一件棉被。兩種原因，時間太匆促，前後約四小時，而且主要東西寄存在鼓浪嶼的周天啟先生家，但來不及去拿。最缺的是布匹，台灣的人多多少少家內存有布匹，弄得中學時代穿得實在連叫花子都不如。有一張照片，是在送黃鎮安兄被迫考上「特甲幹」，考取後要赴日本前的宴席上拍的；穿得最破的只有我一個，補釘滿身的上衣。當時慣了，也不會在乎。不過背後被一些女生起了一個「拾破爛的」的外號，當時不知道，知道了也不會難過；環境如此，掙扎無用。

回台時父親有一個懷錶，以後是壞了，還是沒有錢修理，家裡一直沒有錶。不過在自強街，我看天色，自會叫大妹起來煮飯。我家似乎有點重男輕女，尤其母親。父親可能是體諒母親低血壓，尤其早起工作很苦，所以早上的飯是大妹做，現在想起來是不公平。我是早睡，看完了由圖書室借來的三本書就睡，早上三點半到四點醒來，就到井邊打水洗個臉，開始正式認真地準備升學考試的各種功課（由自己擬定各課進度表）。時間到了先叫大妹，大約七點十五分離開家門，到現在的成功路觀音亭集合，排隊去學校。排隊走，可以背英文單語。遇到老師要敬禮，帶隊的會喊口令，沒有我的事。當天的習題，都在下課之前的時間做完，借書借到被代圖書室主任的班導藤平先生（名波三郎）叫去訓話，不要看那麼多雜書。其實去掉沒有辦法的體操訓練、柔道、書法、繪畫，我的學科平均有九十分以上；我說了，他又詳細看成績表。當時各科不加權，一科就是一科，那次物理、化學、英作文三科滿分，體操五十分，平均八十四分，列全年級十四名；他苦笑一下，才讓我走。

總得來說，藤平先生是對的，可能記憶力稍好，所以考試泡一晚上就來得及，而且不知道的會先發問；但是養成浪費時間的不好習性，成為一生不能自救的痼疾。自來泉州、廈門時代，學校不教體育，似乎回台灣以前沒有摸過單槓，也沒有玩過球類，沒有人教過如何拿筆。

我們班上有學科平均九十五分的。我的性格就是討厭第一名，一旦成為第一名就會有一種壓力，被趕過去的壓力。討厭這種壓力，就容許讓自己看雜書，幻想另一個星球的國度，甚至畫一些飛機的三面圖來度過自己輕鬆的時間。會全力以赴只有早上天未明到七點十五分出家門為止。

功課的習題不是時間內做，就是利用十分鐘的休息時間做，只要知道如何做就可以過去。不會去算答案，連整隊回家，如不是做領隊也就可以記一些英文單語，會利用片段片段的時間；卻用整段的時間讀各種小說、雜書，玩各種幻想的遊戲。說簡單一些，似在乎時間，不是認真，就是玩。所以在綠島找出四種玩的，圍棋、橋牌、吉他及乒乓球。除了圍棋，其他都是在綠島初學。

一九三七年八月廿三日，就我而言，還是我家人，是重要的一天。前面也說過，我在卅八師師長劉戡，及謝南光先生都住過一等病房，沒有病人住，我就常躺在床上看章回小說，當天是《七俠五義》，白玉堂赴粉粧樓的那一段。三舅與父親飯後到那面街的小書房，西角上小桌還有尊白瓷的魚籃觀音。當天還溽暑，剛有火警的水龍車過了思明北路的路面。領事館的通知，撤僑是八月廿三日午夜截止，遠遠還有兩艘乳白色的日本軍艦，可能屬第三艦隊的二等巡洋艦或驅逐艦。那條船，我當時記得是「福建丸」，父親曾說不是。8 總之那些商船是常跑台廈、福州或汕頭的航線，可能同一型，約三千多噸級。

五舅的孫女寫了五舅的傳記《長江一號》，書中說是五舅派父親來的，但五舅當天確實不在廈門，也許在赴廈門的途中，或在上海；而且當時台灣抗日同盟的主持人是她的三伯公（我的三舅），不是她的祖父（我的五舅）。現在可以做證的六個人，外祖母、父親、母親、三舅、我與她堂姐淑貞姐，除了我，都已經不在世，所以我才執意一再寫下來。如換五舅，他不會冒然做這種決定，會多考慮回台後一家生活艱難。我家是日籍，存在農民銀行的存款已經被當敵產凍結。三舅生涯以革命為業，一家生活都由弟弟照顧，不知道生活安排的複雜。當天三舅給父親一百元。母親手內的錢不會比五十元多，三餐吃醫院的，她根本很少要用錢；照顧弟弟的女傭，一個月只要三元大洋。

我們一家早已準備赴上海的，重要的行李，主要的是父親的一些骨董，放在鼓浪嶼周天啟先生家。但我們吃罷飯，與外祖母、淑貞姐拜行，就坐人力車到碼頭已日落黃昏，還坐舢舨到船。

在此以前，我心內也為轉到上海感到麻煩。轉學證明已經拿了，如去上海，上海只知道日本人的小學，我還得學上海話，與日本人的小孩打交道。不過去上海，外婆也會去，有一大堆表姐妹，除了淑貞姐、榮玉哥，還有秀蓮姐，我依然是孩子頭。

回台灣我沒有麻煩，父親就有麻煩。因我聽到歸台的性質，和將會遇上的各種危險和麻煩，我心內自有不符合年齡的擔心。

三舅一進門就一句：「是台灣革命同盟會的決定。」這一事實由以後三舅的沉默[9]這一過程，父親有幾首詩。

〈惚惶避難揮別泰山〉
別緒離情萬重牽，分馳何日冀團圓。
一聲行矣聲猶顫，攜眷重歸意惘然。

〈輪上雜感　其一〉
危機燃睫下江船，業物資財棄盡矣。
偵客如狼威欲噬，吞聲忍辱暗泫然。

〈其二〉

無地立錐擠坐眠，嗷饑兒哭震心弦。
忽聞夜半彈聲響，槍砲聲傳距岸邊。

〈其三〉

轆轆飢腸徹夜鳴，遭時寧忍是浮形。
朝來方喜揚帆去，十載他鄉倍有情。

〈其四〉

雞籠山色曙中明，覩景興思倍愴情。
歷盡麻煩搜書篋，歸來兩袖祇風清。

船是廿四日晨開，廿五日早上到基隆港。一家七人在甲板上只占兩席之地，船約三千五百噸，那次歸僑約一千人，相當擁擠是沒有辦法。而在這種擁擠的情形，他們還能逕到我們狼狽擁擠處找父親去問話，就是我也會起疑。父親回台業醫的專業不能用，如何生活。第二，照理張家伯仲一向反日，而張家女婿焉會捨他們歸台，而且他們早知道顏家在台無恆產。問話時間約逾一小時，連我也已經體會到這次歸台極可能是「是禍逃不掉」的。船是到基隆，雖然到了澎湖溝比較好，不過我仍會暈船。我們那天宿於在一小小山丘上的基隆公會堂，仍是席地而居，不過比船上寬闊。

翌晨，父親帶我去碼頭，在堆積如小山的行李堆上，找那五件行李（連棉被共五件）。運氣還不錯，不到半小時就找齊了，由人力車載回公會堂，就在這天晚上我們乘免費的火車先去高雄，行李是寄台南站。父親在去深滬之前，曾住高雄十年。可能是高雄住兩、三天，赴高雄八月廿六日夜，而九月一日以前我們要辦轉學的手續，可能寄身之處無著，職業也似乎困難。可能八月廿九日左右歸台南。

回台南一家人就住到輝叔公家隔壁，放存香蕉的看顧這香蕉的寮屋，大約有三坪左右的通鋪，前面是約二尺左右的土面，煮飯、廁所就在外面，有一個相當大的庭，剛位於廣陞樓的後面。

十二月廿一日數名特高警察到這破寮搜查，而後把父親帶走，這是父親第一次進特高警察的拘留所。這次拘留十天，十二月卅一日回家，我們也陪父親吃「豬腳麵線」。〈寄押〉兩首，七律、五律是當時作品。

〈寄押其一〉

官符有數或荒唐，緩縛何辜縶冶長。
靜裡圜牆疑是夢，飢時粳飯嚼猶香。
問心自覺知無愧，閉戶難防意外殃。
旬日試遊森境地，鐵窗滋味詡曾嘗。

〈其二〉

孔老常遭厄，焉何不累身。
天教苦心志，我藉奮精神。
素壁面浮畫，空房靜養真，
跏趺閉目志，緘口作金人。

第二次被押是一九三八年七月下旬，五舅從上海以「小張」之名匯來八十元，信經多日才到。父親經二、三天躊躇去請赴上海的護照，就此被特高課拘留，並追究「小張」是誰。這封信如用其他人名義，如姑丈或姑媽無不可；但由信的內容，要父親去上海幫忙二舅醫院是一難處。我們本來住赤崁街，四年級同學湯法玉家的一間房，月租五元五十錢；母親知道父親可能不會短期就回來，由此搬到南邊那一家，在陽台上搭小房，連電燈也沒有，一個月房租三元。這裡約住半年，父親被拘留兩個多月，出來又養病三個月。

父親只為被追問「小張」是誰，明知是五舅卻不能說。當時我已經用小學的筆記簿寫日記，已被燒光不知何月何日；只知道日本攻下廣東，一九三八年十一月廿一日，全市學生遊行「慶祝」，中學生、高年級還要武裝，小學拿著膏藥旗，遊行到現在成為紀念建築物的前台南市政府，當時的台南州廳，州知事在那陽台上，大家在那前面大呼三聲萬歲，各校在當地點解散。

當天我送東西給拘留所的父親，被人家看到，告到班上導師張北山先生那裡。張先生早知父親出事，所以這一告狀就在張先生處止，才能每天中午回家吃了稀飯再去上課。

由此推算父親回家最早十一月底，也可能十二月初。除患癰疽、肺炎，他瘦的原因，主要是除牛奶以外喝水，絕食一個月。所以照相題詩，獄中絕食，父親的作風也是相當硬的。不過詩可能是一種擬態，因為底牌我已經知道，而且當時也不可能有人吐露這消息，極可能特高照會上海的總領事館。當時三舅、五舅已拋棄了日本籍，領事館應有他們的消息，不得要領，父親才能回家。張家抗日，日本特高警察早已知道，不過關於父親的部分可能不多。當時母親是依靠莊孟侯先生每月送來二十元，加全家副業維持生活，不敢動帶回來的及上海匯來的八十元。借二房東的客廳北邊牆，一家人做貼錫箔的工作。莊孟侯先生送的錢，差不多是買牛奶、營養品送給羈押中的父親。

生活的苦，有一例。早上沒有米，也不敢向人家借，我背上一捆輕銀到店家，人家還沒有開門，只好出聲把人家叫醒，明說家裡沒有米，拿了一角五，去買一紙袋的米回家，沒吃飯就去上學了。總記住父親第二次拘留是兩個多月，如自八月下旬算起可能有三個月。

等父親出來，養病三個月，除了顏家叔公祖顏榮、母親姑母的二姑婆，很少人來探看，人情冷暖；我那時候早就領教。有莊孟侯先生送的二十元，和一家人的微不足道的貼錫箔工作，才能勉強度日。所以在佛頭港，父親已上班，收入不多，心內焦慮，人一直很瘦，他的高血壓可能由長年的緊張及焦慮而惡化的。

父親急逝於一九六一年九月，我在外地不能奔喪。自一九四五年光復後，他把醫學做副業，一直很忙。不過一生很少提到辛酸的往事及因阿芙蓉（鴉片），家破人亡的經過。

父親天性淳直，不計較親人、朋友的過失。十二歲時喪母，十八歲失去兄長及父親，兩位妹妹為人家養女，所以一直看重友誼。另一件事絕口不談「台灣革命同盟會」。翁俊明先生於一九四三年去世，謝南光先生的事不能談，張氏昆仲的關係更複雜。在一九四九年九月莊孟侯先生公祭時的祭文也不敢談。

有一件事我百思不解，他是一九五四年到綠島，談五舅出事，判無期徒刑；但是判無期徒刑是一九五五年，也許父親由卜預測了，他也知道「官符有數或荒唐」，不會拿這種話來無中生有。當時三舅還在台北，或由此而來。

學校的事，他向來不管。我擅自選台大豫（預）科工類，他甚怒。不過光復後我自己想父親一生為了學歷的事，遇到甚多的尷尬及奚落，轉到醫類。其實以他的家境及遭遇，有此學識已經不錯了。看他的病歷，只用簡略拉丁文，也許二舅對許多學歷不同的門生，索性以大家都不懂的拉丁文統一。父親在二舅處，苦學三年，實在累積了不少經驗及學識。他泉州時代買了不少金原書店出版的日文醫書，他能看日文，但聽與說不熟，和我的英文差不多。

一九二九年七月授課三年結束後，張錫祺先生一家赴上海，五舅赴廈門，父親是翌年赴廈門到深澳；四個月後，大妹滿一歲以後，我們也去深澳，再四個月我們去泉州。多年以後，中國人寫的第一本《眼科學》及《眼底圖譜》，就是張錫祺先生寫的。

張錫祺先生的兄，張錫珪先生從商，在澳門，胞弟早逝，我們稱為四舅。大房、四房、五房絕嗣。六房的錫華，我們稱六舅。這件事間接說明當時嬰兒死亡率很高。瘧疾、結核（嬰幼又多些結核性腦膜炎，粟粒性結核）、痢疾引起的失水及細菌性傳染病的死亡很高。顏家死的直接原因是肺結核，祖父母、伯父、叔父都是肺結核。

張錫祺先生一九二五年畢業於千葉醫專，留校習眼科一年，與馬場崎債子結婚。馬場家當時在千葉，本籍佐賀縣。一九一四年舅媽的父親馬場上校，參加攻青島德軍之後，極力反對他們結婚。他們結婚是一九二六年，在高雄中華公館；翌年生一女秀蓮，後來嫁交通大學出身的台胞黃瑞霖先生。黃先生的父親黃朝生醫師六甲人，二二八受難者之一，母親是金華女中（後改金華國中）校長陳招治女士。

張錫祺先生後來把東南醫學院移到沒有醫學院的安徽省，後來又移合肥。一九六〇年五月，因大動脈剝離去世，並為合肥的第一例病理解剖。夫妻墓塋現在在安徽合肥的小蜀山。

五舅錫鈞先生，受潘漢年、楊帆牽連，判無期徒刑，一九五七年送青海，後改二十年徒刑。一九七五年回上海，一九八〇年平反。但四位子女，榮林、榮欣、琪文、榮德不得升學。只有榮德在五舅平反後，才入大學唸化學系，一九九一年留美讀了碩士後就業；過六十歲，失怙。這就是為國家、為台灣奮鬥一生的「長江一號」的下場。二二八後，他與兄長張邦傑先生一再向中央呼籲台胞悲慘遭遇的資料，現在尚在南京檔案室。杭州灣登陸、日本將攻珍珠港，甚至德國攻蘇聯的情報，是由他呈報給王芃生先生的。

寫文章我遠不如父親，主要他用功過，我是「半途出家和尚」。他十八歲兄長、父親先後去世後，才由旗後騎單車赴舊城跟一位前清秀才讀一年古文。光復後他曾帶我去拜見老師，如今記性甚差，也不去查資料，如以前舊城的老人可能還有人知道。那時候前清秀才也許不稀罕，不過剩下來的教私塾的人不多，應該是問得到的。

他只學了一年，而教我三年，造詣是雲泥之差。父親自搬到佛頭港，買了小黑板每天抄唐詩兩首，要我和大妹背誦，升了小學六年級我就免了。所以七絕還可以背，七律就難了，現在許多李義山的無題詩都搞亂了。

一九四五年一月離開莊孟侯的大東醫院，警報時仍要去防護團的救護小組報到。三月一日大轟炸後全家疏散到安南區溪頂寮的吳先生家。我三月八日夜赴台北，三月十日台大豫（預）科入學，三月二十日一三八六一部隊成立，初屬台灣軍司令部駐淡水，以後撥給六十六師的敢兵團，駐十八份、下埤角一帶。家裡也遷到六甲頂的吳清波先生的菜園。光復前無事挖了相當長的防空壕，空時讀醫書、詩集，陸放翁的《劍南詩鈔》。現在回想他的血壓惡化，可能由於太重的心理緊張，尤其受東港事件的壓力。光復後變化太大，做了民選區長、兩屆市議員，當文史協會、佛教會及紅十字會的分會長，還有黨務；不斷的開會、應酬，醫務不管。

一九四八年冬，知道家裡沒有錢，我也不聲不響待在家裡，曠課約一個月，所以解剖學考得很差。有一段日子靠賣血混日子。有公費制，不讓我領，一九四九年七月有了獎學金（四十三元和廿八斤米，與公費同），才安定下來。一九五〇年六月二十日我出事，也幾乎在那時期，母親被酒精爐燒燙傷約全身三分之二，每天換藥、打盤尼西林，照顧近兩個月。一九五〇年那一段，日記幾乎一字不留。

甲午年（一九五四年）八月，台南市議會一行到台東，八日他東渡到火燒島，留七絕一首〈自台東渡綠島〉：

橫舟載夢太平洋，
月色朦朧見綠鄉。
世外武陵來問訊，
桃花不見有蘭香。

蘭香是父親湊上的。綠島本來如蘭嶼，蘭花多，但人一多，蘭花就消跡了，偶而在火燒山或可找到。如我們初去時，野百合花遍山遍野，有人收購百合球根，那白色百合，人到之處也近絕跡。十一日他由綠島歸台，也是七絕一首：

〈歸途（八月十一日）〉

萬里車馳山萬重，
山山萬里逐遊蹤。
此行看盡東南勝，
美景林泉處處逢。

●

一九六一年競選省議員落選，打擊和疲累使他心境蒼老，而因從政、應酬，家裡一直鬧窮。九月過世，家裡留下約七萬負債，日記滿是反覆的舉債返債。

以上是對抗日世家、叛匪的傳記，匆匆下筆，匆匆結束。三舅是我歸來以後尚在，在學中去世，當時他無定職，一家相當窮苦。母親奔喪，我留台南；就是說不好聽的，家裡沒有錢。父親的《鳴鳳廬詩稿》，也簡單地印了三百本。我曾集後說：

「此本詩集草稿，先父常言不工，待後日退休後重加修飾。但天不假年，臨近匆匆，此集擱置壹拾九年，後有雜文三篇及記平常著出處。其中〈靈龜記〉兩篇，蓋與故葉書田先生相嬉之言，恐不知者誤為先父輕浮，附言之。

本集曾請林申生先生過眼，外甥女詠絢、詠淇、詠心百忙中協助整理，在此一併深致謝意，民國庚申年十月。」

以後登在《台南文化》新四十八期，受楊森富先生委託，寫了〈顏補莊先生事略（父親雜憶）〉[11]。

**注釋**

5—Cecil Testbook of Medicine，由台大同仁分譯《西塞爾內科學》的第一版，上下兩冊，1千2百多頁，身邊有第15版的原版，也是骨董級了。

6—《兩千年中西曆對算表》，蘇伸三、歐陽頤編，華世出版局。

7—么妹農曆9月6日，陽曆10月18日出生。

8—我一直知道父親的記憶力比我好。我曾經觀察，他數百字，可以過目不忘。我背一首七律，要試好幾次。目前就是背了，隔天就忘了。

9—光復後我看過三舅寫給父親的「為台灣革命同盟南部支部組織部長」的證明書，這一證明書後就有228，三舅與陳儀一鬧翻，被派到福建當辦事所主任，三舅棄官去東北從商，父親一直沒有用過。

10—顏興《嗚兩廬詩稿》，自費版，民國69年（庚申年）10月付印。只印300本。

11—《台南文化》新48期，〈顏補莊先生事略（父親雜憶）〉（95-119），民89年3月出版，台南市文獻委員會，台南市政府化局編。

## （三）雜感

越戰最大估計軍民死亡六百萬。[12] 當時內戰人口統計也很難正確。如台灣自日據人口統計一直做得不錯，但一九四四年轟炸到一九四五年，人口統計就亂了。人口疏散，瘧疾及死於空襲的數字都少得出奇。有人統計二二八後人口走失的達十四萬人，當時台灣人還可以跑到大陸，由此做二二八的死亡推計就難了。現在越南的人口比南北韓的人口可能稍多。如果要說兩個戰爭對世界的貢獻（雖然這種說法是不道德的），就是減少兩個半島的人口增加速度。也就是說兩個半島減少了近一千萬人口，而且韓國及越南流向美國的人口都不算少。韓國人到加州、紐約的長島，越南人主要到加州。美國不但介入戰爭，還要給一些難民生存的空間。

不過以後如曾是越南主戰派的人，麥納瑪拉（R. McNamara，一九一六年生），哈佛大學商學院出身的英才，最後寫了回憶錄，承認了越南是一場悲劇及教訓。[13] 以後他與越南的當事人一一檢討了發生誤會的所在。這種作風顯得他是有誠意的，可是一場可以免的戰爭，無端地打了二十年，而死了六百萬人。

麥納瑪拉，一九三九年桑頓到哈佛商學院招兵買馬時才廿五歲。由約翰．百恩寫的《藍色十傑》（The Whiz Kids）就寫了參加二戰以前，由陸軍航空隊一批菁英在哈佛受訓的故事。[14] 這批人也許是一支特殊的人員，做戰爭的管理、統計、分析的。也可以說是新的戰爭管理人員，一種新的參謀作業人員，與德國參謀本部的訓練不同。麥納瑪拉以後做了美國的國防部長、世界銀行的總裁，以後又從事核子（銷毀）滅絕的工作，好似一個將軍老了做一個牧師。麥納瑪拉不是軍事學校出身，這種事不是很稀罕，東鄰古巴的卡斯楚也不是軍校出身，美國國父華盛頓也不是真正的軍人，毛澤東一輩子打了不少戰，他也不是軍人出身。中國近代就有曾國藩、李鴻章一大堆非軍人帶兵打戰。明朝許多帶兵的是進士，甚至狀元出身的文人。中國由來兵書多，而文人也讀。如克勞塞維茨的《戰爭論》，是日本的學生必讀的書，如《孫子兵法》也是。雖然帶領軍隊不一定要讀軍校，不過如麥納瑪拉位到國防部長可以決定「戰爭與和平」的人也會犯判斷的錯誤，這就是戰爭，人類應設計一些更嚴格的判斷範疇。回顧二戰，中立這一邊的國策往往被他國忽視。如一戰的比利時，二戰的比利時、荷蘭、挪威，中立無用。

瑞典、瑞士到二戰結束都保持中立。不過由種種歷史事實看，兩國有時候不得不放棄一些原則而幫交戰的一方，做一些不得已的事情。如瑞士的銀行也不得不做一些，可稱為不道德的行為；阿根廷甚至以後成納粹人士潛逃的一個目的地。西班牙能保持中立很難得，佛朗哥受希特勒及墨索里尼的恩義不少，能保持中立是西班牙的福氣。當時瑞典、葡萄牙、阿根廷、巴西都是二戰消息的主要來源。我們當時會看到「里斯本」、「斯德哥爾摩」、「里約熱內盧」、「布宜諾斯艾利斯」發出的各通訊社的報導，當時小學生也可以朗朗上口。中學一年冬在太平洋戰爭發生也是有這四所的電訊上報，但到了末期就逐漸減少到逐漸消失，由大本營發表取而代之。

其他太多零細的就不說了。不但是韓戰、越戰有人說本來是可以不打的。二戰、一戰，在邱吉爾的書中，也說過可以不打的。

有一段時間，中國與蘇聯雙方在邊境共擺上約兩百萬軍隊，有些軍事評論家認為，中國的危機可能拖到一九八五年，如過了一九八五年蘇聯就沒有機會了。自一九六九年珍寶島打過了，一直對立了那麼多年。

進入八〇年代初期，蘇聯社會，由黨及技術的官僚控制，使經濟、政治、軍事及社會各方面出現了一些怪怪的不對勁。一九八二年十一月布里茲涅夫死亡，一九八五年契爾年柯又病亡，戈巴契夫繼任。戈巴契夫由阿富汗撤兵，東歐及蘇聯國內已經不穩，戈巴契夫的「重建」及「公開」的猛藥，對病危的蘇聯是反作用。從一九八九年開始到一九九一年，全面崩裂，這對東歐到舊蘇聯的經濟是一場惡夢。一九八九年六四之前，戈巴契夫剛到北京，中國也像蘇聯那樣，是甚難收拾的禍亂。中國如能避免那一次厄難，對大多數人應該是好的。

以後中國仍走了一段艱難的路，且開放投資的社會主義市場經濟，沒有人走過。土地公有制，是制約這市場經濟的一把鎖，而就我自一九九六、一九九八、二〇〇〇、二〇〇二、二〇〇三年去了五次的感覺：沿岸是進步了，走三峽我才看到中國窮的部分。「**養飽十三億人，是一件大事**」，這是很實在的。看過幾年穀類的生產，下降了。可能有幾個原因，穀類的消費減少，由食油、肉、魚、蔬菜、水果替代；農地的減少，另一原因是改種經濟植物、水果等。

二十年後我已無緣相見，但我可以看到浦東這二十年來的建設。浦東的國際機場應該已經完成，蘆潮的上海港和三十公里外，杭州灣的大小洋山上的上海新港，光是蘆潮港就有六十五平方公里，不算很大，不過足夠容下現代物流、港口加工、金融貿易、商業服務及旅遊居住的配套設備。還有一個人工湖，湖上有島，如舊日廈門公園內的琵琶島。蘆潮到洋山島有三十公里的雙向跨海大橋。人工湖直徑大約二點五公里，面積四點九平方公里，二〇二〇年的人口約二十萬。洋山深水港，它的規劃是到二〇二〇年，這我是看不到。第五、六代兼顧[15]碼頭區，先期建設一千六百公尺，約五個泊位。跨海大橋由蘆潮港到嵊泗的小城子山，六車道，橋面寬卅一點五公尺，通道可容五千噸級（通航孔高四十公尺）和千噸級的通航孔各一處，五百噸級通航孔兩處。二〇〇二年六月正式開工。[16]

至於洋山深水港就是專為五、六代貨櫃輪的專用。洋山深水港的水深十五公尺，就是外海的工程，施工難度比較高，但二〇〇六年，第一期工程完成，那卅二公里的跨海大橋，也開放使用，車速限八十公里的時速。[17]這跨海大橋，在杭州灣目前是一種時尚，尚有兩條跨海大橋在杭州灣進行。有時候納悶，這種外海的工作困難，費用當然是很高，不過要考慮種種意外的風險比陸上應多不會少。風與浪，鹽霧對金屬類的蝕害都應該預先有一個資料。本來寧波港水深十六公尺，就是可以當深水港，利用本來的高速道路可能慢一些。

我自己不上網，這些都是由人家寄來的，或在刊物看到了，陸陸續續知道了一些情形。隔兩年去，就在黃浦江上多出一條橋，都是六、七公里左右，姿態各異。所以對上海實在不敢亂扯。西部的教育還很困窘，而且上海的建設投資，顯得差距很大。一九四七年初去上海，如二〇〇六年有機會再去，就是一甲子，六十年了。六十年一甲子，在人是一段相當長的日子。唐顧況詩〈上湖至破山贈文周蕭元植〉：

**「一別二十年，依依過故轍，湖上非往態，夢想頻虛結。二子佯我行，我行感徂節，後人應不識，前事寒泉咽，一別二十年，人堪幾回別。」**[18]何況我是一別五十年。

一九九五年秋，母親九十三歲去世，我一九九六年才再到上海，不僅祖母、二舅媽、五舅已經過世，連表姐淑貞也在東北牡丹過世。當時上海舊市區正被破舊起新，數百鷹架，據說是約世界四分之一的高鷹架在上海一地。依舊不變是瘦老的法國梧桐樹及滾滾長江水。二〇〇三年與兒子廷仁再去數日，飛機在浦東下。浦東已不是一九九六年的新，舊的參半。

初去上海，對上海的建設計劃有興趣，而且著眼於浦東開發是一著好棋。浦東只隔舊上海一條黃浦江，而似一片村落，做都市計劃這五百多平方公里之地，可以做很大的規劃，把眼光放遠，不要為了速度，而誤以後的建設。所以地下水道、地下鐵、地下的道路網，都可以放手做長遠的藍圖。飛機場跑道是長四千公尺四條。以國際空港的長度，都在三千六百公尺以上。初去已有南浦及揚浦大橋，以後就有外環高架道路部分的徐浦、蘆浦大橋。而且上海有三個大島在長江上，崇明島、長興島、橫沙島。黃浦江出之於太湖，全長一百一十三公里，徐浦大橋之西尚有奉浦、松浦大橋，跨過黃浦江。而二〇〇二年九月二十日規劃的蘆潮海港新城，就是南匯縣之南。

根據資料，一九九六年年初就由國務院提出「洋山深水港」，洋山即屬浙江省境內，大小洋山島的海在我的印象不是很平穩的。[19] 羊山之名以山、多羊得名。查洋山，「**山名，江蘇松江縣東南海中。羊山在府坑金山衛東海中，山高大，周七、八十里，四圍環抱有十八奧。中如大湖可容數百艘，湖口面北有娘娘廟。山有淡泉，海船往往取汲於此山口。**」[20] 何時改稱為大小洋山島，目前查不出。由上海市工程管理局的資料是上海南匯蘆潮港東南，距離蘆潮港廿七點五公里，依托大、小洋山島鏈形成南、北港區，港內水域為單一通道。至二〇二〇年可形成十多公里深水岸線，可以布置三十多個大貨櫃輪泊位，實際通過能力二千萬標準貨櫃以上，發展潛力巨大。[21]

光看近年，香港、上海、深圳的貨櫃量，已趕過高雄港，就這洋山深水港的未來發展規模，甚至可能使上海總共的量超過香港，而成為世界第一。如以太平洋西岸的中心位置及長江、中國十三億的人口，在海空的條件，都是其他港灣不能趕上的。香港腹地有，本身地有限，而且深圳，甚至珠海也可以比一比。

到二〇五〇年，中國預估的人口為十三億九千二百三十萬，印度約十六億，美國約四億。[22] 至於經濟規模的估計更難，人口的估計本身就不能很準確。二十世紀結束時的人口，大約在推計中，是屬於中下的增加率。中國的一胎主義已經稍為放鬆，不過近三十多年中國如無一胎主義，現在中國的人口可能在十六億以上。對世界、對中國都不是好事。不過一胎主義不光是好的一面，人口學、人口問題、人口政策、各個有自己的範圍。毛澤東的人口論簡單，「**人多好做事**」。其實台灣目前少子化，引起的社會問題就夠麻煩了，不光是學校減班的問題。想一想，一個人有嬰幼年代、童年時代、少年時代、青年時代、壯年時代，日本人創的「熟年年代」。以後是初老、中老、耄老的三老時代（我把滿八十五歲以後歸為耄老）。這三老就各有各的問題。少子化，工作人員減少，所以初老的人以後可能要擔任服務業，比較不用體力的工作。所以一個人不能完全退休，可能擔任一些可以勝任的工作，也可能會變成社會的需求。

這個問題就又牽涉一些人的平均年齡的上升，及體能的進步。這都是由醫藥、復健、社會教育及科技進步等帶來的。以前死亡的重要原因是傳染病，而後是代謝疾病、高血壓。這方面慢慢人類可以克制了，剩下癌的問題。而二十年後，癌因預防，提早發現、手術及化療、電療合併了診斷的儀器，及種種化學診斷為助，人類不但可以預防及早期治療。加上營養學的種種知識，可能三十年後，人預期平均年齡可望到九十歲以上。但年老如只活到植物化，對人本身是一種消極的徒存而已。所以一旦可以排除老化的痴呆問題，人是永遠活著一天要自我教育，可以和時代的進步結合。目前人類男性的最高平均年齡尚未超出八十歲。[23] 我如能超出這八十歲，也應該滿意了。不過人總是有一些痴望，以前是下一個願望看二〇一〇年的上海。現在生命中樞的腎功能、心臟都有些問題，二〇一五年似乎無望了。

## 注釋

12—現在估計人口8,250萬（參考《經濟人》雜誌社的Pocket world in Figures 2007）。

13—麥納瑪拉，In Retrospect the Tragedy and Lesson of Vietnam《マクナマラ回顧錄》，共同通信社，仲晃譯，1997年5月第1刷。英文版是1995年出版。

14—約翰·百恩著，陳山、真如譯《藍血十傑》，智庫文化，1995年10出版。

15—第六代是8,000標準貨櫃，約10萬噸以上。

16—上海城市發展信息研究中心傳真www.shucm.sh.cu。

17—上海市市政工程管理局，《洋山深水港第一期工程有序推進》。

18—明倫出版社，《全唐詩》第四冊，卷264，第2930頁，顧況。

19—鄭成海，1649年（順治15年，南明永曆12年）8月9日大軍船發舟山，至午師次羊山，翌10日天海昏黑，風挾雷電。怒濤湧立，瞬間碎巨艦數十，漂沒士卒一說8千。（資料來源：顏興，《鄭成功復明始末記》，再版1953年，66-67頁。）這「羊山」可能就是大小洋山。以前上海縣屬江蘇，羊山當時是江蘇金山縣東，金山就現在上海市金山區。

20—羊山，見諸橋轍次編，《大漢和辭典》，卷九，第9405頁。

21—上海市市政工程管理局，《洋山深水港第一期工程有序推進》。

22—2006，データブック，二官書店，第40頁。

23—香港男性平均是79.3歲，比日本稍高一點點。

# 附錄二

（一）韓戰1：一觸即發，中美蘇各自盤算

（二）韓戰2：麥克阿瑟及杜魯門的誤判

（三）韓戰3：內戰？殖民地解放？關於自由的省思

# （一）韓戰1：一觸即發，中美蘇各自盤算

關於韓戰的資料，我主要引用朱建華與和田春樹寫的《朝鮮戰爭》。因為這個戰爭影響了台灣和我的命運。影響層面好和壞，這種假設是多餘的，它已經成為歷史，實際上也不容有這種假設。

我心總想要把一九五〇年六月廿五日以前到十一月廿九日的韓戰，和中共渡河參加第一次及第二次戰役的事情做一個交代，當然一九五三年停戰前後的事會順便提一提。

*

韓戰在當時是不可免的，因為無端地把韓國分成兩半。當一九四五年八月十五日本投降前，美軍已經做了攻九州的準備。蘇聯自八月九日攻東北，也攻北韓的東北部。卅八度線的分割，比德國的易北河為界不合理。當地有各兩公里的非武裝地帶。有些人的家屋、田地，跨著界線就傷腦筋。這些都是二戰結束前，美、英、蘇三國在一九四五年二月的「雅爾達會議」產生的後遺症。當時原子彈的使用仍不是定數，而美國為了減少對日戰爭的損失，在蘇聯同意對日參戰後，讓蘇聯得到南庫頁島、北千島，恢復一些東北及遼東半島的舊權利。另外，分割德國及韓國的決定在以後生出許多事端。

史達林是根據《雅爾達協定》對東北出兵，大致上遵守與美、英的協定。中共對其動向無所知，其交涉一律以國民黨政府為對手。中共雖趁蘇聯撤出東北的真空入東北，但蘇聯處處限制中共的行動。自一九三七年到一九四五年八年中，蘇聯提供國民黨政府三億美金，對中共只於一九三八年提供王稼祥三十萬美金。其他就是在東北所藏的三十萬支步槍。[1] 稍有微妙變化是一九四八年五月廿二日對哈爾濱的紅軍指令及一九四九年一月米高揚到中共本部的「西柏坡會談」。[2] 以後毛澤東才宣布了「對蘇一邊倒」的外交方針（一九四九年六月）。

羅斯福是《雅爾達協定》後，於一九四五年四月十二日死亡，由杜魯門繼任總統。比起羅斯福，杜魯門是反左、反共的。但一些事情不得不解決，五月七日德國投降，五月九日蘇聯已取波蘭全域，柏林也早為蘇聯攻陷。

一九四八年南韓舉行大選，七月二十日李承晚成為大韓民國總統。北韓也在九月成立「朝鮮民主主義人民共和國」，九月九日由金日成為主席。雙方在憲法上都指定漢城（現首爾）為首府。而東北落入中共控制是一九四八年的十一月。一九四九年蘇聯雖然試爆原子彈，尚無充分的投擲工具，只有少數仿製的B29。當時的飛彈尚無洲際飛行的能力。所以在綜合的情勢下，蘇聯是怕杜魯門動用原子彈的。

南韓的人口當時約兩千萬，北韓只有九百萬人。所以事實上一九四九年七月以前南韓軍力勝於北韓。北韓主席金日成生於一九一二年，一九四〇年對日游擊失敗，逃入蘇聯。朴憲永一九〇〇年生，戰後在漢城重建韓共，後入北韓任副首相及外相。另一方面南韓的李承晚一八七五年生，曾在上海任「大韓民國臨時政府」大統領。首相是一九〇〇年生、光復軍出身的李範奭，他與李承晚不合。國防長官兼任內務部長的申性模則有實權，一八九一年生。[3]由這些主要角色即知，一場內戰是難免的。

一九四九年四月二十日，中共壓制南京後，北韓派民族保衛省副相（等同國防部次長）金一先訪問高崗，再到北京與毛澤東、周恩來相談。此時在中國的東北，約有朝鮮族一百五十萬人，並有兩個朝鮮人師——一六四師（師長李德山），駐瀋陽；一六六師（師長方虎山），駐長春。這兩師由七月到八月入北韓。一六六師編為朝鮮人民軍第六師，在甕津半島取得初步勝利。一六四師成為人民軍第五師。北韓軍隊納入這兩個師之後，才一口氣由三個師變成五個師。[4]

一九五〇年一月，金日成再派金光俠副首相到中國，要求在四野[5]中尚有一萬四千名的朝鮮人士兵回北韓。當時金日成可能已經由防守轉變為「武力解放」。南韓有六萬軍隊，還有二十萬左右由日本軍退伍的兵士；而且有兩千萬的人口，可徵四十萬以上的兵力；連武裝的警員，可以擴充到七十萬左右的軍隊。

中共軍委在一九五〇年一月廿三日認可了這一萬四千的朝鮮人兵士攜帶武器裝備歸北韓，四月十二日抵元山之後，成立人民軍第十二師，另一獨立團編入第四師。一九四九年六月廿九日美軍撤退，蘇聯則在一九四八年底已經撤退。所以當時南韓的北伐論是相當高，其正規部隊九月時是七個師，併其他部隊總數約有八萬五千。所以中共讓約四萬人的朝鮮人回北韓，便取得兵力的平衡。

金日成由一九四九年八月，看到中共過長江後的勝利，更直接是由中共一六六師的朝鮮人部隊（入韓後成為第六師），在甕津半島的勝利，而心內釀成勝利不難，應求在「全國國土的武力解放」。這種思路在南韓李承晚、李範奭首相也相差不多，認為只要美國肯相助，統一不難。

所以可以推想，金日成的南侵的構想是一九四九年八月，一口氣由中國要到一六四、一六六兩個師才逐漸成形的。斯度伊可夫（蘇聯駐北韓大使）與金日成在北韓外相的宴會中，假裝有些酒醉，談到：「**假如將解放朝鮮南部人民和國土統一事業再延後下去，我將會失去朝鮮人民的信賴。**」這是一九五〇年一月十七日夜宴送北韓駐中國大使李成淵的宴會發生。[6]

但是，中共在一九五〇年五月當時，並無同意北韓行動的客觀條件存在。因為，當時中國本身經過十五年戰爭及五年內戰，經濟所面臨的困局是空前的，而且台灣、西藏的問題尚未解決。朝鮮雖在殖民地下過了卅四年，就整體的情形看，比中國好一些。雖然北韓比南韓差，但當時電力還不錯，日本也曾在北韓設置了一些重工業。

如以較客觀的立場，從「內戰」的性質看，美軍撤退後，戰爭隨時會發生。事實上自一九四八年到一九五〇年六月，南韓進軍北韓的案例較多。但如以「國際戰爭」的觀點看，無論如何杜魯門是國際戰爭最主要的發動者。

＊

韓戰在六月廿五日爆發後，美國在六月廿七日就決定介入朝鮮戰爭，七月一日美軍就自釜山登陸。反應之快，所以一定早就有參謀作業在進行；後來的伊拉克戰爭是差太多了。

中國軍隊正式渡江是在十月十九日，朱建榮認為毛澤東參與韓戰的理由分為五點：

一、開戰前（五月金日成訪問中國後），中國高級幹部確知金日成已得史達林的同意，北韓要進行「祖國解放戰爭」。

二、由毛澤東對杜魯門的介入聲明，有「三路同心迂回」的戰略判斷，已預想對美交戰的可能性，並為美軍出動到鴨綠江對岸時做了準備。除東北的邊防軍外，更動對越南、台灣的既定方針，並為在朝鮮半島對美作戰，做了環境準備。

三、八月前半，毛澤東原構想九月參戰，但在美國為首的國聯軍登陸仁川後，加速了準備的速度。

四、中共幹部反對即時參戰者所舉的理由包括：準備不足、裝備劣勢、國內安定、經濟建設優先等理由。但毛澤東抱持美國可能對中國侵略的觀點，強力主張立即參戰。他此觀點在國聯軍超越卅八度線以後，被大部分指導幹部所接受。

五、參戰的戰術構想採大膽的短期決戰，在國境附近確保了反擊用的橋頭堡，逐漸、慎重的修正戰術方向。但對以實力阻止「美國對華侵略」的意志表現，始終一貫。[7]

西方對中國參戰各種理由的分析，一九五〇年到目前，變遷甚多。當年美國正展開反共冷戰，麥卡錫正得勢的時候，尤其麥克阿瑟將軍對中國獨自的「帝國主義野望」，認為「**中共是導演，金日成是演員，史達林是在後面的老闆。**」

留美學人薛理泰所舉的中共參戰理由，是比較現實可見的：

一、美國第七艦隊出動，封鎖台灣海峽是對中國的宣戰。

二、朝鮮問題的介入，對中國的內政的影響是比較現實的。

三、由美軍對朝鮮北部的進軍，中國東北地區已暴露在美軍的威脅。

以上是喬治斯頓大學的討論中的報告（一九九五年七月）。

其中所言最真實的是，周恩來那一句：「不能置之不理。」而且日本吉田茂首相在書信及對眾議院外交委員會的信中，也說近相同的話，當然他是偏日本的立場。由此可見，在不同的危機下，不得不選擇手段的時候，總會遇到相同的答案。

孫子說：「**故知勝有五，知可以戰，與不可以戰者勝。識眾寡之用者勝。上下同欲者勝。以虞待不虞者勝。將能而君不御者勝。此五者知勝之道也。故曰：知彼知己者，百戰不殆。不知彼而知己，一勝一負。不知彼不知己，每戰必殆。**」8

史達林對北韓的南攻不是很積極，一九四八年底，已經撤出北朝鮮。北韓應該早考慮到，美國如介入這一內戰，化為國際戰爭，應該如何收拾這一戰爭。

戰爭在六月廿五日爆發後，中共自七月十三日就設立東北邊防軍，同時延期台灣的攻擊，因為空軍遲遲無法成立。八月十一日中央軍委對華東軍區司令官陳毅通達：「**一九五一年內不進攻台灣，一九五二年看狀況的推移再決定。**」9

而毛澤東當時已有「三路向心迂回」的戰略構想：韓國一路，越南一路，中國沿海一路。所以對東北邊防甚是重視，除十三集團軍，又增宋時輪的第九集團軍及楊得志的十九集團軍也集結後，移向東北。

美國當時也風行「骨牌理論」，如中國、北韓、越南赤化，勢必波及泰國、馬來西亞、菲律賓、印尼。但是，一九五〇年東歐已經被赤化；不過除南斯拉夫的狄托（Josip Broz Tito）外，阿爾巴利亞、羅馬尼亞兩國也不怎麼聽史達林的話。當時史達林在一九五〇年以前，也甚在意毛澤東的「狄托化」。這些各種層面的雙方心理，交織了一片甚是詭異的東西各方的言行。如一九四九年國共內戰時，蘇聯甚至要毛澤東停在長江之北，而且也沒有廢駐在國民黨政府的使館，他當時心內還很怕美國的誤會。就是以後有了原子彈、核子彈，甚至洲際飛彈，他們一直對美外交是存有不可撕破的底線，甚至在赫魯雪夫時代也是如此。

毛澤東對六月廿七日杜魯門的聲明，不但重視，而且更確立了「三路同心迂回」的觀念。因為不但是對南韓，杜魯門也提到越南。

七月二日周恩來與蘇俄大使羅時珍，已經談到仁川的問題、三個軍團的東北邊防軍構想。[10] 而在此會談中也表示毛澤東於一九四九年五月及一九五〇年五月警告美軍的介入，一直被金日成輕視。[11] 羅時珍向史達林電報後，七月十三日史達林曾說如中共派出九個師支援這些部隊，他準備派一百廿四架戰鬥機的師團。[12]

八月四日中共政治局會議檢討對朝鮮戰爭的介入，八月五日毛澤東以中央軍事委員的名義以電報告高崗[13]：

「邊防各部隊，八月中可能無作戰任務，但準備九月上旬可以投入實戰的準備……」

但是，八月中旬時中國首腦幹部，對北韓單獨求勝已是悲觀，並警戒到以美國為首的國聯軍反擊的可能性。八月廿三日，總參謀部作戰室主任雷英夫，向毛澤東、周恩來提出「國聯軍在仁川登陸的可能性」。聽了雷英夫報告後，毛澤東先說一句：「有道理，很重要。」而後下了三個命令：

一、情報部門，注意美、英、日動向。

二、把我們見解通報史達林及金日成，供他們做參考。

三、東北的十三集團軍加速準備，一旦有事，即刻能出動的狀態待機。

雷英夫在《證言錄》中所提根據有以下六條（簡化）：

一、美、韓軍十三師在釜山三角洲固守，不退、不增援。戰略上是吸引北韓全主力部隊。

二、在日本的美軍——陸軍第一師、第七師，不增援，一直戰鬥訓練，可以判斷為開闢新戰場。

三、地中海、太平洋等多數艦船在朝鮮海峽集結中，亦是登陸戰的兆候。

四、朝鮮半島南北長，東西最細處只有一百餘公里。仁川登陸在戰略上價值最高，可以切斷北韓後撤，予以包圍。

五、麥帥與第八軍已慣於在敵後登陸作戰，尤其可以發揮海軍與空軍優勢。就是失敗，損失不大。

六、北韓前進洛東江，補給線延長，兵力分散。尤其後方空虛，而敵人可以集中防禦，產生反擊餘裕，掌握主導權。

對此毛澤東下三點指示：

一、邊防軍檢點參戰準備，九月底完成戰鬥準備，隨時可以出動。（有「嚴令」兩字）

二、分析仁川登陸後，防備北韓人民軍陷最惡狀況，使南下部隊後退或強化仁川守備的意見傳給蘇聯及北韓，供為參考。

三、總參謀部與外交部對情勢變化隨時密切觀測與分析。[14]

北韓一直輕視中共對仁川的關心，而且北韓人民軍是蘇聯的裝備，由蘇聯顧問指揮。而金日成本人，當時是認為八月底可以結束戰爭。對戰況判斷與中國完全不同。

中共第十三集團本身於八月卅一日提出的預測意見為：

**「朝鮮人民軍已失分割敵軍予以擊破、殲滅的機會……第二的可能性是以少數兵力在現地應戰，主力在後方**

**平壤、漢城間大舉登陸，前後挾擊。**」這一報告是給林彪，九月八日林彪才把這一報告轉到毛澤東。可見中國當時是旁觀者，客觀分析，重視歷史經驗，而且能顧慮到全局。毛澤東開始失去冷靜是十一月下旬第二次會戰起。[15]

由仁川登陸的美軍會合由大邱北西攻擊的美軍，為了包圍北韓人民軍，向忠州集結，由空中攻擊。北韓軍失去大量的戰車及大砲，彈藥及燃料的補給也嚴重缺乏。金日成企圖由南韓的青年組織九個師也遭挫折，緊急在北韓編成六師，有三千四百台卡車的補給也缺駕駛人員。九月廿六日，金日成才想由中共幫助，提供駕駛人員。

九月廿七日史達林打電報認為「**這些錯誤發生的責任，在我們的顧問團。**」毛澤東已經有兩次以上以電報告知史達林仁川登陸的危險。可能毛澤東也不知道，史達林已下令軍事顧問團由攻擊軍中抽出四個師，回防漢城的命令。電報中指出「**空費了七日時間**」。

九月廿七日，漢城被奪。廿九日李承晚與麥克阿瑟參加還都式。九月三十日金日成、朴憲永連名寫信向史達林求救。當時退卻中的部隊，有一些是相當狼狽的。

這求救的信由朴一禹帶著，十月一日到了北京。這一天史達林本人也打電報給毛澤東與周恩來。

「我判斷朝鮮的同志逐漸落入絕望的狀態。」

「如果你們認為可以援助現在的朝鮮同志，應立刻派遣五、六個師到卅八度線，使朝鮮同志在你們的掩護下能組織預備軍。中國的師團可用義勇軍為名，當然以中國人的司令部出現為佳。」16

在美國本身，如國務院北東亞洲課長，丁．亞里遜就認為這是「由蘇聯區奪回土地，提供了好機會。」而對此肯楠（George Frost Kennan）在八月下旬離開國務院，仍是主張慎重的「圍堵」（containment）。如果過度刺激蘇聯，當然會有反應。如跨過卅八度線，不但蘇聯會介入，中共也會介入。他認為如美國進入北韓，蘇聯的解釋是美國有意在蘇聯東方海參崴的近鄰，建立軍事及警察的權力。不過他似乎沒有重視中共更切實的感受及更激烈的反應。17

而事實上杜魯門及國務卿艾奇遜（Dean Gooderham Acheson）在八月中旬已經支持亞里遜的路線，著名的韓戰史家康明思（Bruce Cumings）說得中肯：「問題不在奪還北韓，而在由誰控制。」18

事實上麥克阿瑟當時與蔣介石談論過，他正想利用克服北韓來收復中國大陸。所以杜魯門和艾奇遜一直警戒麥克阿瑟的言行，急遽派原駐蘇大使哈里遜（William Averell Harriman）到東京，對麥克阿瑟限定戰爭要在朝鮮之內。而且杜魯門也不知道蔣氏肚子裡想什麼。他是認為利用台灣，就是失敗，美國不過是少了一個製造麻煩者。[19]

這正是當時毛澤東心中所懸慮的重點。而杜魯門認可統合參謀本部的檢討，九月廿七日對麥克阿瑟發出指令：「**貴官的軍事目標是北朝鮮軍的擊滅**（destruction）。」

十月一日南韓第一軍團，向元山跨越了卅八度線。九月三十日周恩來在北京中山公園的建國一週年祝賀大會的演說中說到：「**美國是中國最危險的敵人。**」同時說，帝國主義對鄰國恣意的侵略，「**不能置之不理。**」[20]（朱建文的引用是由日語再翻譯為中文，但這六字是正確的。）

*

再下來一直到渡河的近二十天，可能是中共建國以來最緊張的一段時間。

就算是周恩來知道美國本身對麥克阿瑟一再指示，當時中國仍是不能不渡河和美國戰鬥。因為情況是流動性的，而國際政治的情況是善變的。況且蘇聯不出席聯合國，使美國在安理會打贏了一戰，以國聯軍的名打這應該是一次內戰的戰爭。

事實上當時中共已經準備參戰兩個月餘。九月二十日周恩來提出，經毛澤東同意的作戰方針為：「**抗美援朝戰爭應是自力更生的持久戰。在各戰役、戰鬥集中優勢兵力與火力，把小規模的敵人分割、包圍、殲滅，逐漸把敵人弱體化，以資長期作戰。**」

一切事情都急迫到不能不做一個決定了。

第一次書記局的討論，在十月一日建國一週年的會後，在中南海的頤年堂會議室召開。十月二日對各部隊下令在十月十日以前完成參戰準備，迅速進入臨戰態勢。開會時毛澤東開會致詞中說：「**朝鮮情勢深刻，今天不是討論是否出兵，以即時出兵為前提，把時日及參戰指揮官這兩個緊急問題予以討論。**」但林彪拒絕就任參戰部隊，理由是政權維持優先及中國勝算不多，不應參戰。林彪拒絕後，毛澤東才緊急召集西安的彭德懷到北京。

本來朝鮮半島南北稍長，東西不寬，如台灣島。台灣最寬的，從嘉南平原到阿里山山脈，不過五十多公里。朝鮮半島南北最狹窄處只有一百多公里。不論比中國海或日本海，甚至朝鮮海峽，都是空權、海權世界之冠的美國可以壟斷。北韓只有七個初級的步兵師，就想挑起這個戰爭，而不考慮美國參戰的可能性是犯兵家之忌。

中國參戰之前一直在乎蘇聯空軍的支援是有道理的。自一九四二年起的太平洋戰爭，甚至表示如無空權等於無海權。一九四二年六月六日，中途島[21]，日本失去主力航空母艦及戰歷豐富的駕駛員，就此失去了勝利的「稀望」。當時日本與美國的工業生產力相差十倍左右。日本尚且無俄國及中國廣大的空間可以隔絕空權、海權的絕對優勢，也無以後越南打國民戰爭的堅韌。（越南犧牲可能為日本的兩倍。日本有原子彈轟炸，越南則有各種巨大炸彈及枯葉劑的戴奧辛。）

客觀而論，史達林一直小心翼翼，不敢冒然答應用空軍，所以中共的軍隊自十月二日延遲到十月十九日才渡河，毛澤東曾躊躇數次。當時美國的戰略空軍主要是B29，駐在日本橫田、沖繩的嘉手納。光是第七艦隊的存在就等於二流國家的火力。

以後當聯軍統師符立德（James Van Fleet）辭去職務曾說：

「**朝鮮是一個祝福。不是它，就是在某個地方，需要一個朝鮮。**」這句話就是一個強烈的暗示。朝鮮也許只是一種戲碼或引點，也許美國真正緊要的目的是在台灣海峽。中共進攻台灣的時間一直延後，就是因為空軍及海軍與輸送船隻的問題。毛澤東初以為建立空軍不難，中共的空軍初在北韓外島參加空戰是一九五一年一月。

十月四日政治局擴大會議，在北京中南海的頤年堂會議室舉行。當時的反對意見可分為五：國力限界論、國內優先論、危險論（政權的）、敗戰論及慎重論。甚至有人提出為何武器裝備優秀的蘇聯不出兵，而要中國出兵的開門見山的言論。據彭德懷的回憶錄，曾引用毛澤東的發言：

「諸位的意見各有一理。但是鄰國已到存亡危機，我們一邊旁觀，這是相當難過的事。」[22]（這是翻譯日文的，以後可能可以找到彭的回憶錄。）

雖然毛澤東的即時參戰派是少數，但立場一直堅定。毛澤東自八月以來已經失去許多好機會，十月是最後的參戰契機。

十月五日下午，會議繼續進行，毛澤東請彭德懷發言，彭德懷就表明積極參戰的意見。綜合積極參戰也可整理為五點：

一、為了打破美國三線侵攻中國的企圖。

二、如戰不可避，晚不如早。

三、鴨綠江南岸，約一千公里，不合長期防禦。

四、如不早參加，失去大義名分。

五、美國和中國一樣，沒有充分準備，而且重點在歐洲。

十月五日決定彭為總司令，初步參戰時間定在十月十五日。

在十月五日，只有南韓的軍隊跨越卅八度線。十月三日周恩來曾向印度駐華大使表示：「**南韓超越卅八度線沒有問題，如美軍北上將遭遇中國的抵抗。**」[23]不過毛澤東認為如真放任南韓軍北上，如到鴨綠江南岸，就將失去機會；可能中國不需派三個集團軍，但戰爭換個形式還是要打。

十月八日周恩來等為了空軍支援、武器援助，出發去莫斯科。毛澤東是經羅時珍通知蘇聯參戰的決定，「**準備送九個師，出動還要一些時間。**」同時比這個通知早一點，也經倪志亮大使向金日成通知（十月八日中午）。

十月十一日毛澤東接了史達林與周恩來聯名的電報稱：「**蘇聯空軍不能出動支援中國志願軍的作戰。**」毛澤東將此消息通知彭德懷，同意四個軍團及三個砲兵師全部渡河。一個高射砲團十月十四日由上海經瀋陽到前線，但空軍援助暫時不可能。當時彭德懷說了：「**我洗手不幹了。**」這句話後來成為整彭德懷的資料之一。可能十月十二日上午決定，如無蘇聯空軍支援，危險太大，提案延期或中止出兵。當天下午八點毛澤東回了暫停的電報，這電報可能是給在俄的周恩來對蘇聯加一些壓力的姿態。不過十月十二日對陳毅發了兩通意思相反的電報，先命第九集團軍北上，又電命令暫時不實行。如是對蘇的一種姿態，似乎是嚴重一點，不過戰略上的參戰理由似乎是不變的。

當時史達林曾說：「**中國如有困難，也可以不出兵。失去北韓，社會主義仍可繼續存在。**」

十月十日的情況與七月十三日的情況不同。我私人的看法是蘇聯在北韓平壤已經是危地。空中的戰鬥，一旦蘇聯的飛行員被俘，或被擊落留下證據，蘇聯極可能直接被捲入介入戰爭的實據。當時他還是避免與美國在朝鮮一地對立。事實上第二次戰役中國勝利後，蘇聯空軍便參與轟炸鴨綠江一帶的B29的狙擊戰。我還記得一九五〇年六月二十日之前在報紙看到米格十五在上海虹橋機場的包含相片的報導。《聶榮臻回憶錄》提一九五〇年初，蘇聯派空軍一個師進駐上海，在空中戰擊落國民黨飛機五架。[24]若戰爭在中國國內，蘇聯可以根據《中蘇友好同盟條約》，為防衛目的介入。這一點史達林並無否認：

「**事實上蘇聯空軍在一九五〇年十月到十二月，派十三個航空師分駐中國東北、華北、中南一帶。內含米格十五及米格十九噴射戰鬥機九個師……以後中國空軍以有償方式接受這十三個師裝備。**」[25]

在韓戰中，蘇聯空軍絕對不出動到國聯軍控制地區上空。在韓戰中唯一對美軍及韓國軍的情報搜集據點的西岸大和島的轟炸，是中國空軍第八師單獨實施，而出動前蘇聯顧問已回國。[26]

十三日下午，周恩來回到莫斯科，便接到毛澤東的「無空軍支援也參戰」的電報。電文經師哲[27]翻譯後，周恩來才與莫洛托夫[28]談到武器裝備支援的問題，也電告史達林。而毛澤東另電史達林，電報提到兩點：

一、以前有些同志動搖，是由國際情勢、蘇聯軍事援助，尤其空中支援的問題不明。

二、已經送新的指示給周恩來。

周恩來接的電報，第一次是北京時間十四日上午三點，志願軍出動後不取攻擊態勢，在平壤以北山地構築防禦基地。下午九點半，即提到參戰預定日為十月十九日，出動廿六萬人。這兩點都告知史達林。而關於裝備支援順利解決，三星期後，把初批裝備運到中國東北部。十一月一日，蘇聯空軍出動到安東、新義州上空與美空軍空戰，不過那是十月廿五日雲山的第一次戰役之後。

客觀地看，史達林對中國無空援也出軍的十三日電，心內又放心又感動。十月十四日史達林再度給金日成電文：

「經過躊躇及一連串的暫定決定，中國同志終而下了對朝鮮的軍事支援的最後決定。對朝鮮有利的最終決定，我很高興……中國軍所需的武器，由蘇聯提供。」[29]

數年後毛澤東回顧這一段說：

「革命勝利後，史達林把中國疑為南斯拉夫、把我存疑為狄托。自抗美援朝戰爭開始的一九五〇年冬天，才

**消去心內的疑問。」**

中共投入戰鬥的部隊，第一梯次廿五萬餘人，第二梯次十五萬人，第三梯次二十萬，合起來為六十萬。作戰構想由十月二日的殲滅，驅逐侵略軍，變成防禦戰為中心，在朝鮮北部山地構築足以當以後反擊的基地。高崗、彭德懷十八日到北京；周恩來也十八日歸北京，一早向毛澤東報告到蘇聯交涉的經過和結論。蘇聯擔任中國防空、裝備供給的問題也做了交代。

十八日下午，召開中央書記局擴大會議，情形已不可能再拖延下去。毛澤東說：「**時間不能再拖，應按計劃渡河。**」毛澤東對十三集團軍至急電報稱：「**按預定步兵四個軍團及砲兵三個師團於明十九日夜，由安東、輯安一線渡鴨綠江。**」大致是十九日下午五點三十分，由四十軍開始，當日晚上由安東、長甸、輯安三處渡江口，渡過鴨綠江。

總之，「**骰子已經投下了。**」

## 注釋

1—朱建華，《毛澤東の朝鮮戰爭》，岩波現代文庫，2004年7月16日第一刷，24—25頁。
2—同註1，25—26頁。
3—和田春樹，《朝鮮戰爭全史》，岩波書店，2002年3月第一刷，第25頁。
4—同註1，第30頁。
5—編按：中共人民解放軍第四野戰軍，是國共內戰時期中國人民解放軍五大主力部隊之一。
6—同註3，第100頁。
7—編按：軍事上指攻擊部隊的先頭部隊，在河川或隘路的彼岸所設之陣地，可用以掩護主力的渡河或進出隘路，或用為爾後作戰的基地者。（資料來源：教育部重編國語辭典修訂本）
8—孫子，〈謀攻篇〉第三。原文根據《宋本十一家注孫子》，又據《銀雀山漢墓竹簡孫子兵法》校對。
9—同註1，第133頁。
10—早在7月2日（6月25日的一星期後），周恩來會見蘇聯的駐華大使羅時珍提出了三點：①美國在日本的占領軍有12萬，可能馬上用6萬左右於韓國，所以應迅速占領釜山、木浦、馬山等港灣。②為了防守漢城，在美國可能登陸的仁川等要地，要構築強力的防禦陣地。③如果美軍超越38度線，中國已準備12萬兵力投入韓國，蘇聯是否能做空中掩護。（資料來源：和田春樹，《朝鮮戰爭》岩波書店，95年1月第一刷，364—366頁。）
11—同註1，117—118頁。
12—同註1，第118頁。
13—編按：高崗（1950—1954年），1949年為中共人民政府的副主席。1950年韓戰期間，主政東北。
14—同註1，181—184頁。
15—同註1，第188頁。
16—同註3，第201頁。
17—同註3，第217頁。
18—同註3，第218頁。

19—同註3，第218頁。

20—同註1，217—218頁。

21—編按：中途島是太平洋中部一環礁群島。這裡指的是「中途島海戰」（1942年6月4日—6日）。美國海軍在此戰役中成功擊退了日本海軍對中途島的攻擊，還因此得到了太平洋戰區的主動權，可說是太平洋戰區的轉捩點。

22—同註1，263—264頁。

23—同註1，第274頁。

24—《聶榮臻回憶錄》，第733頁。

25—鄧禮峰，《新中國軍事活動記實》，第144頁。

26—同註1，第348頁。

27—編按：師哲，1905—1998年，長期兼任毛澤東、周恩來等人的俄文翻譯，多次參加中蘇兩黨兩國間的最高層會談。晚年，他口述、出版了《在歷史巨人身邊》、《我的一生》、《峰與谷》等回憶錄。

28—編按：當時蘇聯的外交部長。

29—沈志華，《解密文件》（中），第600頁。

## （二）韓戰2：麥克阿瑟及杜魯門的誤判

中國不可能說動一九四八年九月才成立的北韓金日成政權去南侵。五月金日成訪問北京之前，也不確定金日成有這個打算。初入北韓的「志願軍」光是步槍一項就可以瞭解他們的武裝及後勤所處的窘態，有日本的三八及九九步槍；東北新軍帶的美國步槍及卡賓槍，是本來國民黨軍的步槍。所以渡江的部隊只好由師單位統一步槍，避免補給上的麻煩。各種步槍的口徑不同，不但是步兵的步槍到輕機槍、重機槍，甚至砲兵、海軍的裝備，都有這些困難。只是不像第一次世界大戰奧匈帝國軍隊使用多種語言的困難。

中國介入，是因為毛澤東擔心國聯軍在仁川登陸後可能跨越卅八度線到鴨綠江，中國可能會真正面對對方三路進攻中國的場面。經過相當複雜困難的思慮，才有十九日渡河的局面。

近二十萬人以十一小時渡江，前後的動態應該不可能逃過美國甚至南韓的情報，或空軍、電波的監控。但是，十月廿五日第一次戰役發生之前，十月十五日，杜魯門與麥克阿瑟在威克島相會，談的就是中國介入，當時麥克阿瑟說：

「可能性不多。他們如在最初一、兩個月中介入，那就有決定性的。現在不怕他們介入……中國在滿洲已有三十萬兵力，其中配置在鴨綠江沿岸，大約十萬到十二萬五千。可能渡江的只有五、六萬人。他們沒有空軍，雖然我們在朝鮮擁有空軍基地，如果中國南下到平壤，不過是成為一場最大的殺戮。」[30]對蘇聯的介入他是肯定回答：「不可能。」

杜魯門在會談後回美，在舊金山說：

「還是與現地軍司令官對談最好。他有詳細的情報，這對目前重大局勢，我們取決正確的政策是有用的……我對我國維持世界和平的長期努力，更增強了自信，由會談歸來……我確信國聯軍不久便可以回復全朝鮮的和平。」[31]這些話有一些是對的，有些是修辭，有些是錯的。

不過麥克阿瑟甚至說：「感恩節（一九五〇年十一月廿三日）以前，敵人的抵抗將會終結。第八軍可以回到

**日本，留兩師到明年一月的總選舉。其後希望美軍撤回。」**

如果不是美國情報不可靠，就是中國保密做得連美國的先進科技都看不透。十月十五日鴨綠江沿岸，光是邊防軍範圍內就有六個軍、三個砲兵師，兵力廿六萬以上，枕戈待旦，等待渡河。第九集團軍三個軍九個師已在山東集中，第十九集團軍也受命赴東北。

所以麥克阿瑟已經犯了最大的兵家錯誤，就是「**不知彼也不知己**」。以後美國駐日GHQ的G2（專管情報的單位）的主管韋羅比也承認：「**對在國境集中中國大部隊的情報是有的，但對其『軍事能力』及意圖要做區別而判斷為無介入的意圖，不是麥克阿瑟本人的錯，就是參謀作業階段的錯。**」[32]

十月十九日美國第八軍已攻陷平壤。但問題在東邊，韓國第六師在清川江上游的雲山，十月廿四日夜被包圍；廿六日赴救援的美國第一騎兵師也被包圍、受損。在戰鬥中被俘的中國兵士被訊問，「**十月十六日，有三師以上的中國志願軍入韓。**」[33] 這一點是半真半假。最近的資料表示中國當時只有一個團在韓國，「**第四二軍一二四師三七〇團由蕭劍飛副師長率領下，於十月十六日夜，由輯安渡鴨綠江，進入朝鮮領土內三十餘公里。**」[34] 所以三個師是近十倍，誇張了。

十一月三日，第八軍司令華克中將命令後撤，當時中共軍隊藏伏在長津湖附近的德川一帶。原本美國一直注意北韓軍隊，到十一月五日，麥克阿瑟才在安理會提出「聯軍正與中共作戰」的特別報告，翌日又說「**中共的行為，將會留在歷史紀錄的國際性非法行為。**」他可能不知道，他自己的名字及所言所行也會留在歷史紀錄，至於如何解釋是後人的事。中共早已警告在先，當北韓的鄰居，中國不能置之不理；而且言明國聯軍如超越卅八度線，中國將會參戰。如果當時九月三十日控制國聯軍在卅八度線附近，繼杜魯門當「美國總統」的可能是麥克阿瑟而不是艾森豪。

十月廿六日，中國預備軍的五十、六六兩個軍，六師的兵力也已經到齊。十一月六日，美國對國境五公里內的轟炸解禁，開始對新義州之北的鴨綠江鐵橋轟炸，一直沒有注意到沉浮於水面的便橋。

中國軍隊已進入北韓，不去搜集情報資料，麥克阿瑟又做了最差的決定。十一月廿四日，感恩節之後再度下令，揮軍向鴨綠江，他說：「**戰爭已接近最後階段了。**」如果他真的想結束戰爭，就是不退回到卅八度線，只要表示戰線凍結；客觀的情勢判斷，中共會不會全面介入這場昂貴的戰爭？這場戰爭的軍火是向蘇聯以借貸方式購買，史達林可能要的不多；但若以後中共與蘇聯鬧翻，中國人在被迫還債下，只好刻苦地支付這筆費用。

二十萬人以上的戰鬥於是在十一月廿五日到廿六日上場，美軍遭到「**美國歷史上最嚴重的挫敗**」，甚至使杜魯門也喊出要用原子彈，英國首相立刻予以制止，甚至弄得邱吉爾整日不安。[35]

杜魯門這句話可以窺出貌似鄉下紳士，本質上與一八四〇年挑起鴉片戰爭的英國紳士的心態，大同小異；間接地可以窺視到決定一九四五年八月六日廣島、八月九日長崎投下原子彈，意識最深層地對東方人的心理座標。連邱吉爾也說已投下廣島，長崎大可不必。[36]據李德哈特（B. H. Liddell Hart）的《第二次世界大戰》（*History of the Second World War*）說，第二次投在長崎，是因有些科學家已為此計劃使用了二十億美元，要確定一些成果。長崎比廣島死者少，但也近十萬人；反正這些人中，黃種人猶如黑種人，不是白人算不得是「純正的人」。坦克車、毒氣出現於第一次世界大戰，以後世界公約禁用毒氣。在二戰中，日本曾對中國累次試用，以後他們歸日前將許多毒氣彈埋在地下。一九四五年時美國為減少美軍傷亡，準備以毒氣殺死五百萬日人；原子彈出現，先後約三十萬餘人代日本全國死在原子彈。

既然已經知道中國參戰。十一月廿四日出動的國聯軍是美國第八軍的七個師，韓國軍六個師，英國及土耳其等三國旅團。也在這一時刻，在安東蘇聯六四師的米格十五參加戰鬥任務。廿五、廿六日志願軍開始第二次戰役。美、韓軍受到近於毀滅性的打擊，開始走向潰敗。長津湖的第十軍團主力，美軍第一海兵師遭遇伏擊，在雪中繼續苦戰南退，失去半數兵力。中共的損失也不少，毛岸英[37]廿五日遭轟炸而戰死。這一期間，北韓在中國東北建立新軍：灣溝、和龍、延吉各三師；而在延吉、通化、汪清，建立空軍等特種部隊或學校。

十二月五日美軍放棄平壤，第八軍退移大同江南岸，破壞最後的橋；由大同江，戰車登陸艦、日本商船，到朝鮮的帆船一百餘艘，載著囚人，負傷者及約三萬避難的人。部隊向卅八度線撤退。在東部，第十軍團由興南撤退，運出兵員十萬五千人，車輛一萬八千，卅五萬噸物資，八萬六千的避難民。這些難民複雜：不滿北韓體制、在南韓有家族、害怕可能使用原子彈，還有已為南韓工作的人；作家李浩哲由自己的遭遇，稱這些人為「越南失鄉民」。「越南」這裡是指越境向南，而非那中南半島的越南。[38]

在這過程中，不論南韓或北韓，有大量的殺戮，或以意識形態為名，或以敵意，更有不少人是純然的誤殺及濫殺。這一點中國的志願軍沒有參與。

十二月三日金日成訪問北京，和毛澤東、劉少奇、周恩來會談，表示謝意。之前，十二月一日史達林給毛澤東電報，感謝毛給他的戰況報告，並說：

**「你們的成功不但使我和我們的指導同志，也使全蘇聯人高興。」**

如同蘇聯軍由對德戰爭得到現代戰的經驗一般，中國人民解放軍也在和美軍的戰爭中，蛻化成為完全現代化的、裝備良好的強大軍隊。

由於志願軍的參戰，金日成到北京自然也要談到軍事指揮權的一元化及統一，避免在戰爭中發生北韓軍誤擊中國軍隊。這些問題待金回韓，與彭十二月七日會談後，決定組「聯合司令部」，簡稱「聯司」，對外是保密的。周恩來起草了七點合議文。雙方同意彭德懷為聯合指揮部司令員兼政治委員。

敗退一方的打擊相當大。本來想把北韓拉倒以後，在聯合國旗幟下統一韓國。這次敗退對麥克阿瑟、杜魯門，甚至以國聯為名的聯軍是一種巨大的衝擊。麥克阿瑟十一月廿八日對美國統合參謀本部〈我們現今正面臨完全新的戰爭〉（All entirely new war）信中又說，「**中國軍的最終目的，無疑是對朝鮮國聯軍全體予以完全毀滅而做決定性的努力**」，「**我們現有的兵力……面對中國沒有宣戰的挑戰，對策是不夠，這是明白的。我已經在自己能力範圍內做了處理，現在已直接面對超越能力與統制的條件。**」

十一月廿九日他更提議投入台灣的國民黨軍隊到朝鮮戰線，他認為兩星期內可以投入朝鮮戰爭。但統合參謀本部的英國反對，美國也因在聯合國會失去立場而反對此案。[39]

杜魯門在記者定期例會中提起，國聯軍在朝鮮的使命是：「擊退威脅全人類希望的侵略。」為此在國會將提增加預算。有記者問起原子彈的使用而談起許多的問題，主要是：「**關於兵器的使用責任，通常是屬於野戰司令官。**」而五角大廈也做出：「**拯救我們最後剩下的機會是使用原子彈，或者用原子彈威脅**」的想法。[40]

不過由於內外輿論的反應（十二月四日英首相艾德禮飛到美國），十二月七日才發表一些更正：「**關於原子**

**彈的使用，約束一定要經過英國及加拿大的同意。」**

蘇聯已於一九四九年試爆原子彈，中國人此後一再在原子彈威脅下，不得不走「不要褲子，也要核子」政策：一九六四年趕製原子彈，一九六八年已試爆核彈。自此以後世界才走入了另一段「恐怖平衡」。

雙方空戰，一面由米格十五攻擊B29，F80不是米格十五的對手，空軍司令部才派出F86及F84。十二月九日麥克阿瑟提出原子彈使用的裁量權，準備對廿四個目標，要求使用廿六個原子彈。[41]

對於中國介入戰爭，有一說是李承晚早已料到，參謀長丁一權回憶錄是這麼說的。[42] 而李承晚本人也對十一月三十日杜魯門總統使用原子彈的談話，表示歡迎，他說：

**「原子爆是可怕的我也知道，而且罪懲甚深，不過對侵略的邪惡及不合理的時刻，他反而可以防守人類和平的利益。」** 不過後來事情發展令他意外，李承晚的焦躁感提高。

對超越卅八度線，中國是慎重的。事實上卅八度線一帶，是韓國東西最狹窄，又有山地，利於防守。韓國的歷史上也常常以此為南北的分界線。駐蘇中國大使王稼祥在十二月四日歸國之前，曾問蘇聯外交次官克魯年哥二點：

**一、美國會不會為朝鮮問題尋求與中、蘇交涉。**

## 二、是否要超越卅八度線。

事實上彭德懷擊退美韓聯軍，在卅八度線停下來，他不再追擊，是先考慮到補給及休養的問題，解密後的蘇聯資料顯示此點。十一月底到一九五一年一月五日的資料還未公開。

金日成由北京回國，十二月七日會了彭懷德，曾要求追擊戰，彭未答應。彭已經停止在卅八度線上到十二月八日，等待毛澤東的指令。十一日毛給彭指示，美國總參謀總長柯林斯到朝鮮視察，與麥克阿瑟、華克第八軍司令會談的消息，報導美軍士氣低落，漢城在準備撤退。

十二月十三日毛回電指示，進到卅八度線以南的開城。彭雖然報告前進，心內仍慎重考慮，於十二月十九日起草長二千二百字的電文：

**「依我看，朝鮮戰爭會是相當長期、困難的。如敵人由防禦轉進攻，兵力集中、正面不寬，自然可以做縱深的防禦。聯合兵種的作戰是有利的，美偽軍士氣比以前低降，現在尚有廿六萬左右兵力……他們可能退而固守釜山、元山、仁川數個橋頭堡，不能立即由朝鮮撤退。我軍目前要取穩進的方針。」**毛澤東也於廿一日回了「完全同意」的電文，而且指示重占漢城也可以避免。[44]

## 注釋

30—神谷不二，《中公文庫》，1988年，34版，83—84頁。
31—同註30，第84頁。
32—同註30，第86頁。
33—同註30，第90頁。
34—《抗美援朝史》第一卷，第201頁。
35—和日春樹，《朝鮮戰爭》，岩波書店，1955年1月出版，第204頁。
36—李德哈德，《第二次世界大戰（三）》，軍事譯粹社，紐先鍾譯，276—287頁。
37—編按：毛岸英，1922—1950年，是毛澤東與妻子楊開慧的長子。
38—同註3，249—250頁。
39—同註3，第254頁。
40—同註3，254—255頁。
41—同註3，第255頁。
42—《丁一權回憶錄》，304—306頁。
43—同註3，第323頁。
44—同註3，258—259頁。

## （三）韓戰3：內戰？殖民地解放？關於自由的省思

由各種回憶來看，韓戰本來是金日成惹的內戰，李承晚也喊了不少次北伐。金日成是用些心計，對史達林說毛澤東贊成他的南攻，而對毛澤東就反說史達林是贊成的。由資料解密看來，史達林在五月原則同意。毛澤東雖知道金日成的意向，但不贊成他的行動。所以興登克小將說北韓一年前就有南侵的能力，是言過其實。五月金日成、朴憲永到北京只說明意向，作戰計劃中國不知道，中國指導部只是對他的立場表示同情，全然不涉及其他的軍事準備；不過給北韓三萬五千的兵力是促成金日成行動的遠因。[45]

一九五〇年初，解放軍總兵力五百四十萬，兵團五十七個。其中東北的兵力只有廿二萬，這代表中國本來無意為北韓變動部署。另外，當時華北的兵力四十萬，是提防美國如改助蔣介石反攻，可能到渤海灣登陸。

我引用朱建榮資料，他對軍、軍團、集團軍用法沒有統一。所謂集團軍、軍團可能是兵團的轉用。

杜魯門發表介入朝鮮戰爭，是華盛頓時間六月廿七日中午，北京六月廿八日上午一點的深夜。當時首要的問題，在中國應是台灣問題，這是中國一直不敢遺忘的，美國最重要的一步棋。一九四六年之前，中共一直對美不信任，尤其一九四五年二月英國斯可微將軍對希臘共黨的制壓之後，就對黨內提出了警告。

美國做的一件大事是一九四六年四月到五月，空輸七個軍到東北，攻到四平。六月國共全面內戰就因此發生了，所以四平的戰役是毛澤東對美國看法的轉捩點。六月廿二日毛澤東才發表了美國對華軍援譴責的公式聲明。

一九四九年八月五日美國發表《中美關係白皮書》，雖然其中有批評國民黨的政策，但毛澤東也為此寫了五篇批評的文章。一九四六年擔任中國調停的馬歇爾，正是朝鮮戰爭發生時的國防部長。當時美國已經知道北韓的企圖，搜集情報的機構ＫＬＯ有種種的情報，也有部分的誤報，不過美國的情報認為蘇聯才是後面的正式老闆。南韓方面有「韓國軍隊作戰命令第卅八號」的作戰計劃。由參謀總長申泰英、次長丁一權在三月廿五日所擬成，「**防禦置於議政府地區，構成防禦地帶，把人民軍於陣前予以擊退，來確保卅八度線的方針。**」[46]

五月三十日，韓國國會議員選舉，李承晚與他的黨的敗選，而新的作戰計劃SL－18已經作成。有人認為這計劃是撤退到釜山，強化防禦線，而後由仁川登陸，如此北韓便落入南韓的計劃。五月十三日新參謀總長蔡秉德的談話中，預想五月三十日左右將有北韓的攻擊，不過事實上六月廿三日黃昏才發出戰鬥命令，六月廿四日夜下令廿五日午前四點開始攻擊，實際攻擊開始是四點四十分。[47]守備的南韓部隊是三個師與三個團，約四師部隊。李承晚除了下達漢城戒嚴令外，相當沉著。因為他已預料這個攻擊，只有戰爭才可能挽救選舉的失敗。六月廿五日夜就決定政府移到大田，蔡秉德下令南部的三個師參加反擊。

由種種公開的資料判斷，當時南邊時常派搜索部隊超越卅八度線是事實，但全面攻擊是北韓開始，也是事實。

主要的問題，這是內戰；美軍介入，才成為國際戰爭。當時北韓人民軍第四師入漢城，似乎沒有引起大的騷動，但美國的杜勒斯已經發表意見：「**這一事件的連鎖是可能引起世界戰爭的可怕事件。**」[48]口氣有點像以後周恩來對仁川登陸後，聯軍要跨越卅八度線說的：「**不能置之不理**」。當時東西兩方都是有點意識形態過敏症，也是事實；而且西方往往提骨牌現象，認定可能是把整個亞洲赤化的開端。這種危言有些人是無意的，但如杜勒斯之輩，就不敢說他是無意的，就是可以說，他是刻意的、有意的，而且是針對蘇聯說的。當時西方眼中，中共不過是小蟲一條；這種心理也是使麥克阿瑟發出十一月廿四日北上攻擊的命令，而且致使翌年被撤職，失去做總統的機會。

蘇聯於一九四九年八月實驗了原子彈（九月廿三日杜魯門先發表，蘇聯塔斯社才於九月廿五日追認），蘇聯有少數仿B29的轟炸機。原子彈的數量與投擲工具受限，不能冒然參戰；就是以後美國攻到小豐滿發電廠及鴨綠江橋，十一月底才起飛與F80及B29戰鬥；北韓上空只用漆北韓標識的飛機，尚且不在近戰鬥區域上露臉，怕萬一飛行員被俘，事情就麻煩。蘇聯甚至冒中共不出兵的場面，不敢冒然答應「志願軍」空援；實際上也知道，打原子戰爭，他自己還不是美國的對手。以後蘇聯的領導人，也甚少對美國公然提出核子戰爭的脅迫。以後甘迺迪與赫魯雪夫上演了驚險的一幕戲，仍是蘇聯撤回運原子武器的船，甘迺迪答應不再在古巴用兵。富人的心理，美國人自二戰起，一直在意軍隊的傷亡。杜魯門在原子彈試爆以前還曾考慮使用毒氣彈，使日本人死亡五百萬；而且使用原子彈主要目的可能不但是為日本人，而要當時已經不和的蘇聯看看。最近已經有人發言，投了廣島已經足夠，再投在長崎是美國不仁。

本來在戰爭講「仁」似乎是不通的，所以中國人大講「忠孝仁愛信義和平」的八德，仍會笑是宋襄之仁[49]。戰爭是生死、存亡之爭，主要是贏戰爭，而後再說仁不遲，這可能是笑宋襄之迂。不過仍有當為和不當為的分別，意思可能有點近於異於禽獸，但看近來美國人開發的武器系統，真是不「仁」的武器甚多：汽油彈、落葉劑、核廢料的炮炸彈、十噸級的巨彈。伊拉克即使擁有大量傷亡的武器，始作俑者就是美國。

一九五〇年當時美國裝備，美國大兵一個師的經費，在台灣可以裝備十個師。第一人事費用就相差太多，火力相差太多，車子差太多，汽油的消費也差得多，可能不只一比十；而且後勤根本上不是量的差，而是質的差。

一九五〇年韓戰一開始，麥克阿瑟就飛來台灣，打算用台灣的兵去韓國打戰。但不光是美國不准，當時國聯軍有英國軍一旅，而英國已與中國建交，所以名分上不能與台灣的軍隊在同一條戰線。雖然與中國兵打戰，但他們名義上是「志願軍」。在西班牙內戰時，英、法許多「民主人士」參加一九三六年反佛朗哥的「志願軍」。希特勒、墨索里尼都大方地派軍幫助佛朗哥，蘇聯卻怕成為人家攻訐，在德國的轟炸機下，「人民戰線」終告失敗，退入法國。法國政府仍對這些敗將不太友善，法國政府當時是政客當家，所以沒有遠慮，而有一九四〇年二次大戰的近憂。

關於朝鮮戰爭是內戰與否，美國國務卿艾奇遜與許多歷史家有爭論。事實上杜魯門廿七日的宣言是在六月廿六日時，艾奇遜獨自關起門來，思考了一個下午的本事。

艾奇遜於一九五一年說明了他的思路：

「朝鮮不是局地的狀況。不是因為攻擊朝鮮有很大的價值……不是這樣，就是他始之於東亞，但會影響全世界，是共產主義的指導集團對西方的全體立場，所加壓力的先端。……對任何一方都是全球性目的與全球性的戰略。他對雙方都不是朝鮮的戰爭。」50

＊

史達林自始到他死亡為止，一直取「代戰者的戰爭」的立場。不過他未顧慮到金日成不是那種深慮的角色，他不過是代表了自一九一三年落入日本統治以來，朝鮮民族統一的「悲願」。

當時是剛好要邁入「恐怖平衡」的時代，但如季辛吉、布爾辛斯基，這一派地緣政治學的權威仍在美國占很大的優勢。所以有越戰，也是由這種戰略觀點來的。對胡志明來說，是民族解放戰爭先於共產黨的革命，因為越南根本還是農村為主的殖民地社會。這一點毛澤東可能有相同看法，但胡志明少弄權術，這一點金日成可能不是全套。不過說實在，美國本身雖當過英國殖民地，但當時已離獨立近二百年，對於「殖民地解放戰爭」

的心願已經不能有十分把握。當時剛好環蘇聯周圍，都是列強的殖民地。或如印度、巴基斯坦，剛剛脫離殖民地。而東西兩面剛落為美國占領區的德國及日本。德國還是以易北河為界，分為東、西德。東德盡是老共黨，在戰略思考都比金日成高得多，而且已是曾為資本帝國主義。當時有小說《第三次世界大戰》，戰爭是發生在歐洲的。閒而無聊的人，連我這種軍事情報沒有的人，也寫了一部《一九八五年六月》的小說大綱，說大綱也有十數萬字，大綱只是說流動的經過，沒有插入主角、配角的襯托，想起來會耳熱面紅。

而專攻朝鮮戰爭的卡明夫（Bruce Cumlng）仍力說：

**「就是如此，艾奇遜是錯的。這對北韓，而且在南韓的多數住民，是他們朝鮮的戰爭。」**[51]

持這種見解的人，在中國參加韓戰的人差不多是如此。如柴成文[52]就指出美軍參戰以前是內戰，美軍參戰以後就成為國際戰爭。[53]這種見解就在殖民地或如中國這種半殖民地過活的人就容易接受。

而且對中國參戰，美國對毛澤東的「三路向心迂回」的戰略觀點失察。[54]

周恩來的想法也與毛澤東相差不多。一九五八年二月的演說中說：

**「朝鮮戰爭不是我們可以預想的，也不是完全不能預想的，因為我們中國的勝利是超越了美國帝國主義的預想的——在一九四八年或一九四九年時候，他們仍抱有分割中國的幻想，其後幻想完全破滅，蔣介石逃出大**

陸、美帝侵略勢力被趕出大陸是完全出於他們意料。六億的人民（當時的中國人口）站起、勝利，絕不再度為帝國主義的奴隸，他們更加後悔。為此，美帝因被由中國大陸趕出去，他不會就此算了，決心與我們決一勝敗，對這一點我們早已看破。」

「決勝的場所的可能性在台灣海峽、在朝鮮，也可能在越南。反正決勝是不可避免的。」55

以上是朱建榮由中文譯成日文，我再由日文譯成中文，與原文之差也是「不可避免」的。

中國以後與蘇聯不和，關於殖民地戰爭的參與也是兩者的爭執。只要無關中國安危，中國是不會直接參與，如蘇聯對阿富汗的戰爭。說來也矛盾，這也是史達林與杜洛茨基爭執的地方，也就是「不斷革命論」的爭執。反正這種是非又要抬出馬克思、恩克斯，甚至列寧，是無聊的。因為客觀情形惡化，不是當時可以預料到，不過杜洛茨基後來被殺，如果是史達林下令，這又是不像馬克思的信徒，卻像個無政府主義左派的作風。

雙方想的對方都有真的和想像的一面，如毛澤東「三路向心迂回」是一種危機感；不過美國沒有必要在那些時間與空間，打那麼大規模的戰爭。兩次戰役韓國人與越南人死亡六百萬以上，而美國大兵的死亡也約有十一萬人，結果來說都是真假及疑心所構成的一部故事。對中國來說，是一種長達四十多年的苦難歷史。

以上是就韓戰的性質做一個類似結論的看法。

*

一九九六年母親去世後半年，我再度去看四十九年沒有看的上海。長江及外灘依舊，舊法租界的梧桐依舊。大約四、五百架，或不止此數的鷹架，雜然地占著上海的空間。少了一點憶舊的感傷，多了一份對未來的盼望。不過中國的生長也傳來使人心內焦慮，那些貪官汙吏的故事，似乎規模愈來愈大。以朱鎔基、溫家寶的廉與能，還不能克服。

封建社會官吏的貪，世界差不多是如此。一時在伊朗的帝王出亡之後，清算肅清「橫行」的這個回教國家，也相傳「買命」及「出國」賄賂，先存於某國的錢超出五百億美元；尚且回教社會的貪汙應該是比較少的。但我心內仍不甘願放棄當年的盼望。新加坡能，甚至香港也能，就是證明不是「中國人做不到」。毛澤東時代有種種不合理，但很少貪汙的故事；當時法嚴，而且還有革命的情緒，大家甘願同窮。市場制度助中國的經濟上軌，也使有些投資人為了自己的方便，再度把這種不良的風氣帶回中國。看過一九三三年的十九路軍，聽過一九四九年入北京、天津的解放軍，與今日的貪瀆官相比，好像是不同的人種。

環視這世界，新加坡那麼嚴，嚴到近酷，也是有人會想貪。好似有些人好賭近於一種強迫觀念，也有以偷為樂的富裕家庭子女。學醫的人都要讀心理學，知道這種強迫觀念是實在的、存在的。人是複雜的聚合體，有些人「自我犧牲」的傾向大，有些人是「自我主張」的成分強，人就是由此兩種心理向量的混合體。所以不得不學法家，以「法」來強制，能使社會得到平衡及安寧。好似北歐國家，高稅高福祉，西歐的中稅中福祉，到日本、美國的低稅低福祉。二〇〇七年美國的國防支出可能四千五百億元美金還不夠，尚且要取低稅的政策，當然要以窮人及老人來做犧牲品，這種做法自稱「小的政府」。美國的醫療是保險，不是福祉，替代政府做救濟的是法人及宗教團體。

所以如真正「票箱」可以代表民主制，應該是制止不合理的現象。但社會意識極容易被輿論操作，可以控制傳播，可以控制輿論。所以要真正「民主」，就要保持不被操作的自我，是要靠受教育及訓練的知識分子。這種說法不是曲意攻訐傳播界，只是傳播界的力量太大，為善為惡，都在主持人方寸之間。看了大戰時代的日本報刊，就算一九三七年到一九四五年，八年之間，未滿十歲到未滿十八歲的我，已經知道日本的報紙和刊物，大部分已經成為「軟骨動物」。

有些人說，北歐國家都是人口不多，容易走「福祉國家」的路，但起碼英國、德國的規模也可以做到醫療的「福祉」，和照顧老人。老人如怕被棄，你千萬不要放棄自己的一票，坐著輪椅、甚至躺在床上也要去投神聖的一票。

人、社會、國家，就是這麼複雜的綜合體。如果說絕一些，要如何不過是他的立場，差不多可以決定一切。立場似是抽象，卻是一切客觀存在的聚合。不過退一步想立場，好像是含某種程度的伸縮性。就拿最切身的吃的問題，多吃一些和少吃一些，吃好一點、吃差一點，就有很大的伸縮度。如果大家能忖度他人的「客觀條件」，這世界的爭執可以坐下來談，戰爭就不一定是政治的延續了。就是知道自己必勝，也要知道：「**夫兵久而國利者，未之有也。**」[50]

蘇聯之潰是在於長期的戰爭拖累經濟，而且後期太多的資本被亂用，甚至被逃避到國外。就美國來說，雷根主政的八年用了三兆美元，美國在老布希就任時，美國的經濟有衰退的現象。幸而蘇聯先倒下去。如一場猛烈的拳擊比賽，贏者舉雙手，差於敗者，就是沒有倒下去。如古巴到目前五十多年了，由於美國的經濟封鎖，過得甚苦，仍未倒下，只是沒有腐化；簡單說，古巴沒有卡斯楚的銅像。

一個政府不能說謊，不能刻意說謊。抬出孔子的話就是「**民無信不立**」。蘇俄也曾有偽造數字，中共在大躍進時代也有誇大數字的遊戲。許多相片，四八年代，中國那些將領穿得那麼土，卻使人有親切感，也許是我這種一向邋遢人感到有臭味相投的緣故。以後出現了十大元帥時代的服裝，反而看起來有些陌生。

我自己不懂哲學，不知經濟，讀一些書，不過是如辛棄疾的「少年不知愁滋味」，讀個樣子。所以不敢去扯、去碰。搞過統計，也稍知統計也可以玩假；不過由統計數字的系列，也知道要養活中國這麼龐大人口的國家不易。一九六一、一九六二年饑荒就是由於大躍進以後誇大數字，說不好聽，毛澤東在大鍊鋼之前沒有去研究「鋼」及如何鍊鋼，投入那麼大的人力及浪費物資，成為災亂根源。如果能實情實報，應可以減少一些損失。這時候中共已看到盧山會議後的彭德懷怕了。已經有一次蛻變，是很壞的變，是不好的變，甚至使我心內有時懷疑，毛澤東心內對毛岸英之死抱有不能明說、但有極重的恨。就在那時候黨內民主似乎有一次大落潮。以前帝王之威，一變就可以使已死的張居正遭到鞭屍。這次黨的變，使「文化大革命」發生，有它的基本條件了。連一時的黨總書記劉少奇，也可以落到那麼悽慘的下落，連骨灰的名都要假，這與張居正的鞭屍也差不了多少。

當年一直相信共產黨人應有「正義感」和「人道主義的愛」，所以心內有很大的打擊。但歷史正要教訓我，人是會變的。如海的潮之起與落，甚至如那「津浪」[57]，掃去他前面的一切，只有會逃的人才能存活，那就是中共歷史的一次「大津浪」。一九四六年的林彪大概不會料想到有一天自己要造反，而且要死於外蒙。這些遭遇在中國已有先例，如韓信如此，明初洪武年間的眾多將軍亦如此。蘇聯在史達林時代自布哈林、加米諾夫、季諾維也夫到杜哈捷夫元帥，所牽連的一大堆將領如此。史達林更殘忍，公開演出審判。當時不解那些人為什麼要認罪，以後我才知道，人性的弱點，就是為了所愛者，他有時候連自己的死亡都不避。有的人性剛硬、不合作，就不能演這公開審判。

曾為一個中共黨員，自己應知道分寸，不能亂批評黨，不過我自被捕應可解釋已失去黨籍，所以做一個中國的老百姓，有這份說話的自由。目前這一篇也不準備對外發表，只是為做一個中國人存下自己的見解。有一天中國有這充分的自由，當時我可能不在此人間，那時候再說吧。充分有點要註解，充分不是過分。原則是自己的自由不要去妨害他人的自由。光是自由，各國都在憲法有註解。至於《中華民國憲法》自實施到否定（實施戒嚴），是短短的兩、三年。以後有長期的《戒嚴令》是台灣人所經驗過的，連小偷也要歸軍法管，這是酷法；至於偷軍用電線而判死刑是殘酷了。

## 注釋

45—朱建榮，《毛澤東の朝鮮戰爭》，38—40頁。

46—和田春樹，《朝鮮戰爭全史》，第127頁。

47—同註46，141—142頁。

48—同註46，第151頁。

49—編按：宋襄公和楚人交戰於泓，宋軍先排好行列，子魚以為敵眾我寡，便請求宋襄公在楚軍尚未渡過泓水時擊潰，宋襄公以為不可，乃至楚軍渡過泓水排好陣列後才攻打楚軍，宋軍遂大敗。典出《左傳》〈僖公廿二年〉。（資料來源：教育部重編國語辭典修訂本）

50—同註46，第153頁。

51—同註46，第153頁。

52—編按：柴成文，1915—2011年，曾任中國人民志願軍朝鮮停戰談判代表團秘書長、朝鮮軍事停戰委員會委員。

53—同註45，20—21、40—41頁。

54—同註45，《毛澤東の朝鮮戰爭》，93—99頁。

55—《抗美援朝史》，第一卷，第58頁。

56—孫子，〈作戰篇〉第二，前揭，第35頁。

57—編按：海嘯。

青島東路三號

# 顏世鴻相關年表

（曹欽榮／整理）

一九二七年　10月13日　出生於日治時期高雄旗後，父顏興（1903年出生），母張翠瑆，父母於1926年結婚
一九三〇年　秋　母子渡海去深滬
一九三一年　舊曆1月　全家搬到泉州東門外
一九三二年　未滿5歲入泉州紫江小學
一九三三年　秋　「閩變」，回台南
一九三四年　過了年再回泉州
一九三五年　於廈門讀日人辦的旭瀛書院，寄居五舅家
一九三七年　8月23日　回台灣，「就我一身，還是我家人，是重要的一天」

已搬到佛頭港，以後常去大東醫院當父親開刀的助手

一九四一年　4月　台南州立二中（現在的南一中）入學

一九四四年　盲卜者預言：雙重官符，庚寅有事

一九四五年　3月10日　進入台大豫（預）科

3月20日　當學徒兵

台北帝大師生約一千人被徵召為一三八六一部隊（獨立步兵營第五零四大隊），守金山到關渡

8月15日　二次大戰結束

8月29日　除隊式，回台大豫科就讀

10月17日　到基隆歡迎國軍來台

一九四七年　2月28日　二二八事件

8月末　到上海三週，9月20日回台灣

10月1日　升二年級，遷入醫學院臨時學生宿舍

年底　林丕煌介紹認識葉盛吉

一九四八年　3月　任台大醫學院自治學會副常務理事、台大自聯會理事

一九四九年　3月21日　台大、師院師生為主，抗議警察毆打台大學生遊行

4月6日　四六事件，軍警包圍台大、師院學生宿舍，逮捕學生

5月20日　台灣戒嚴

一九五〇年

8月 中共在台地下組織刊物《光明報》被查獲，引發大逮捕

10月1日 中華人民共和國成立

1月23日 顏世鴻宣誓，與自稱「老張」的陳水木辯論

1月29日 地下黨書記蔡孝乾第一次被捕

3月1日 蔣介石在台灣「復行視事」

5月13日 台大醫學院各科主任會議，許強、胡鑫麟等被捕

5月29日 葉盛吉在潮州瘧疾研究所被捕

5月 地下黨書記蔡孝乾第二次於嘉義竹崎被捕後，在全台各報發表〈告全省中共黨員書〉

6月21日 凌晨2點，台大醫學生宿舍被捕，送到刑警總隊（現在的台北市警察局）

6月24日 移送保密局北所（辜顏碧霞被沒收的高砂鐵工廠改建）

6月25日 韓戰爆發

9月2日 被送到青島東路軍法處

9月16日 判決，學委案李水井等11人死刑（原判5死刑、6人無期徒刑）

11月1日 自軍法處移送新店安坑看守所（新店戲院改建）

11月29日 早上六時，葉盛吉等11人被槍決

12月30日 再移回青島東路軍人監獄

一九五一年

5月17日 第一批被送到綠島新生訓導處，編入五隊（根據檔案資料）

一九五三年

7月28日 韓戰停火

|  |  |  |
| --- | --- | --- |
| 一九五四年 | 8月6日 | 父親到綠島探視 |
| 一九六一年 | 9月29日 | （舊曆8月20日）父親顏興去世 |
| 一九六二年 | 7月28日 | 離開綠島，轉送小琉球留訓 |
| 一九六四年 | 1月21日 | 釋放，離開小琉球 |
| | 3月 | 去台北 |
| | 8月 | 考台大醫學院五年制，考第14名，未能入學 |
| | 9月 | 考取台北醫學院，就讀六年制的四年級 |
| 一九六六年 | 8月 | 實習醫師 |
| 一九六七年 | 2月5日 | （舊曆12月26日），與謝蘭芷結婚 |
| | 7月 | 在父親光復接收的台南市救濟院成功醫療所（慈惠院）當醫生 |
| 一九六九年 | 1月9日 | 兒子顏廷仁出生 |
| 一九七一年 | 10月24日 | 霜降，獨自於台北馬場町，憑悼難友 |
| | 11月5日 | 女兒顏廷如出生 |
| 一九七八年 | | 移居安平，書寫《冬至》 |
| 一九八二年 | | 完成《風雨多情》 |
| 一九八七年 | 7月15日 | 台灣解除戒嚴 |
| 一九八八年 | | 初寫《霜降》，後續寫《小滿》、《春分》 |
| 一九九二年 | | 完成《美國物語》 |

一九九五年 11月19日 （舊曆9月27日）母親93歲過世
一九九六年 5月 上海行
一九九七年 完成《上海・上海》
一九九九年 退休，當約聘醫師至2010年
二〇〇二年 遊長江三峽
二〇〇二年 11月 受訪紀錄〈顏世鴻先生採訪紀錄〉收錄於台南市文史協會《文史薈刊》（復刊第五輯）專題「五十年代台南地區政治案件相關人士口述歷史」；該刊首度刊出顏世鴻翻譯〈葉盛吉遺書〉
二〇〇三年 〈顏補莊先生事略（父親雜憶）〉，刊於《台南文化》（2000年3月，新48期）
二〇〇四年 《七四自述》
二〇〇四年 11月 受訪紀錄〈壟世霜白，鴻雁丹心〉收錄於胡慧玲・林世煜採訪，2004年出版《白色封印》
二〇〇四年 完成《長江行》
二〇〇五年 5月17日 到綠島參加人權紀念園區〈關不住的聲音〉藝術季
二〇〇六年 完成《青島東路三號：我的百年之憶及台灣的荒謬年代》
二〇〇七年 4月 受訪紀錄〈立德、立功、立言——顏世鴻〉收錄於吳昭明2007年出版《一二台南》
二〇一二年 7月 出版《青島東路三號：我的百年之憶及台灣的荒謬年代》

青島東路三號

# 編後記

文／曹欽榮

顏世鴻前輩二〇〇六年完成的《青島東路三號：我的百年之憶及台灣的荒謬年代》，終於要面世了。

二〇〇五年五月十七日，上百位白色恐怖受難者和家屬齊聚綠島人權紀念園區，參加園區第一次大型音樂會，在人權紀念碑演出蕭泰然（曲）、李敏勇（詞）的〈為殉難者的鎮魂曲〉交響樂。傍晚美麗海景，樂音交融於紀念場所，意義特別，那次與顏醫師匆匆重逢。許多受難者這次回綠島，此後不再能回去了！沒想到這次綠島行促成顏醫師重寫《霜降》。二〇〇七年夏天，個人因為到台南台灣歷史博物館實習之便，重回台南，拜訪顏醫師，問起喜愛閱讀、書寫的顏醫師是否有新的著作？他說已經第三度重寫完《霜降》，暫且稱為「百年之憶」，他說：「不知道對你們年輕一輩是否有用？」《霜降》多年前自印分送難友、各界，引起眾人好評。我帶回他的手稿複印、閱讀，博聞強記的他，綿密記憶網增殖蔓延，布滿於稿紙的各個角落，一字一句，散發出關注人性價值、意義的生命情懷。

出版這樣的回憶錄「是否有用？」我從一九九六年參與台北二二八紀念館創建、綠島人權紀念園區十多年，認為當事人書寫任何形式的相關歷史記憶，都非常珍貴。書寫者流動的情感以各種方式穿越筆尖傳到稿紙，不會受限於任何書寫文字形式上運用的拘束。

顏醫師的書寫是前輩們中的典例之一，顏醫師在本書第一章已經交代了他的世代使用文字的學習過程，他說寫的是「五花肉式國語」；最後一章他又說：「我們在一九二六至一九二九年左右出生的台灣人，如非很努力，沒有一種可以表達自己思考的正確語言，不論母語、國語、外語。」在綠島監禁政治犯的歲月裡，官方思想改造的目的，徹底失敗，對受難者唯一的效用是，許多受難者在島上的日子互相學習各種語言：中文、台語、英文、日文等等，這是綠島一九五〇年代集中營式監禁生活中，演化出來的特別文化記憶。

受難者釋放後，多人開翻譯社維生，而又如王康旼、胡鑫麟、林恩魁等前輩，研究台語書寫有成。

他們書寫的「五花肉式國語」，多少帶有日語語法、漢字用法的語境。但前輩書寫的困境不只語言一端，書寫的動力更來自刻骨銘心的生命記憶，語言阻礙不了他們努力書寫的精神，「不過就精神層面，那時候是一生最結實的年代，純樸而且堅強。」顏醫師寫下純樸、堅強、結實的年代，不只在精神層面超越自我，尋找台灣出路的思索，在生理層面上練就強壯軀體，才能以「結實身心」面對險惡年代一波又一波的煎熬。

為了方便讀者閱讀，《青島東路三號》原始文本多所更動，尤其將顏醫師穿插於本文各段中，他所關切的時議、雜感、韓戰敘述，集中於附錄，此已取得顏醫師的諒解。

顏醫師鋪陳親身體驗，尤其幼年中國經驗、戰前學徒兵、戰後台大醫學院生活、被捕前心境、被捕過程、審訊細節、獄中反覆默記死難者最後行誼，令人動容。雖然他仔細描述二二八之後地下組織見聞，又說：「這筆爛帳也實在爛透了。」顏醫師的時代，他的周遭許多識與不識的前輩、知識分子在緊迫的時代面臨的抉擇：「遭遇二二八的冷酷心理打擊，迫於時勢在兩者擇一的昂貴選擇」。顏醫師被捕後記得：「一九五〇年九月三日到一九五一年五月十三日止，我曾背下每天走過我們眼前，或者不知如何而來的管道的消息累計血染馬場町刑場的『叛匪』的人數，如誦經般，為他們唱了一次又一次的〈安息吧，死難的同志〉。」如誦經般「記得」，是為了見證，顏醫師深藏於身體之內反覆記憶幾十年的列傳細節，驚人的記憶力成為寶貴的「記憶文化」。

二〇一二年新春過後，我問顏醫師是否願意出版本書，顏醫師爽快答應，他說：「你了解我的想法，我也理解你的想法，對政治的看法是一回事，無論如何，歷史應該要留下來。」是的！留下歷史、探索「歷史正義」是這代人的責任。歷史總是洶湧翻滾，不斷向前，有待我輩共同來努力記錄、評價。協助出版這本書的過程中，感謝鄭任汶在台南居間協商、建議，台灣游藝設計林芳微協助打字、初編相關資料，鄭南榕紀念館工作人員協助校閱，米果寫序，更要深深向長期關懷受難者的H先生、鄭南榕紀念館贊助出版致謝。最後要向顏醫師，鞠躬致謝，留下歷史。

國防部軍法局
中正路
(現在青島東路一段)
中山路

軍法處建物

# 美國朝野緊張

## 軍政會議頻繁　兩黨議員憤慨

## 彷彿珍珠港事發生前夕

（中央社華盛頓廿八日專電）麥帥關於朱毛匪幫大規模[illegible]戰[illegible]特別公報，已促動華府的一連串發展，[illegible]行動旨在[illegible]付朱毛匪幫爲戰爲和，目前危機。目前[illegible]氣，使人追憶珍珠港事件發生前的一段時間。麥帥公報的反應[illegible]白宮、國務院和國會中迫切可見。

今日杜魯門[illegible]於麥帥公報的說明，白宮完全同國務院證實朱毛匪幫的干預爲侵略行爲。

公報接[illegible]後未久，布萊德雷元帥即召集參謀首長聯席會議開會。國務卿艾奇遜出席參院外委會，報告朱毛匪幫干預韓戰，以及美國準備在聯合國中採取的計劃。

杜魯門總統今日午後召集國家安全委員會會議，商談一小時一刻鐘，決定美國面對目前危機，在軍事上和政治上所將採取的下一步驟。

布萊德雷元帥在向總統說明最近韓境軍事發展後，留白宮，再向內閣會議提供說明。

[illegible]：但現在表示韓戰危[illegible]，可能迫使他們一直要[illegible]華[illegible]會[illegible]匪[illegible]，以及企圖[illegible]其加[illegible]，始[illegible]者，一致均表憤慨。同時過去數日內[illegible]對朱毛匪幫干[illegible]加以重視，美國報紙[illegible]今天也以大標題刊載「中共軍隊入韓境聯軍戰線」和麥帥總部中[illegible]開始一完全新的戰爭」的消息。

（中央社華盛頓二十八日專電）朱毛匪幫全面武裝干涉韓戰，經麥帥以特別公報公佈而於今日傳出華府後，國會兩黨人士之反應，若干爲憤怒與嚴肅。若干議員提議，立即與朱毛匪[illegible]

### 考慮使用原子彈問題

（中央社華盛頓二十九日合眾電）[illegible]

# 行政院會議昨議決

## 視察國營事業機構

### 共分六組視察各組人員已決定

### 熊克武等附逆決予通緝

（本報訊）行政院（廿九日）昨天上午九時舉行第一百六十一次會議，各政務委員各部會首長均出席，由陳院長主持，首由葉部長報告外交，繼通過各案如下：

（甲）報告事項：一、通緝熊逆克武、但懋辛、劉逆亦有案。二、分組視察國營事業機構案。

（乙）任免事項：一、任命劉遐爲內政部藥品供應處處長案。決議：通過。二、外交部參事汗孝熙另有任用，應予免職。任命汗孝熙爲外交部[illegible]司司長案。決議，通過。

[illegible]

吳瑞壎　廿三歲　臺中縣人[illegible]

王超倫　廿四歲　臺北市人　臺大工學院學生

鄭文森　廿二歲　臺南縣人　臺大法學院學生

[illegible]

### 傳說蘇方進行和談

[illegible]

## 美[illegible]

[illegible]

# 匪幫潛臺工具 十二名昨伏法

## 諸匪藉「學運」從事叛亂

【本報訊】十二個朱毛匪幫的潛臺工具，昨天（廿九日）在馬場町刑場伏法。這十二個匪諜名李水井、楊廷椅、陳水木、黃師廉、陳金目、顏裕傳、吳瑞爐、鄭文峰、葉盛吉、王超倫、鄭澤雄。他們是在民國卅六至卅七年間，先後參加朱毛匪幫臺灣工作委員會所屬的學委組織負責人，領導潛臺灣省各大學中學內的叛徒，從事學運工作。楊廷椅、陳水木、陳金目、吳瑞爐、王超倫、顏裕傳、鄭澤雄、葉盛吉等，則分別擔任臺灣大學各院、省立師範學院和基隆、汐止、新竹、臺南、臺中、高雄等[illegible]支部的書記，黃師廉除任支部書記外，並兼任[illegible]各校的小組長外，兼負情報、企圖組織，並負責吸收匪軍，建立武裝組織，更互相聯絡，策動叛徒，共同以「法」，從事顛覆政府等工作。這些匪徒在行動前，被國防部保密局查獲，先後就捕，移送[illegible]司令部依法審判，經審明後，依懲治叛亂條例各該條，判處死刑，褫奪公權終身，除酌留其家屬必需生活費外，沒收其全部財產，旋經呈請國防部核准執行，於昨天（二十九日）早晨七時，將各犯分別提出，驗明正身，綁赴馬場町刑場槍決。

臺南縣人　李水井　無業　卅一歲

新竹市人　楊廷椅　無業　廿五歲

高雄市人　陳水木　無業　廿六歲

臺南縣人　黃師廉　臺南縣朴子鎮[illegible]　廿六歲

臺南縣人　陳金目　國民學校教員　廿二歲

臺南市人　顏裕傳　無業　廿二歲

高雄市人　[illegible]　高雄商業職校

[illegible]論分析改進，並決定組織視察人員名單，計[illegible]誌各組視察人員名單暨詳細視察[illegible]如下：

第一組　視察糖業、紙業兩公司　田委員炯錦。

第二組　視察電力、水泥兩公司及高雄碱業化學工廠　董委員文琦。

第三組　視察肥料、碱業兩公司及臺灣鋁廠　王委員師曾。

第四組　視察機械、造船、中紡三公司及臺灣鋼廠　黃委員李陸。

第五組　視察[illegible]鳳[illegible]及[illegible]　陳顧問良。

第六組　視察石油、油輪兩公司及基隆港務管理局[illegible]

# 明天起各報減張 最高限額一張半

## 省府昨代電全省報社

（中央社訊）臺灣省政府二十九日代電全省各地報社，遵照行政院訓令，自十二月一日起一律減縮篇幅，至多不得超過一張半。特定紀念日增出特刊亦不得超過一張。此外不得以任何名義增加篇幅。行政院訓令臺省府現行配紙辦法應即取消，今後新聞紙張，由省政府合理供應必需之洋紙，此外并決定軍民報獨立刊行。省政府除將上項訓令通告各地報社外，並訓令各縣市政府遵辦具報。

# 本報調整版面啟事

[illegible]

（合衆社臺北廿九日訊）官方今日評論韓戰新危機，惟指出已第一次發生一項聲明，要求放棄「中性化」的政策。此間對聯軍的新挫敗，和麥帥的嚴重警告中共已發動一新的戰爭，予以最高度的注意。此間私人及半官方人士對美國在聯合國內指控中共侵略一舉表示滿意，惟對美國之企圖阻止麥帥把戰爭帶到東北一點，則又表示煩困。過去數週來，官方私下表示，他們深信解除韓境聯軍所受壓力的方式之一，是美國解除對國民黨大陸的限制。

# 陶希聖對外記者[illegible]

[illegible]

# 總統召見甘[illegible]

## 聽取中澳外交 垂詢旅澳僑[illegible]

【本報訊】[illegible]

# 社論

[illegible]

# 青島東路三號

## 我的百年之憶及台灣的荒謬年代

作　者　顏世鴻
特約主編　曹欽榮
企　劃　鄭南榕基金會・紀念館
資料整理　林芳微、鄭任汶、米果
校　對　簡淑媛、賀郁文
裝幀設計　黃子欽
行銷業務　黃文慧、王綬晨、張瓊瑜、陳詩婷、邱紹溢、郭其彬
總編輯　趙啟麟
發行人　蘇拾平
出　版　啟動文化
台北市105松山區復興北路333號11樓之4
電話：(02) 2718-2001
傳真：(02) 2718-1258

台灣發行　大雁文化事業股份有限公司
台北市105松山區復興北路333號11樓之4
24小時傳真服務 (02) 2718-1258
讀者服務信箱 Email:andbooks@andbooks.com.tw
劃撥帳號：19983379
戶名：大雁文化事業股份有限公司

香港發行　大雁(香港)出版基地・里人文化
地址：香港荃灣橫龍街78號正好工業大廈22樓A室
電話：852-24192288　傳真：852-24191887
Email:anyone@biznetvigator.co

初版一刷　2012年07月
初版七刷　2021年05月
定　價　450元
ISBN　978-986-88075-5-6


國家圖書館出版品預行編目資料

青島東路三號 / 顏世鴻著 -- 初版. -- 臺北市：啟動文化出版：大雁文化發行, 2012.07.　面；　公分
ISBN 978-986-88075-5-6
1.顏世鴻 2.臺灣傳記 3.白色恐怖
783.3886　　101010855

台灣省保安司令部軍法處看守所在押人用牋

# 總統命令公佈條例

## 各機關部隊學校人員皆須連保
## 發現匪諜任何人均應告密檢舉

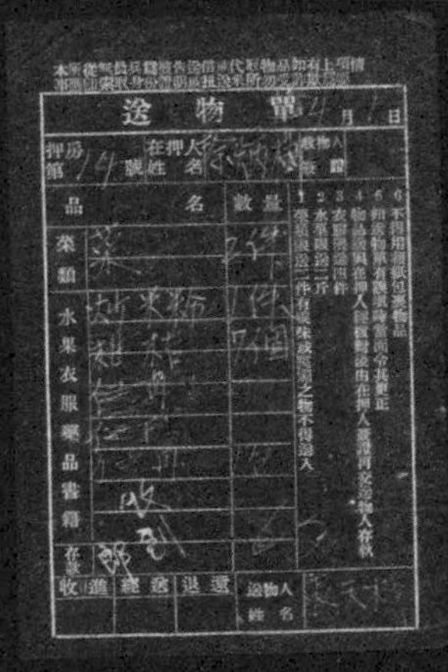

送物單　月　日

押房第　號　在押人姓名　送物人住址

| 品名 | 數量 |
|---|---|
| 菜類 | |
| 水果 | |
| 衣服 | |
| 藥品 | |
| 書籍 | |
| 存款 | |

收　進　送　退　送物人姓名

台灣省保安司令部軍法處看守所在押人用箋

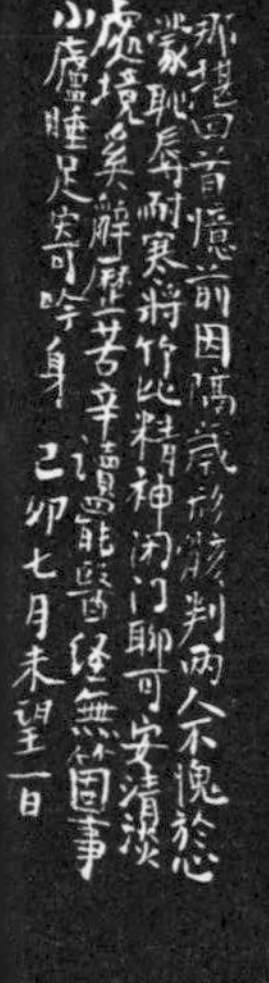

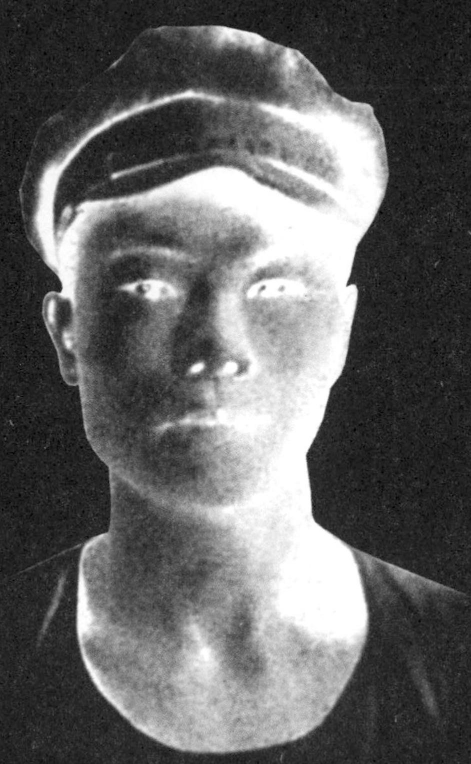